Ganz oder gar nicht

Jan Ullrich
mit Hagen Boßdorf

Ganz oder gar nicht

Meine Geschichte

Econ

Econ Verlag
Econ ist ein Verlag der Ullstein Buchverlage GmbH
Originalausgabe

1. Auflage 2004

ISBN 3-430-19231-5

Gesetzt aus der Berling und Avantgarde
bei Franzis print & media GmbH, München
Redaktionelle Mitarbeit: Beate Boßdorf
Herstellung: Constance Stifft
Druck und Bindearbeiten: Clausen & Bosse, Leck
Printed in Germany

Für meine wunderbare Familie, auf die ich sehr stolz bin.
Für meine großartigen Freunde,
auf die ich mich immer verlassen kann.
Und für all die Menschen, die mich unterstützt,
die mich begleitet und in guten wie in
schlechten Zeiten an mich geglaubt haben.

Inhalt

Prolog

»Herr Ullrich wird keine weiteren Fragen beantworten.« Endlich war die Pressekonferenz vorbei. Ich schwitzte wie auf einer Bergetappe bei der Tour de France, an diesem Vormittag des 6. Juli 2002, und ich fühlte mich leer und ausgelaugt. Jemand packte mich an der Schulter: »Los jetzt, schnell! Hier lang!« Wir warteten nicht, bis die Kameras im Saal abgebaut und die Aufnahmegeräte ausgeschaltet wurden. Ich sah nicht mehr, wie das Licht ausging und die über sechzig Journalisten verschwanden. Sie und Dutzende Fotografen würden am Eingang über mich herfallen, mich »abschießen«. Dazu durfte es nicht kommen.

Wir eilten zum Hintereingang. Niemand bemerkte etwas. Direkt hinter der Tür stand eine Limousine mit laufendem Motor. Auf dem Rücksitz erkannte ich Gaby. »War's schlimm?«, fragte sie. Ich nickte. Meine Kehle war wie zugeschnürt, aber ich fühlte mich unendlich erleichtert, weil meine Freundin jetzt neben mir saß. Ich konnte nur ahnen, wie viel Kraft es sie kostete, so ruhig zu wirken, während rings um uns ein Sturm tobte. So bald wie möglich wollte ich Gaby sagen, wie wichtig es für mich war, sie in diesen Tagen an meiner Seite zu wissen. Aber jetzt war keine Zeit dafür. Meine Flucht hatte begonnen.

Die Autotüren öffneten sich, und zwei Männer stiegen ein, Jürgen Kindervater, Kommunikationschef der Deutschen Telekom, und Matthias Schumann, Pressesprecher vom Team Telekom. Gewöhnlich feierten sie meine Triumphe mit mir. Nun mussten sie mit einem Riesenskandal fertig werden. »Alles in Ordnung, Jan?«, fragte Kindervater. Wieder nickte ich nur kurz. Aber natürlich war gar nichts in Ordnung. »Wir bringen euch jetzt nach Amsterdam, von dort aus fliegt ihr weiter nach Seattle und ein paar Tage später nach Kanada. Dort bleibt ihr drei, vier Wochen, bis sich hier alles ein bisschen beruhigt hat. Matthias wird euch begleiten.« Die beiden Männer sahen sich besorgt an.

Erst einmal mussten wir unbehelligt bis zum Flughafen kommen. Alles ging sehr schnell. Hinter dem Gebäude war eine Baustelle. Der Wagen rumpelte über die Zufahrt und hielt auf den Bauzaun zu. Ein Tor war nicht zu sehen. Doch wie von Geisterhand öffnete sich plötzlich ein Feld im Zaun, und sobald wir hindurchgefahren waren, schloss es sich, als wäre nichts gewesen. Wir rasten über die Autobahn, und nur acht Minuten später erreichten wir den Flughafen Frankfurt/Main, Bereich Privatflugzeuge. An einer Schranke zeigte der Fahrer einen Zettel vor, und wir konnten ungehindert passieren. Das Auto brachte uns bis auf die Rollbahn, direkt ans Flugzeug. Wir stiegen aus und verschwanden in einem kleinen Jet.

Seit ich die Pressekonferenz verlassen hatte, war noch keine Viertelstunde vergangen. Die Live-Übertragung der ARD war inzwischen beendet. Eine Million Menschen hatten zugesehen, mehr als bei den meisten Radrennen. Die Journalisten von der Presse schrieben eifrig an ihren Artikeln für die Sonntagszeitungen. Die Texte würden ausführlicher ausfallen als die Berichte vom Beginn der diesjährigen Tour de France in derselben Ausgabe, und es würden eindeutige Schlagzeilen zu lesen sein: »Ullrich gesteht Tabletten-Einnahme«, »Tour-Sieger droht Doping-Sperre«, »Karriere des Superstars steht am Abgrund«, »Jan Ullrich stellt sich und verschwindet«.

*

Zur gleichen Zeit trafen sich in Luxemburg neun Fahrer vom Team Telekom zu einer Mannschaftssitzung mit ihrer Sportlichen Leitung. Es war höchste Zeit, dass die verunsicherten Radprofis von ihrem Arbeitgeber über die Geschehnisse informiert wurden. Am Nachmittag würde die Tour de France 2002 mit dem Prolog beginnen. Auf seinen Kapitän musste mein Team in diesem Jahr allerdings verzichten. Wie sollte es weitergehen?

*

Wir saßen im Flugzeug und warteten auf den Start. Mein Handy klingelte ununterbrochen. Familie, Freunde, Kollegen – alle wollten wissen, was geschehen war und wie es mir ging. Als eine der Ersten sprach meine Mutter mit mir: »Wir stehen zu dir, Jan. Da kannst du dir immer ganz sicher sein.« Sie klang traurig. Ihre Enttäuschung war groß, das spürte ich. Seit ich vor fast zwanzig Jahren mit dem Radsport angefangen hatte, war ich ihr ganzer Stolz gewesen. Und nun das.

Irgendwann ließ ich es einfach nur noch klingeln. Dann jedoch erkannte ich eine dieser Handynummern, wie sie nur die Jungs vom Team Telekom benutzten. »Hier ist Ete.« Ich war überrascht. Erik Zabel und ich waren zwar seit vielen Jahren Kollegen, wir hatten viele große Rennen gemeinsam erlebt und nicht wenige davon gewonnen, aber enge Freunde waren wir nicht. »Ulle, ich wollte dir nur sagen: War richtig gut eben, dass du dich da hingesetzt hast.«

»Ein schöner Mist, sag ich dir«, antwortete ich.

»Man hat's dir angesehen«, lachte Erik.

»Ich erzähl dir später mal in Ruhe die ganze Geschichte, ist jetzt nicht die Zeit dafür«, sagte ich.

»Klar, versteh ich doch. Komm erst mal zur Ruhe, und dann greifst du wieder an.«

»Danke für den Anruf, Ete. Hab mich sehr gefreut«, sagte ich – und vergaß in der Aufregung glatt, ihm alles Gute für die Tour de France zu wünschen.

Wir starteten. Im Flugzeug saßen neben den Piloten nur drei weitere Personen: meine Freundin Gaby, mit der ich seit fast acht Jahren zusammen war, Matthias Schumann, der uns für einige Tage begleiten würde, und ich. Es lief alles nach Plan. Zuerst flogen wir nach Amsterdam. Schon nach einer knappen Stunde landete der kleine Jet und rollte an den Rand des Airports Schiphol. Von dort wurden wir wieder abgeholt. Es ging zu wie in einem Agentenfilm, sehr diskret und sehr unauffällig. Aber das hier war die Realität. In der Hauptrolle: Jan Ullrich.

Sicherheitspersonal brachte uns quer über das weitläufige Flughafengelände zu einem abflugbereiten Jumbo. Wir warteten im Auto, bis die letzten Passagiere eingestiegen waren. Erst dann betraten wir das Flugzeug und setzten uns auf unsere Plätze in der ersten Reihe. Niemand sollte merken, dass ich an Bord war. In Deutschland wusste gerade einmal eine Hand voll Leute, wohin diese Reise ging. Für alle anderen blieb es ein großes Geheimnis, und die Spekulationen über meinen Fluchtort trieben entsprechend zahlreiche und fantasievolle Blüten. Pünktlich hob die Maschine ab. Mittlerweile war es drei Uhr nachmittags. In elf Stunden würden wir in Vancouver in Kanada sein – viel Zeit zum Nachdenken.

Hinter mir lagen die hektischsten Tage meines Lebens: Ich war positiv getestet worden – Jan Ullrich ein Doping-Sünder. Unfassbar! Alles in mir begehrte auf. Ich war kein Doping-Sünder! Weil ich mich weder in einer Trainings- noch in einer Wettkampfphase befunden und niemanden übervorteilt hatte, war mir zwar letztlich »nur« Medikamentenmissbrauch vorgeworfen worden. Aber das war schlimm genug und hatte ausgereicht, ein Interesse der Medien zu wecken, wie ich es noch nie zuvor erlebt hatte. Die ersten Tage nach Bekanntwerden der positiven Laborprobe hatten Gaby und ich in einer abgeschiedenen Hütte in den österreichischen Alpen verbracht, während zur gleichen Zeit unser Haus im baden-württembergischen Merdingen von Dutzenden Journalisten belagert wurde.

Aber wir wollten uns nicht ewig verstecken, und an einer Pressekonferenz führte ohnehin kein Weg vorbei. Noch nie war mir etwas derart schwer gefallen. Vor so vielen Leuten zugeben zu müssen, einen Riesenfehler gemacht zu haben, und sich den unbequemen Nachfragen zu stellen, das war hart für mich gewesen. Wenn mich heute jemand fragen würde, ob ich diese Tage noch einmal erleben oder lieber fünfmal hintereinander den Tourmalet hochfahren wollte – ich wüsste sofort, wofür ich mich entscheiden würde.

Aber jetzt waren wir auf dem Weg nach Kanada. Jürgen Kindervater hatte entschieden, dass wir aus der Schusslinie genommen werden mussten. Mir war das nur recht. Gaby saß neben mir. Ich lehnte mich an sie und genoss ihre Nähe. Schwierige Gespräche lagen vor uns. Und dennoch: Obwohl ich wusste, dass ich um Gaby würde kämpfen müssen, obwohl man mich gerade zum Doping-Sünder gestempelt hatte – ich war wie von einer schweren Last befreit. Ich überlegte warum. Es war ja noch nichts zu meiner »Entlastung« geschehen. Im Gegenteil: Vom Radsportverband war eine harte Strafe zu erwarten. Und die Telekom stand zwar jetzt an meiner Seite, aber begeistert war sie von dieser imageschädigenden Geschichte verständlicherweise nicht. Ausgestanden war also noch längst nicht alles. Trotzdem fühlte ich, dass mit dieser Pressekonferenz das Schlimmste überstanden war. Ich hatte in aller Öffentlichkeit zugegeben, dass ich in einer Münchner Disko zwei Aufputschpillen eingenommen hatte. Eine große Dummheit, die mir meine erste und einzige positive Doping-Probe eingebracht hatte. Aber würden meine Freunde, mein Umfeld, meine Fans die Erklärung akzeptieren? Würden sie mir diesen Fehler verzeihen? Würden sie mir eine neue Chance geben? Ich hatte keine Ahnung, ich konnte es nur hoffen.

*

Seit meinem zehnten Lebensjahr ist Radfahren wichtiger als alles andere für mich gewesen. Wenn ich nicht gerade in die Schule ging, saß ich praktisch immer auf dem Rad. Später als Profi ohnehin. 235.000 Kilometer auf dem Rennrad, das ist fast sechsmal um die Erde! Bei jedem Wetter, bei Hitze und bei Kälte, bei Wind und Regen. Wer macht das schon, wenn er nicht wirklich besessen ist von einer Sache? Jetzt schien es, als wäre ich auf meinem langen Weg in eine Sackgasse geraten. Einmal falsch abgebogen, und schon war es passiert. Doch ich wusste, wie schön es sich auf dem richtigen Weg fuhr, und genau dort wollte ich wieder hin. Aber wie? Einfach umkehren und zurückfahren? Vorbei an den großen Triumphen meiner Karriere? An dem in Sydney im Jahr 2000, als ich im Straßenrennen vor meinen beiden Freunden Alexander Winokurow und Andreas Klöden Olympiasieger wurde? Oder an dem bei der Tour de France 1997, als ich die 270 Kilometer lange Königsetappe nach Andorra gewann und als erster Deutscher im schwersten Radrennen der Welt siegen konnte? Oder an meinem ersten Triumph, als ich 1993 in Oslo Amateur-Weltmeister wurde? Da war ich gerade einmal 19 Jahre alt.

Eine schöne Vorstellung, aber ganz so einfach würde es nicht werden. Denn wenn ich an meinen Siegen vorbeiradeln würde, dann käme ich auch an meinen Niederlagen vorbei. An denen, die stärkere Gegner mir bereitet hatten, vor allem aber auch an denen, die ich mir selbst zuschreiben musste. 1998 verlor ich die Tour, als ich im Gelben Trikot des Spitzenreiters auf einer einzigen furchtbaren Etappe in den Alpen bei Kälte und Regen regelrecht verhungerte.

Im Jahr darauf stand ich bei der Tour de France gar nicht am Start. Zunächst hatten mich mein nicht unbeträchtliches Übergewicht und dann ein Sturz bei der Deutschland-Tour im Training weit zurückgeworfen, sodass meine Form viel zu schlecht war.

Nun, im Jahr 2002, drohte meine Karriere schließlich in einem Chaos aus nicht enden wollenden Verletzungspausen, wildem Partyleben mit zu viel Alkohol und zu schnellen Autofahrten sowie einem Medikamentenmissbrauch zu versinken. An diesem Tiefpunkt war ich nun angekommen. Steckte ich in einer Lebenskrise? Hatte ich die falschen Freunde? Welche Zukunft hatte meine Liebe zu Gaby und vor allem ihre zu mir? Würde ich meine Karriere fortsetzen? – Das waren die Fragen, die mir die Journalisten auf der Pressekonferenz gestellt hatten. Jetzt stellte ich sie mir selbst.

*

Wir waren bereits eine kleine Ewigkeit unterwegs. Doch auch in Vancouver blieben wir nicht. Wir nahmen das nächste Flugzeug und landeten in den frühen Abendstunden auf dem Seattle-Tacoma International Airport. Hier erwartete uns Bob Stapleton, ein Mitarbeiter von T-Mobile USA und guter Freund von Jürgen Kindervater. Bob ist ein radsportverrückter, bärtiger Naturbursche, den ich schon von seinen Besuchen bei der Tour de France kannte. Ich freute mich ehrlich, ihn wiederzusehen. »Jan, mein Freund, was machst du für Sachen?«, rief er und hieb mir auf die Schulter. »Na, kommt erst mal mit und ruht euch aus. Das wird schon wieder.« Gaby konnte sich vor Müdigkeit kaum noch auf den Beinen halten, aber ich war seltsam wach. Was würden die nächsten Tage und Wochen bringen?

Mit Bobs Jeep fuhren wir über den Highway 518 in Richtung Osten. Nach 35 Meilen erreichten wir unser Hotel, die Snoqualmie Montain Lodge, die nach den umliegenden Bergen benannt war. In diesem riesigen Naturpark sollte es einen meterhohen Wasserfall geben und einen glasklaren See. Im Moment allerdings war es stockfinster. Gaby war erschöpft von der langen Reise. »Ich freue mich schon auf morgen«, sagte sie müde.

»Ich auch«, sagte ich und nahm sie in den Arm.

»Denk bloß nicht, dass du mir so leicht davonkommst. So schnell ist nicht wieder alles in Ordnung«, sagte meine Freundin und versuchte, mich dabei ganz streng anzuschauen. Aber sie wehrte sich nicht gegen meine Umarmung. Ich gab ihr einen Kuss, dann verschwand sie ins Bett.

Matthias und ich blieben noch wach. Wir schlenderten gemächlich durch das Hotel und fanden einen Weinladen, der noch geöffnet hatte. Ich sah mir die Flaschen in den Regalen an. »Zur Feier des Tages«, sagte ich und suchte eine Flasche vom edelsten französischen Rotwein aus, einen 82er Bordeaux, Chateau Haut Brion, Premier Grand Cru Classé. Matthias schaute mich skeptisch an. Er war sich nicht sicher, wie ich das gemeint hatte, denn zu feiern gab es an diesem Abend wirklich nichts. Warum nun ein so teurer Wein?

*

Bjarne Riis, Tour-de-France-Sieger 1996 und mein langjähriger Kollege beim Team Telekom, hatte mich vor Jahren auf den Geschmack gebracht. Durch Bjarne lernte ich, hin und wieder ein Glas Rotwein zu genießen, an einem Abend zu zweit mit Gaby oder mit Freunden. Später beschäftigte ich mich intensiver mit den verschiedenen Rebsorten und legte mir sogar einen kleinen Weinkeller an.

Vielleicht hat meine Schwäche für den Rotwein aber auch mit der Tour de France zu tun, denn immerhin ist Frankreich das Land des Rotweins. So gesehen mag es kein Zufall sein, dass ich – mit 22 – meinen ersten Etappensieg bei der Tour in St. Emilion in der berühmten Weinbauregion des Bordeaux errang. Als Siegerpreis erhielt ich eine kostbare Magnumflasche vom besten Jahrgang. Als ich ein Jahr später dann die Tour de France 1997 gewann, war die Winzergenossenschaft meines damaligen Wohnortes so begeistert, dass sie einen 97er Merdinger Bühl nach mir benannte. 2002 schließlich raste ich betrunken mit meinem Porsche durch das nächtliche Freiburg und verursachte einen Unfall. Zuvor hatte ich ein paar Flaschen Rotwein geleert.

Der Wein begleitete mich also in den letzten Jahren auf meinem Lebensweg mit seinen Höhen und Tiefen. Diese Flasche in der Snoqualmie Mountain Lodge, die ich mit Matthias leeren wollte, hatte also eine symbolische Bedeutung. Sie sollte für meinen neuen Anfang stehen. Nicht ein einziger Tropfen blieb von der Flasche übrig.

*

Matthias Schumann hatte als Pressesprecher unseres Teams immer wieder versucht, mir zu vermitteln, dass die Zusammenarbeit mit Journalisten ein Teil meines Jobs ist. Aber mir hat das nie besonders gelegen. Ich bin kein Rhetorik-Talent, und wenn ich nicht auf dem Rad sitze, kann ich mir etwas Schöneres vorstellen, als Interviews zu geben. Matthias hatte einen guten Kompromiss gefunden. Einerseits sorgte er dafür, dass ich mich vor wichtigen Terminen nicht drückte, auf der anderen Seite hielt er mir bei anstrengenden Rundfahrten den Rücken frei. Dabei konnte er knallhart sein und hat so gewiss manche Journalisten zur Verzweiflung gebracht. Im Verlauf unserer Zusammenarbeit ist nicht unbedingt eine Freundschaft, aber doch eine enge Vertrautheit entstanden. Ich hatte keine Geheimnisse vor ihm und freute mich, dass er jetzt als »Reiseleiter« bei uns war.

Während wir uns unterhielten, lief im amerikanischen Fernsehen die Zusammenfassung vom Start der Tour de France. Es war merkwürdig. Alles kam mir so vertraut vor – und war doch so fremd. Ich hatte mir sonst fast nie Radrennen im Fernsehen angeschaut. Entweder war ich selbst dabei, oder ich trainierte. Und nun sah ich sie alle dort am Start: meine Mannschaftskameraden, meine Konkurrenten, die vielen anderen Fahrer. Noch waren sie frisch und voller Hoffnung, aber schon in wenigen Tagen würden einige von ihnen verzweifeln, nach den ersten Stürzen und den ersten Bergen. Und trotzdem würde niemand freiwillig dieses Rennen verlassen, und die Besten würden in Paris auf dem Siegerpodest stehen …

Plötzlich wurde mir alles so klar, dass ich mich fast wunderte, je daran gezweifelt zu haben: Das war es, was ich wollte! Ich wollte wieder dazugehören, ich wollte diese Qualen der Tour wieder auf mich nehmen. Ich wollte dieses Glücksgefühl wieder spüren. Ganz oder gar nicht, so wollte ich meinen Sport betreiben, so wollte ich leben.

Es war spät geworden. Mit einem Mal spürte ich eine bleierne Müdigkeit. »Jan«, fragte Matthias, »kannst du mir einen Gefallen tun?«

»Klar. Welchen?«

Matthias lächelte verlegen. »Gibst du mir ein Autogramm?«

Wir kannten uns jetzt seit über vier Jahren, aber darum hatte er mich noch nie gebeten. Ich nahm die leere Weinflasche und überlegte kurz. Dann schrieb ich auf das goldgelbe Etikett: »Jetzt geht es wieder richtig los! J. Ullrich, 8.7.02«.

*

Ein Jahr später. Meine Sachen waren gepackt, in wenigen Tagen wollte ich nach Paris fahren. Wir würden in der französischen Hauptstadt starten, genau wie vor hundert Jahren, bei der allerersten Tour de France. Ich war diesmal ein Außenseiter, zumal ich auch nicht mehr im starken Telekom-Team, sondern in der deutlich schwächer eingeschätzten italienischen Bianchi-Mannschaft fuhr. Den Sieg würden wohl andere unter sich ausmachen. Aber ich war wieder dabei, so wie ich es mir vorgenommen hatte.

»Jan?« Gaby stand in der Tür. »Ich glaube, hier hat es jemand eilig.«

»Wieso eilig?« Ich sprang auf. »Geht es schon los?«

Meine Freundin nickte. »Die Fruchtblase ist eben geplatzt. Wie wäre es, wenn du uns ins Krankenhaus fährst?«

Gaby und ich hatten eine harte Zeit hinter uns gebracht. Nichts war mehr wie zuvor. Die Schwierigkeiten im vergangenen Jahr waren nicht spurlos an unserer Beziehung vorbeigegangen. Ich musste Gaby damals vieles erklären, sie hörte mir zu, und am Ende verzieh sie mir. Wir wollten es noch einmal miteinander versuchen. Aber diesmal nicht allein, wir wollten eine richtige Familie sein. Schon drei Monate später wurde Gaby schwanger.

Am 1. Juli 2003, um 15.08 Uhr, erblickte unsere Tochter Sarah in der Freiburger Universitätsklinik das Licht der Welt. Mit einem Kaiserschnitt musste etwas nachgeholfen werden. Sarah blinzelte mich an und gähnte. »Hallo, meine Süße«, flüsterte ich. Ich konnte es immer noch nicht fassen und war so froh, hier sein zu dürfen. Sarah Maria Ullrich hatte offenbar nicht mehr warten wollen. Wäre sie tatsächlich am errechneten Termin geboren worden, dann wäre ihr Papa nämlich längst in Frankreich gewesen, weit weg. Gaby lächelte stolz, als würde sie ihre Tochter schon ganz genau kennen. »Das haben wir beiden Frauen doch sauber hingekriegt«, sollte es wohl heißen. Ich schaute in Sarahs kleines unsagbar zartes Gesicht, küsste es ganz vorsichtig und dachte: Ja, das habt ihr.

*

Meine Tochter hat mich in den drei Juli-Wochen durch Frankreich begleitet. Gaby schickte mir Fotos von Sarah übers Handy, und wenn wir telefonierten, weinte die Kleine manchmal im Hintergrund. »Hörst du deine Tochter?«, fragte Gaby dann. »Sie vermisst dich.« Früher hätte ich über so etwas nur gelacht, aber jetzt war mir ganz eigenartig zumute. Ich vermisste die beiden auch.

Andererseits war durchaus für Ablenkung gesorgt. Ich fuhr wieder bei der Tour, und es lief besser, als alle geglaubt hatten. Noch war ich vorsichtig, aber als ich das Zeitfahren zur Hälfte der Tour mit mehr als eineinhalb Minuten vor dem großen Favoriten Lance Armstrong gewann, schien auf einmal das Unmögliche möglich werden zu können. »Die Rückkehr des Wunderkindes« schrieb die französische Sportzeitung *L'Equipe* am nächsten Tag auf ihrer ersten Seite. Wirklich? War der alte Jan Ullrich zurückgekehrt? Oder war es nicht eher ein neuer Jan Ullrich, der die Fehler des alten nicht wiederholen wollte?

Ich hatte vieles verändert, um bei dieser Tour de France wieder zu den Besten zu gehören: Nach fast acht Jahren trennte ich mich vom Team Telekom, einer Mannschaft, die weit mehr als meine sportliche Heimat gewesen war. Gaby und ich verließen unsere gewohnte Umgebung, vermieteten unser Haus in Merdingen und zogen in die Schweiz. Ich überstand das Chaos beim Coast-Team, mit dem ich in die Saison gestartet war, bevor es aus finanziellen Gründen aufgelöst wurde. Ich fand mit Bianchi innerhalb kurzer Zeit ein neues Team und stellte meine Tour-Vorbereitung um. Vor allem aber: Gaby und ich fanden wieder neu zueinander, und ich wurde Vater – vielleicht meine stärkste Motivation. All dies war innerhalb weniger Monate geschehen, ein Jahr großen Wandels und wichtiger Entscheidungen lag hinter mir. Nicht jede dieser Entscheidungen wurde von den Menschen in meinem Umfeld verstanden, aber ich musste so handeln. Jetzt sah es so aus, als hätte ich alles richtig gemacht.

Ich kehrte nach Paris als Zweiter der Tour de France 2003 zurück. Mein erster Weg führte nicht zur Siegerehrung und auch nicht zu den wartenden Journalisten. Ich steuerte eine kleine Straße hinter den Zuschauertribünen an, wo ich ein Wohnmobil suchte. Als die Tür sich öffnete, hatte ich meine Familie gefunden. Verschwitzt wie ich war, legte mir Gaby unsere Tochter in den Arm. Ich war glücklich.

Zwar hatte ich zum drittenmal gegen Lance Armstrong verloren, aber ich fühlte mich dennoch als großer Gewinner. Unser Duell war so spannend gewesen wie noch nie, ich hatte ihn in einem Zeitfahren besiegt und ihm in den Bergen nichts geschenkt. Am Ende fehlten mir nur fünfzig Sekunden zum Sieg. Doch das war diesmal nicht wichtig. Entscheidend war, dass ich aus meinen Fehlern gelernt hatte, dass ich zurückgekehrt war in den Kreis der besten Radfahrer der Welt, dass die Zukunft noch vor mir lag.

Erste Etappe:

Die Entdeckung

Ich war kein Wunschkind. Das klingt nicht romantisch, aber es ist so. Meine Mutter, eine kleine, quirlige Frau mit kurzen, dunklen Haaren, die gerne und laut lachte, hatte auch ohne mich genug zu tun. Marianne Ullrich musste immer in Bewegung sein, denn sie wurde von einer unbändigen Lebensfreude angetrieben. Ihre offene und optimistische Art, an alles heranzugehen, hat ihr oft geholfen, vor allem in den schwierigen Phasen ihres Lebens – und die gab es nicht zu knapp. So war es auch in jener Zeit, als ich mich unverhofft ankündigte …

Meine Mutter war gerade 21 Jahre alt, bereits verheiratet und hatte einen zweijährigen Sohn, meinen Bruder Stefan. Außerdem studierte sie an der Universität Rostock, Fachrichtung Landwirtschaftswissenschaft. Jeden Morgen um sieben Uhr wirbelte meine Mutter durch die Stuhlreihen der Hörsäle und suchte einen Sitzplatz. Ihr Spezialgebiet war Pflanzenkunde, in der Diplomarbeit beschrieb sie ausführlich die schädliche Wirkung der Getreideblattläuse. Für mich wäre das nichts gewesen: zu viel Wissenschaft und viel zu viel Theorie. Aber sie fand das Studium spannend und kniete sich richtig hinein.

Der Tag begann für meine Mutter lange vor der ersten Unterrichtsstunde. Schon um kurz nach fünf klingelte der Wecker. Dann holte sie Stefan, der noch genauso müde war wie sie, aus dem Bett. Sie steckte ihn in den gebraucht gekauften Kinderwagen, schob ihn hinaus in die Morgendämmerung und begann ihren Fußmarsch nach Rostock: immer die Landstraße entlang, Stefan im Wagen vorneweg, meine Mutter mit kurzen schnellen Schritten hinterher. Ein eigenes Auto konnte sie sich nicht leisten – wie auch, von 195 Mark Stipendium, DDR-Mark natürlich. Nach zwei Kilometern erreichten die beiden die Kinderkrippe in Rostock-Südstadt, die auch ich später besuchte. Sie gab Stefan ab und eilte in die Uni. Jeden Tag, fünf Mal in der Woche, zu jeder Jahreszeit. Meine Mutter war schon immer sehr diszipliniert, und gewiss wären mir später einige Probleme erspart geblieben, hätte ich nur mehr von dieser Disziplin geerbt.

Am Nachmittag ging sie mit Stefan zurück nach Biestow, wieder zu Fuß. Später wurde auf den Kinderwagen ein schmales Brett gelegt. Darauf saß dann Stefan, während ich darunter lag. Die einzige Federung bestand aus ein paar Lederriemen, die am Metallgestell des Kinderwagens befestigt waren. Als das Ding Jahre später verschrottet wurde, sah man ihm deutlich an, wie die vielen Kilometer den Wagen ramponiert hatten.

Biestow ist das Dorf, in dem ich die ersten Monate meines Lebens verbrachte. Eigentlich gehörte es seit den 50er Jahren zu Rostock, aber es hatte nichts Städtisches an sich, schon gar nicht in der Nähe der Kirche, wo unsere Familie wohnte. Biestow liegt zwischen Korn- und Rapsfeldern in Mecklenburg, einem Land, das seit Ewigkeiten von Bauern bewirtschaftet wird. Industrie gibt es wenig. Aus den Höfen und Anwesen entstanden im Laufe der Jahrhunderte viele kleine Dörfer. Das waren die Orte meiner frühen Kindheit. Heute stehen nur noch wenige dieser alten Bauernhäuser und Scheunen mit Strohdächern. Überhaupt hat sich einiges verändert. 1973, im Jahr meiner Geburt, wohnten nicht mehr als fünfhundert Menschen in Biestow, heute sind es zweieinhalbtausend. Denn nach der Wende zogen viele Rostocker in die neuen Wohnparks am Stadtrand und kommen jetzt mit der Straßenbahn schnell von dort aus ins Zentrum und an die Ostsee.

Die Ullrichs wohnten damals in einer winzigen Wohnung unterm Dach. Zwei Zimmer, eine kleine Küche und ein Badezimmer für günstige fünfzig Mark Miete im Monat. Im selben Haus lebten meine Großeltern, Fritz und Ingeborg Kaatz, ein Landwirt und eine Kindergärtnerin. Das war natürlich herrlich – wer lässt sich nicht gerne von Oma und Opa verwöhnen. Meine Oma war eine Großmutter wie aus dem Bilderbuch: nicht besonders groß, etwas rundlich, immer besorgt um das Wohl ihrer Enkel und einfach unschlagbar im Plätzchenbacken. Mein Opa, der schlank und sportlich aussah, war sehr unternehmungslustig. Oft nahm er uns mit in die Natur, wo er sich sehr gut auskannte. Als wir größer waren, durften wir mit ihm zum Angeln gehen. Und wieder etwas später begleitete er uns so oft wie möglich zu den Wettkämpfen und wurde unser begeisterter Fan.

Meine Mutter war froh, dass ihre Eltern im Haus wohnten, denn so konnten die beiden aufpassen, wenn sie abends ein zweites Mal zur Arbeit ging. Im einzigen Gasthof von Biestow servierte sie Rostocker Bier und Bratkartoffeln mit Spiegelei. Sie war die attraktivste Kellnerin im »Bauernhaus«, immer schnell und gut gelaunt. Den vorwiegend männlichen Gästen gefiel das natürlich, und sie waren nicht knauserig mit dem Trinkgeld. Eine willkommene zusätzliche Einnahmequelle, denn das Stipendium reichte hinten und vorne nicht. So schlug sich meine Mutter durchs Leben, so gut sie nur konnte.

Mein Vater kam in dieser Zeit selten nach Hause. Werner Ullrich arbeitete als Betonarbeiter in einem Plattenwerk in Rostock, seit 1973 aber war er als Soldat der Nationalen Volksarmee bei den Landtruppen in Rostock stationiert. Eigentlich bedeutete das ein großes Glück für ihn, denn normalerweise wurden die Männer in der DDR zum Wehrdienst weit entfernt vom Heimatort kaserniert. Er hatte oftmals die Möglichkeit, nach Hause zu kommen, seiner Frau im Alltag zu helfen und sich um seinen Sohn zu kümmern, doch tat er das nur selten. Es lief nicht mehr so gut in der Ehe meiner Eltern. Manchmal zog mein Vater einen feucht-fröhlichen Abend mit seinen Kumpels dem Besuch seiner Familie vor. Noch hatte meine Mutter nicht aufgehört, auf ihn zu warten, denn sie liebte ihren Mann, und sie erwartete ihr zweites Kind. Dic in der DDR empfohlene Pillenpause nach zwei Jahren Einnahme und ein Kurzurlaub meines Vaters im Februar 1973 hatten völlig ausgereicht, erneut schwanger zu werden. Als meine Mutter merkte, dass sie wieder ein Kind erwartete, wusste sie im ersten Moment nicht, wie alles werden würde. Wie sollte sie das schaffen? Aber nicht eine Sekunde lang zweifelte sie daran, mich zur Welt zu bringen. Denn vor Problemen die Augen zu verschließen oder gar wegzulaufen, war ganz und gar nicht die Sache einer Marianne Ullrich. Außerdem liebte sie Kinder viel zu sehr. Wie schwer die Situation für meine Mutter auch war – ich wurde genauso sehnsüchtig erwartet, als wäre ich ein Wunschkind gewesen.

Am ersten Adventssonntag 1973 war die Familie Ullrich zum letzten Mal zu dritt. Draußen lag eine dichte Schneedecke über den Feldern. Richtiger Winter, selten bei uns im Norden. Ich überraschte wohl alle mit meinem pünktlichen Erscheinen. Denn als am Nachmittag bei meiner Mutter die Wehen einsetzten, fehlte ein Auto für die Fahrt ins Krankenhaus. Meine Großeltern hatten zwar eines, aber damit waren sie gerade unterwegs zum Weihnachtsmarkt in Rostock. Also sprang mein Vater die Treppen hinunter und klingelte bei den Makowskis. Professor Makowski war der Chef meines Großvaters im Institut für Pflanzenzüchtung Gülzow/Güstrow – und stolzer Besitzer eines »Moskwitsch«, einer damals begehrten sowjetischen Automarke. »Wir brauchen einen Wagen!«, stammelte mein Vater. Der Professor zögerte keinen Augenblick und warf sich seinen Mantel über. Die Fahrt ging nach Rostock ins Südstadt-Krankenhaus. Und hier hielt mich meine

Mutter ein paar Stunden später in den Armen, am 2. Dezember 1973 um 19.15 Uhr. Ich war acht Pfund schwer, 54 Zentimeter groß und hatte schwarze, dichte Haare. Ein Sonntagskind!

*

Papendorf ist der Ort, mit dem sich die Erinnerungen an meine Kindheit verbinden. Wir zogen dorthin, als ich fünf Jahre alt war. Wenn ich quer über die Felder lief, war ich schon nach drei Kilometern in Biestow bei den Großeltern. In der Schule lernten wir, dass »Pape« wohl »Priester« bedeutet und mit den kirchlichen Ortsgründern zusammenhängt. Papendorf liegt etwas versteckt in einer Mulde zwischen Hügeln, Teichen und kleinen Wäldern, auf der einen Seite begrenzt durch die Warnow, einen kleinen Fluss, der bei Rostock-Warnemünde die Ostsee erreicht, auf der anderen durch eine Landstraße, die in südlicher Richtung nach Rostock führte. Das Schönste war ein kleiner Badesee mit alten, knorrigen Bäumen am Ufer und einer Affenschaukel als größter Attraktion. Es gab Teiche zum Angeln, Bäume zum Klettern, einen Fußballplatz zum Bolzen. Das Dorf stellte für uns Kinder also einen einzigen großen Abenteuerspielplatz dar. Wir waren so oft wie möglich unterwegs, eine Clique von ungefähr zehn Jungs, darunter die beiden Ullrich-Brüder. Stefan war einer der Anführer, ich hielt mich eher im Hintergrund. Wenn es irgend ging, wollten wir draußen sein. Dauernd stand jemand vor der Tür und fragte: »Kommt Stefan runter?«, und dann ging ich eben mit.

Die Enge unserer damaligen Wohnung würde mich heute erdrücken. Überhaupt erscheint mir alles so mickrig, wenn ich jetzt nach Papendorf komme. Aber damals war es meine große, weite Welt. In der Dorfstraße hatte die LPG, die Landwirtschaftliche Produktionsgenossenschaft, einen Wohnblock und Garagen für die Mitarbeiter gebaut. Meine Mutter hatte hier nach ihrem Studium eine Arbeit als Agrarökonomin gefunden und eine Betriebswohnung zugeteilt bekommen. Wir wohnten unter dem Dach in einer Giebelwohnung: drei Zimmer,

Küche, Bad, zusammen sechzig Quadratmeter. Geradezu als Luxus empfanden wir die Etagenheizung mit einem Kohleofen in der Küche. Von dort aus wurde die ganze Wohnung beheizt. Wir Jungs mussten uns abwechseln: Einer holte die Kohlen aus dem Keller, der andere brachte die Asche runter. Einmal im Jahr kam der Kohlenmann. Der kippte seine schwarze Ladung einfach hinter unser Haus, und dann schleppten wir die Kohlen in Körben in den Keller.

Stefan und ich teilten uns ein Zimmer. Von unserem Fenster aus sahen wir die Eisenschaukel auf dem Hof. Sie steht heute noch da, sieht aber mittlerweile recht ramponiert aus. Die blaue Farbe ist abgeblättert, die Stahlrohre sind rostig. Damals aber war dies mein Lieblingsplatz. Von der schwingenden Schaukel abspringen und möglichst weit entfernt landen, darin konnte mich niemand schlagen. Überhaupt war ich damals ein großer Kämpfer. Vor allem das Spielen mit Stefan bestand aus einer endlosen Folge von Mutproben und Wettbewerben. Es gab eigentlich nichts, worin wir uns nicht messen wollten. Zum Beispiel am Strand. »Wetten, ich kann länger hüpfen als du?«, sagte bestimmt einer von uns beiden. »Wetten nicht?«, kam prompt die Antwort. Und dann hüpften wir so lange auf der Stelle, bis einer umfiel und verloren hatte. Oder Wetttrinken. Wer einen Beutel mit einem Liter Milch als Erster mit dem Strohhalm leer getrunken hatte, gewann. Wahrscheinlich war uns beiden hinterher schlecht. Aber es *musste* einfach sein. Wenn wir später mit unseren Rennrädern unterwegs waren, sprinteten wir an jedem Ortsschild wie um Leben und Tod. Stefan war zweieinhalb Jahre älter und dadurch kräftiger als ich. Daher zog ich oft den Kürzeren, doch stachelte mich das nur noch mehr an. In der Schule oder in der Clique war ich eher ruhig und zurückhaltend, aber im Wettstreit mit Stefan konnte ich völlig aus mir herausgehen. Er war mein Vorbild, vor ihm wollte ich unbedingt bestehen. Und natürlich hatte ich auch meine Triumphe: Ich war waghalsiger und risikofreudiger als mein großer Bruder. »Wer traut sich, von der Steilküste ins Meer zu springen?« Ich sprang immer als Erster.

*

Mit fünfeinhalb lernte ich endlich das Radfahren. Ich konnte es kaum erwarten. Die Jungs im Dorf fuhren BMX-ähnliche Räder, keine echten, sondern selbst zusammengeschraubte mit möglichst breiten Rädern, mit denen man besser über die Feldwege kam. Mein Übungsrad gehörte Stefan, ein 20er Kinderrad ohne Gangschaltung. Wie alle Räder unserer Familie war es blau. Meinem Vater gefiel das so. Er strahlte den Lack der Räder in seiner Werkstatt ab und lackierte sie dann blau: Mutters, Stefans, sein eigenes und meines. Auf dem gepflasterten Fußweg zwischen Wohnblock und Garagen begann meine Karriere als Radrennfahrer. Vermutlich sahen meine ersten Versuche genauso unbeholfen aus wie bei Millionen anderen auch. Mein Vater aber hatte den Sattel fest gepackt. »Du kannst nicht umfallen, schau einfach nach vorne!«, sagt er zu seinem schmächtigen Sohn. Doch das hätte er mir nicht erst sagen müssen, ich traute mich ohnehin nicht, woanders hinzusehen. Ich starrte nach vorn, dorthin, wo der Weg hinter der Hausecke verschwand. »Hältst du mich auch wirklich fest?«, fragte ich immer wieder misstrauisch. Krampfhaft versuchte ich, das Gleichgewicht zu halten. Der Weg wurde etwas abschüssig, und ich bekam richtig Fahrt drauf. O je, wo war noch die Bremse? Ich packte den Lenker so fest es ging, denn das Rad wackelte fürchterlich auf dem holprigen Plattenweg. »Jan, du fährst! Du fährst!«, hörte ich eine Stimme. Ich erschrak, denn die Stimme klang so unendlich weit entfernt. Ich drehte mich um und sah meinen Vater zwanzig Meter hinter mir stehen und jubeln. Mir war überhaupt nicht zum Jubeln zumute. Wenn mein Vater da hinten jubelte, dann hieß das doch … Als ich mich endlich wieder nach vorn drehte, war es zu spät. Die erste Radtour meines Lebens endete nach dreißig Metern zwischen den Mülltonnen hinter unserem Haus. Aber ich stand auf und fuhr weiter. Wenn ich damals geahnt hätte, wie oft ich noch fallen und wieder aufstehen würde …

Mein Vater brachte mir also das Radfahren bei – eines meiner letzten Erlebnisse mit ihm. Bald danach verschwand er. Mein Bruder Thomas war gerade geboren worden; aus heutiger Sicht ein verzweifelter und ganz offensichtlich erfolgloser Versuch meiner Mutter, ihre Ehe zu retten. Denn eigentlich wusste sie längst, dass Werner Ullrich nicht in der Lage war, sein Alkoholproblem und seine Aggressionen in den Griff zu bekommen.

Wir Jungs bewunderten unseren Vater oft für seine verrückten Aktionen. Am Silvestermorgen 1977 zum Beispiel lief er mit Skiern nach Rostock, um Pfannkuchen, Knaller und – als besondere Überraschung – Raketen für uns zu holen. Die teilte er uns dann abends mit einer großen Geste zu: »Jan, diese hier ist für dich.« Da schaute ich zu ihm auf und war für einen Moment unheimlich stolz, so einen Vater zu haben.

Ich wollte meinen Vater immer in guter Erinnerung behalten. Vielleicht verdrängte ich deswegen später, dass er zu viel trank, dass er oft die Kontrolle über sich verlor und dass er sowohl zu uns als auch zu unserer Mutter brutal sein konnte. Als ich 2002 in eine tiefe Krise geriet, habe ich meine Fehler, meine Ausrutscher, meine Schwindeleien auch schnell wieder vergessen. Ich konnte sie einfach ausblenden, und weg waren die Probleme! Vielleicht ist diese Fähigkeit, unangenehme Erinnerungen zu verdrängen, in der Zeit mit meinem Vater entstanden. Denn natürlich erlebte auch ich seinen Jähzorn und seine Gewalttätigkeit. Stefan gewiss noch mehr als ich, denn er wollte mit seinen acht Jahren unsere Mutter schon beschützen. Ich war sechs, als mein Vater mich einmal richtig verprügelte. Bis heute erinnert mich eine kleine Narbe am Kopf an diesen Vorfall. Nur wenn ich die Haare ganz kurz trage, ist sie zu sehen. Auch eine Erinnerung an meinen Vater, die bleiben wird. Wie die Erinnerung an meine erste Radtour.

Die Trennung meiner Eltern war, wie mir meine Mutter später erzählte, eine Befreiung für sie. Der jahrelange, Kraft raubende und letztlich doch vergebliche Kampf um ihre Ehe war zu Ende. Ich wundere mich heute, wie wenig dramatisch ich das allmähliche Verschwinden meines Vaters empfand. Zunächst kam er manchmal an den Wochenenden und holte uns ab, damit wir etwas zusammen unternehmen konnten. Er wohnte im Nachbardorf, nur fünf Kilometer entfernt. Aber seine Besuche wurden immer seltener, bald kam er kaum noch, obwohl wir uns verabredet hatten. Ein halbes Jahr später gab er die Weihnachtsgeschenke nur noch unten an der Tür ab, und schließlich blieb er ganz weg. Ich konnte damals nicht ahnen, dass er für eine sehr lange Zeit aus meinem Leben verschwinden würde.

Mein Vater spielte seit dieser Zeit keine Rolle mehr für mich. Selten erzählte uns meine Mutter von ihm, die Erinnerungen verblassten im Laufe der Jahre. Es ist nicht so, dass ich ihm böse bin oder ihm etwas übel nehme. Hoch rechne ich ihm an, dass er sich nicht in die Öffentlichkeit drängte, als Journalisten ihn nach meinem Tour-Sieg entdeckt hatten. Ich bin davon überzeugt, dass er so handelte, weil er nicht durch einen Erfolg bekannt werden wollte, an dem er – abgesehen von seinen Genen – keinen Anteil hatte. Es sollte 14 Jahre dauern, bis ich ihn noch einmal wiedersehen würde.

*

Meine Mutter stand nun mit ihren drei Söhnen alleine da. Wie sie dieses Leben bewältigt hat, mit welcher Energie und mit welchem Lebensmut, das bewundere ich bis heute. Wir hatten wenig Geld, ich wuchs praktisch in den abgelegten Sachen meines großen Bruders auf, aber das störte mich nicht. Meine Mutter gab ihren Jungs immer das Gefühl, dass sie ein Zuhause hatten. Wir waren einfach ein Team. Dass ich Stefan näher stand als meinem jüngeren Bruder Thomas, lag sicherlich daran, dass fünf Jahre Altersunterschied für Kinder gewaltig sind. Als Thomas später ebenfalls versuchte, Radrennfahrer zu werden, wurde unsere Beziehung enger. Sein erstes Rennen bestritt er in Rostock-Schmarl als Sechsjähriger. Wir mussten den Sattel direkt am Rahmen befestigen, weil er so klein war wie ich in diesem Alter. Und genauso schnell, denn Thomas gewann – und ich freute mich wie über einen eigenen Sieg.

Einen Vater jedenfalls habe ich zu keiner Zeit vermisst. Das hat meine Mutter großartig hinbekommen. Ich weiß nicht, ob sie es bewusst getan hat, aber sie hat immer dafür gesorgt, dass ich bei Männern wie Peter Sager und Peter Becker in guten Händen war, so wie später bei Wolfgang Strohband oder Rudy Pevenage auch. Das waren Männer, die mich gefordert und gefördert haben, die für mich da waren, wenn ich sie brauchte, und die mir das Gefühl gaben, ein wertvoller Mensch zu sein. So wie es eigentlich auch ein guter Vater tun sollte. Inzwischen bin ich selbst Vater. Seitdem will ich zum ersten Mal wirklich wissen, woher ich komme, wo meine Wurzeln sind. Ich bin neugieriger auf meinen Vater geworden. Wenn ich meine kleine Sarah im Arm halte, wenn ich spüre, dass sie ein Teil von mir ist und ich ein Teil von ihr bin, dann begreife ich nicht, wie man sich so einfach aus dem Leben einer Familie davonstehlen kann, wie es mein Vater tat.

Dafür kann ich heute verstehen, warum meine Mutter nach der Scheidung unbedingt ihren Mädchennamen zurückhaben wollte. Aus Marianne Ullrich wurde wieder Marianne Kaatz. Meine Mutter hatte einfach zu viel erlebt mit meinem Vater. Und zu wenig Gutes, als dass sie noch den Namen mit ihm teilen wollte.

*

Der 1. September 1980 war ein großer Tag für mich, denn ich kam zur Schule. Nun stand ich endlich wieder mit Stefan auf einer Stufe. Die ganze Familie hatte sich an diesem Tag für mich herausgeputzt: die Großeltern, Stefan und Thomas, meine Mutter. Große Geschenke gab es nicht. Die gab es bei uns nie. Und ich kann mich auch nicht erinnern, dass wir große

Geschenke von meiner Mutter erwartet hätten. Mein teuerstes Weihnachtsgeschenk war ein ferngesteuerter Traktor. Später habe ich mir nur noch Turnschuhe gewünscht. Jedes Jahr ein Paar neue Turnschuhe, und ich war glücklich.

»Schule« war für das Gebäude in Groß Stove ein schmeichelhafter Ausdruck, denn wir waren in einer hässlichen Baracke untergebracht. In dieser bescheidenen Umgebung wurden Kinder aus den umliegenden Dörfern in vier Klassen unterrichtet. Ein Schulbus sammelte uns jeden Morgen ein, holte uns am Schulhort ab und brachte uns gegen vier Uhr wieder zurück nach Hause. So ein Schulhort war eine Selbstverständlichkeit in der DDR. Wie hätte meine Mutter als allein stehende Frau mit drei Kindern sonst einer Arbeit nachgehen können? Im Hort bekamen wir ein warmes Mittagessen und wurden bis zum Nachmittag betreut. Ich war mit Abstand der Kleinste in der Klasse, war sehr schüchtern und ruhig. Im Unterricht fiel ich kaum auf, besonders gut war ich auch nicht. Die Hausaufgaben erledigte ich so schnell wie möglich, selbst daraus konnten Stefan und ich einen kleinen Wettkampf machen. Mein großer Bruder blieb auch in dieser Zeit mein Ein und Alles. Ihm trottete ich hinterher, ihm vertraute ich blind, ihm glaubte ich alles.

Das nahm mitunter seltsame Züge an. Ich war sieben Jahre alt, als Stefan und sein Freund Andreas mich zum Rauchen verführten. Andreas hatte seinem Vater eine Zigarette gestohlen, die wir nun gemeinsam rauchen wollten. Mir war das unheimlich. Wir schlichen hinter die Garagen, wo uns keiner sah, und zündeten die Zigarette an. Die beiden Neunjährigen nahmen einen Zug. Ich wollte nicht. »Was ist denn los, du Pfeife«, sagte mein Bruder und hielt mir die brennende Zigarette hin. »Du wirst doch nicht kneifen, wenn wir dich schon mitnehmen.« Jetzt packten sie mich bei meiner Ehre. Ich nahm also mit zittriger Hand das glimmende Ding, führte es zum Mund und zog. Nur einmal und nur Pustebacke – hustend blies ich den Rauch sofort wieder aus. »Du hast geraucht!«, riefen im selben Augenblick die Großen. »Auweia, davon kannst du Lungenkrebs bekommen!« Ich rannte weg, so schnell ich konnte, und verschwand heulend in meinem Zimmer. Erst zwölf Jahre später habe ich wieder geraucht. Das war am Abend nach dem Gewinn der Weltmeisterschaft in Oslo, als mir Bundestrainer Peter Weibel eine Zigarre anbot.

Ich wurde also kein guter Raucher, aber im Sport blühte ich auf. Bei den Schulwettkämpfen war ich immer der Beste, ohne mich besonders anstrengen zu müssen. Beim Laufen besiegte ich sogar die Schüler der älteren Klassen, mit Ausnahme von Stefan, denn der war noch schneller. Am liebsten spielte ich jedoch Fußball. Wenn ich bei der Einteilung der Mannschaften als Erster gewählt wurde, machte mich das stolz und selbstbewusst. Außerdem hatte es den großen Vorteil, dass ich mir die Position auf dem Spielfeld aussuchen konnte: »Ich bin Mittelstürmer, keine Frage!« In unserem Dorf gab es einen Fußballverein, die BSG Warnow Papendorf. Damals, mit sieben Jahren, träumte ich davon, bei der BSG einmal in der 1. Kreisklasse mitspielen zu dürfen.

Der größte Erfolg auf einem Fahrrad war bis dahin das Wettrennen von Groß Stove nach Papendorf. Unser Gegner: der Schulbus. Samstags starteten wir sofort nach der Schule und rasten nach Hause. Wir haben nicht ein einziges Mal gegen den Bus verloren. Und irgendwann waren Stefan und ich so schnell, dass wir schon feixend am Mittagstisch saßen, wenn unten der Schulbus durchs Dorf fuhr.

Dann kam der Tag, an dem ich zum ersten Mal ein Rennrad aus nächster Nähe sah. Ich war im Kinderferienlager in Pölchow, wo der Betrieb unserer Mutter einige einfache Gästehäuser besaß. Dort tauchte überraschend Stefan auf. Stefan wollte Leichtathlet werden, wurde vom Verein aber zunächst aussortiert mit der Begründung, er sei zu klein. »Zwerge brauchen wir hier nicht!«, hieß es. Besonders feinfühlig war das nicht. So kam er zu den Radsportlern. Kaum hatte er später einige Rennen gewonnen, war »der Zwerg« für die Läufer dann doch groß genug. Bei den Radsportlern bekam Stefan ein Rennrad fürs Training. Damit musste er natürlich sofort vor seinem jüngeren Bruder angeben. Es war ein silbernes Rad der Marke »Diamant«, hatte sehr schmale Reifen, einen elegant gebogenen Rennlenker und glänzte und glitzerte schön in der Sonne. »Lass mich mal fahren«, bettelte ich. »Wie soll denn das gehen, Kurzer«, sagte mein Bruder von oben herab, »du kommst doch mit den Beinen gar nicht an die Pedale.« Schließlich erbarmte er sich und stellte den Sattel tiefer. Ich drehte eine kleine Runde und war begeistert.

Es war unvorstellbar, dass mir meine Mutter jemals ein Rennrad kaufen würde. Ich wollte mich aber auch noch nicht auf eine Sportart festlegen. Also wartete ich einfach ab, was passieren würde, eine Strategie, die ich schon damals für sehr vielversprechend hielt und die ich auch später immer wieder gerne verfolgt habe. Mit durchaus wechselndem Erfolg, wie ich zugeben muss. Denn es heißt zwar, das Glück komme zu dem, der zu warten versteht. Allerdings kann es einem auch davonlaufen, wenn man sich nicht bewegt, beim Radrennen und im Leben. Das habe ich inzwischen gelernt.

Einige Tage später fuhren wir in den Garten meiner Großeltern. Wenn sie verreist waren, fütterten wir ihre Kaninchen und Hühner und sammelten die Eier aus den Nestern. Meine Mutter besaß inzwischen einen flotten Trabant 601, und ich begleitete sie im Auto. Stefan wollte lieber mit seinem Rennrad fahren und war schon losgeprescht. Er musste unglaublich gerast sein, denn als wir in Biestow ankamen, wartete er bereits auf uns. Allerdings hatte meine Mutter den Hausschlüssel meiner Großeltern vergessen. Stefan rief sofort: »Ich hole den Schlüssel, ich bin schneller als ihr!« Er schwang sich auf sein Rad und fuhr die fünf Kilometer bis Papendorf und wieder zurück, für mich damals eine Wahnsinnsstrecke. Den sehen wir so bald nicht wieder, dachten wir und machten es uns gerade so richtig bequem im Garten, als er schon wieder angekeucht kam. Dass man mit einem Rad so schnell sein konnte! Unglaublich! So ein Ding wollte ich auch haben. Ich wollte auch dahinfliegen und schneller als der Wind sein. Nur mit meiner eigenen Kraft! Es hatte mich erwischt. Noch hatte ich nicht das Ziel, Radrennfahrer zu werden. Aber von einem eigenen Rennrad träumte ich seit jenem Tag. Und mein Traum wurde schneller wahr, als ich ahnen konnte.

*

»Hört mal her, Jungs«, rief Peter Sager seine Sportler zusammen. Obwohl der Mann erst Anfang vierzig war, hatte er fast keine Haare mehr. Aber er wirkte durchtrainiert und sah freundlich aus, nicht wie einer, der seine Schützlinge zu sehr antreibt. Der Trainer vom Sportverein Dynamo Rostock-West betreute ungefähr hundert junge Radrennfahrer im Alter von neun bis 16 Jahren. An diesem Tag im November 1983 war das trotzdem einer zu wenig. Sager wollte mit seinen Jungs an einem Mannschafts-Crosslauf teilnehmen und brauchte dafür in jeder Altersklasse mindestens einen Starter. In der Altersklasse 9/10 hatte er keinen. »Kennt jemand einen Zehnjährigen, der am Wochenende für uns laufen kann?«, fragte er in die Runde.

Es meldete sich Stefan Ullrich, der eigentlich zu den Mittelstreckenläufern gehörte: »Ich habe einen Bruder, der ist neun, wird aber bald zehn. Ich kann ihn fragen.«

Sager war einverstanden. »Den bringst du am Sonntag mit«, gab er Stefan als Auftrag mit auf den Heimweg.

Stefan fragte mich sofort beim Abendessen: »Jetzt kannst du mal zeigen, was du drauf hast, Kleiner. Übermorgen ist ein Crosslauf. Wir brauchen noch einen. Traust du dich?«

In der Schule hatte ich bereits einige Crossläufe bestritten und meistens gewonnen. Es sprach also nichts dagegen, einmal mitzugehen. Am Sonntagmorgen zog ich meinen knallroten Trainingsanzug an, der mir später den Spitznamen »roter Blitz« einbringen sollte, wir kletterten alle in Mutters Trabi und los ging's.

Der Start des Crosslaufs war in Fischerdorf, einem kleinen

Rostocker Stadtwald. Um einen Teich führt ein schmaler Sandweg, das war die Rennstrecke. Aufgeregt war ich zunächst nicht, warum auch, ich hatte doch nichts zu verlieren. Am Start schaute ich mich allerdings um und wunderte mich über die Nervosität der anderen Läufer. Das steckte mich dann doch an. Stefan kam erst später an die Reihe und wollte mich beruhigen. »Wenn ich schon mitrenne, dann will ich auch gewinnen«, sagte ich zu ihm. »Bleib ruhig, in deinem Lauf sind auch die Elf- und Zwölfjährigen am Start«, entgegnete er. »Lauf bloß nicht zu schnell los, sonst hängen sie dich am Ende ab.« Aber muss man wirklich immer auf seinen älteren Bruder hören? Nach dem Startschuss rannte ich los wie bei einem 100-Meter-Sprint. Ich musste kräftig drängeln, weil die anderen einen Kopf größer waren als ich und mich nicht durchlassen wollten. Die Strecke war hügelig, und es gab einen dreihundert Meter langen Anstieg. Nach der ersten Runde lag ich trotzdem in der Spitzengruppe, zwischen lauter Älteren. Noch einmal erhöhte ich das Tempo. Es ging durch ein Waldstück, dann wieder den Hügel rauf. Ich rannte und rannte und wartete darauf, dass die anderen Läufer mich überholen würden. Aber da kam keiner. Nach der zweiten 550-Meter-Runde leuchtete mein roter Trainingsanzug an der Spitze. Schon aus der Ferne hörte ich Stefan und meine Mutter schreien: »Jani, lauf!« Ich gewann! Und ich hatte auch die Läufer besiegt, die drei Jahre älter waren als ich. Meine Familie war völlig aus dem Häuschen und jubelte.

Einen Tag später stand der Trainer zu Hause in Papendorf vor unserer Tür. Peter Sager wollte meine Mutter sprechen – und mich. Er hatte einen weinroten Trainingsanzug dabei, Radtrikots mit Taschen und anknüpfbaren Ärmeln und Turnschuhe. Unten an der Hauswand aber stand sein größter Trumpf: ein Rennrad, genau wie Stefans, nur in blau. Peter Sager wusste, wie unwiderstehlich seine Mitbringsel waren. »Willst du nicht Radrennfahrer werden, Jan?«, fragte er fast beiläufig. »Du hast das Talent dazu, könntest mal ein Guter werden.« Er hatte mich noch nie auf einem Fahrrad gesehen, aber trotzdem glaubte Peter Sager an mein Potenzial.

Es war nicht so, dass ich vor Freude sofort an die Decke sprang. Aber ich musste keine Sekunde überlegen. »Na gut, ich kann es ja mal versuchen«, sagte ich – das war die maximale Begeisterung, die Peter Sager von einem Norddeutschen wie mir erwarten konnte. Von da an war ich mit Leib und Seele Radsportler.

Zweite Etappe:

Der Start

Es war an einem grauen Sonntagmorgen im April. Draußen regnete es kräftig, als früh um sieben Uhr der Wecker klingelte. Kein Problem, denn damals war ich noch kein Langschläfer. Ich schlich geräuschlos ins Bad, meine beiden Brüder schliefen noch. »Du bist spät dran«, mahnte meine Mutter ungeduldig aus der Küche. Also Tempo. Ich beeilte mich beim Zähneputzen. Wenn ich mich dabei im Spiegel sehen wollte, musste ich mich auf die Zehenspitzen stellen, denn ich war mit meinen elf Jahren nur mickrige ein Meter vierzig groß und wog gerade einmal 37 Kilogramm. Das sollte ein Radrennfahrer sein? »Jetzt mach endlich, du kommst noch zu spät«, hörte ich wieder meine Mutter, die mit dem Frühstück auf mich wartete. Ich setzte mich an den Küchentisch, sah meinen gepackten Rucksack und dachte: Heute ist es also so weit. Ein halbes Jahr war vergangen seit jenem Überraschungssieg im Crosslauf. Ein halbes Jahr trainierte ich schon bei Peter Sager, die meiste Zeit hatten wir allerdings in Hallen und Krafträumen verbracht. Jetzt würde es endlich ernst werden. »Wir fahren in zehn Minuten«, sagte meine Mutter. Sie wollte dabei sein, wenn ihr Sohn sein erstes Radrennen bestritt.

Wir fuhren nach Schmarl an der Warnow, wo die alten Dampfer vom Rostocker Schifffahrtsmuseum liegen. Als wir ankamen, war Peter Sager bereits da. Unser Verein Dynamo Rostock-West veranstaltete ein Rundstreckenrennen auf dem Stephan-Jantzen-Ring. Da hatte Sager alle Hände voll zu tun: Gäste begrüßen, Startnummern verteilen, Kinder beruhigen, die Polizei einweisen. Trotzdem nahm er sich die Zeit, mir Hallo zu sagen. »Da drüben steht dein Rad, Jan. Es ist noch alles fertig geworden.« Mein »blauer Diamant« musste nämlich eigens präpariert werden, weil ich so ein Winzling war. Ich fuhr zwar das kleinste Rad des ganzen Vereins mit einem 50er Rahmen und der tiefsten Sattelstellung, aber selbst das war immer noch zu groß. Peter Sager hatte längere Tretkurbeln von einem Bahnrad montiert, damit ich mit meinen kurzen Beinen überhaupt die Pedale erreichte. Die Haken und Riemen am Pedal hatte er verkürzt, damit meine kleinen Füße auch die richtige Position erhielten und nicht zu weit nach vorne rutschten.

Dass Peter Sager höchstpersönlich an meinem Rad herumgeschraubt hatte, passte zu ihm. Für seine Jungs machte er alles. Aber er hat uns das nie spüren lassen oder besondere Dankbarkeit verlangt. Wir waren einfach ein ganz wichtiger Teil seines Lebens. Seine Frau Carola hat das verstanden, akzeptiert und so gut sie konnte unterstützt.

Ich packte meine Sachen aus. Carola Sager hatte zu Hause mit ihrer Nähmaschine die Rennhose gekürzt und abgenäht, weil sie sonst um meine dünnen Beine geschlackert wäre. Nur das Trikot in der kleinsten Größe konnte nicht verändert werden. So flatterte es lästig im Wind, als das Rundstreckenrennen über 8,4 Kilometer begann. Eine Runde war 1.200 Meter lang, und der Kurs war flach wie ein Brett. Von der Ostsee wehte ein frischer Wind herüber, der kalte Regen legte nur kurze Pausen ein. Ich versuchte, mich von Beginn an im vorderen Teil des Feldes aufzuhalten, was mir auch ganz gut gelang. Am Start waren Fahrer aus Rostock und Umgebung. Der Schnellste von ihnen war ein drahtiger Bursche mit kurzen, braunen Haaren. »Auf den musst du aufpassen«, hatte mir Peter Sager eingeschärft. Dieser Junge hatte in den letzten beiden Jahren die meisten Rennen in unserer Altersklasse gewonnen. Sein Name: André Korff. Später sollte Korffi einer meiner besten Freunde und engsten Wegbegleiter werden.

Nach 7,2 Kilometern begann die letzte Runde. Ich war noch nicht erschöpft, nur der Regen störte mich. Fest packte ich meinen Lenker und beugte mich weit nach vorne. Von dem, was um mich herum geschah, nahm ich nichts wahr, auch meine Mutter nicht, die jedes Mal aufsprang und mich lautstark anfeuerte, wenn ich an ihr vorbeikam. Nach der letzten Kurve trat ich an, so schnell und kräftig ich konnte. Dieses Gefühl der Beschleunigung beim Sprint, wenn die anderen Zentimeter um Zentimeter an Boden verloren, das war wunderbar. Ein kurzer Blick zur Seite, nach rechts und nach links, und ich wusste: Da kommt keiner mehr.

So war das also, wenn man ein Radrennen gewann! Ich rollte aus, drehte um und fiel meiner Mutter direkt in die Arme. Dann wartete ich mit ihr auf meine erste Siegerehrung. Inzwischen hatte sich meine euphorische Stimmung im wahrsten Sinne des Wortes abgekühlt, denn mir war furchtbar kalt. Ich zog meinen Trainingsanzug und einen Anorak über, doch es half alles nichts. Peter Sager hatte Recht, wenn er sagte: »Der Jan, der besteht nur aus Knochen und Muskeln mit einer Pelle drüber. Ein Fettpolster hat der nicht.« Ich zitterte am ganzen Körper, meine Finger waren klamm, ich konnte kaum noch sprechen. Als Carola Sager mich so sah, packte sie das große Mitleid. Sie zog ihren langen Mantel aus und wickelte mich darin ein, als würde sie das größte Talent ihres Mannes in Watte packen wollen.

Später wird man mich den »Sonnenkönig« nennen, weil ich die Wärme so liebe, mir selbst Hitze nichts ausmacht und ich die größten Siege bei schönem Wetter errang. Bei meinem ersten Radrennen aber regnete es in Strömen und war bitterkalt.

Bis heute werden immer wieder verschiedene Rennen, Orte und Daten genannt, wenn es um meinen ersten Start geht.

1983 oder 1985, Warnemünde oder Wismar, Mannschaft oder Einzel. Es war definitiv am 8. April 1984 bei einem Rundstreckenrennen in Rostock-Schmarl, als ich zu meinem ersten Radrennen kam – und siegte.

*

Dieser erste Sieg verschaffte mir endgültig die Gewissheit, dass ich den idealen Sport gefunden hatte. Wenn ich auf meinem Rennrad saß, blieb nichts mehr übrig vom schüchternen Jan. Da war ich selbstbewusst, kämpferisch und ehrgeizig. Alle meine Wünsche hatten nun mit dem Radsport zu tun, meine Freizeit war vollständig damit ausgefüllt. Ich ließ keine Trainingsstunde bei Peter Sager mehr aus, zumindest nicht freiwillig. Sager war nicht besonders streng, aber wir legten uns ins Zeug, als wäre er es gewesen. Eigentlich erstaunlich, denn Jungs in diesem Alter zusammenzuhalten und halbwegs zu disziplinieren ist keine leichte Sache. Peter Sager setzte auf die Schubkraft von aufmunternden Worten und von Schokolade. Bei mir funktionierte das, denn ich liebte Schokolade. Mein – heute leider etwas belastetes – Verhältnis zur Schokolade begann schon außergewöhnlich früh in meinem Leben. Ich war gerade zarte fünf Tage alt, und meine Mutter kam eben mit mir aus dem Krankenhaus, als mir mein Bruder Stefan, sozusagen als Willkommensgruß, einen Schokoladenweihnachtsmann in den Mund stopfte. Stefan war erst zwei Jahre alt und wollte einfach nur nett sein, aber es sieht ganz so aus, als wäre nun der Schuldige gefunden. Er hat mir meine Leidenschaft für Süßes regelrecht in die Wiege gelegt.

Peter Sager kam mir also sehr gelegen mit seiner Methode »Schokolade für Siege«. Ich gewann oft. Die Möglichkeiten für andere Prämierungen waren im Übrigen auch sehr begrenzt. Geld? Neue Handschuhe? Eine coole Brille? Gab es nicht. Aber ich strengte mich auch so an. Vielleicht sogar deshalb, weil ich meinen Trainer nicht enttäuschen wollte. Ich mochte ihn einfach wegen seiner ruhigen, väterlichen Art. Nie wurde er ausfallend oder laut. Mein nächster Trainer, Peter Becker, sollte da von einem ganz anderen Kaliber sein. Aber das war Jahre später.

In der fünften Klasse trainierten wir dreimal in der Woche, in der sechsten viermal und in der siebten Klasse fünfmal. Dazu kamen am Wochenende die Rennen und in den Schulferien die Trainingslager. Mit elf Jahren bin ich 2.500 Kilometer in einer Saison gefahren, mit 13 schon das Doppelte! Da war es nicht verwunderlich, dass ich Probleme in der Schule bekam. Der Unterricht wurde immer mehr zur Nebensache, was meine Mutter natürlich nicht akzeptieren konnte. Als ich wieder einmal keine Hausaufgaben gemacht hatte und mit einer Mahnung aus der Schule nach Hause kam, gab es Ärger. »Du darfst dir ein paar Nachmittage lang überlegen, wie das in der Schule weitergehen soll«, schimpfte sie. »Dein Training kannst du erst einmal vergessen!« Ärgerlich schmiss ich die Tür zu. Während die anderen draußen trainierten, saß ich alleine in der Wohnung. Vor lauter Wut zog ich Stefans Spikes an und lief unseren Flur auf und ab. Die Nägel in der Sohle, mit denen man sich auf der Laufbahn besser abstoßen kann, hinterließen auf unserem weichen Linoleum-Belag ein tolles Lochmuster. Meine Mutter war außer sich, als sie das am Abend sah. Und natürlich verlängerte sie die Trainingssperre um ein paar Tage. Ich tat so, als würde mir das nicht das Geringste ausmachen. Wenn ich wollte, konnte ich unglaublich bockig sein. »Mir doch egal!« Peter Sager war mein Retter. Als ich zwei Tage beim Training gefehlt hatte, besuchte er meine Mutter und versuchte zu schlichten: »Das kannst du nicht machen, Marianne, mit dieser Strafe triffst du den Jungen an der falschen Stelle. Sei doch froh, dass er so gerne zu mir kommt.« Meine Mutter konnte diesen trotzigen Bengel ohnehin nicht mehr ertragen. »Haut bloß ab«, sagte sie lachend.

Sie hat mir danach nie wieder das Training verboten. Eigentlich fand sie es doch gut, dass wir so sportbesessen waren. Meine Mutter und ich konnten nie lange böse aufeinander sein. Aber den ersten Schritt zu tun fiel mir immer schwer. Diesen Dickschädel habe ich bis heute behalten, wer sich mit mir streiten will, der hat es nicht leicht. Ich kann auf Durchzug stellen, dann gehen die Worte auf der einen Seite hinein und auf der anderen gleich wieder hinaus, ohne Wirkung. Besonders stolz bin ich darauf nicht, aber es ist eben so.

*

Ostern zogen wir um. Leider hatte sich das nicht bis zu Stefan herumgesprochen, der inzwischen in einem Sportinternat in Berlin lebte. Er gehörte zu den besten Mittel- und Langstreckenläufern seines Alters. Als er in den Osterferien nach Hause kam, stand er in Papendorf vor verschlossener Tür. Meine Mutter hatte wegen des Umzugsstresses vergessen, ihm die neue Adresse zu schicken. Stefan war wütend, als er uns endlich gefunden hatte, aber es gab für ihn auch allen Grund, sich zu freuen. Denn wir wohnten jetzt in Lütten-Klein, einem modernen Neubaugebiet von Rostock mit elfgeschossigen Hochhäusern. Meine Mutter hatte seit kurzem einen neuen Job bei der Rostocker Stadtverwaltung, der besser bezahlt wurde. Sie verdiente dort 1.100 Mark im Monat, was für DDR-Verhältnisse ziemlich viel Geld war. Der Durchschnittslohn lag ungefähr bei neunhundert Mark.

Über die Plattenbauten ist nach der Wende immer wieder gelästert worden. Für uns war das Wohnen darin ein echter Fortschritt. Thomas und ich hatten eigene Zimmer, wir mussten keine Kohlen mehr schleppen, gemeinsam mit unseren Nachbarn hatten wir einen Telefonanschluss, und wir waren schneller am Strand. Ich musste zwar die Schule wechseln, aber das störte mich nicht. Meine Freunde hatte ich längst im Radverein gefunden. Und meinen Trainer, der mich langsam und zielstrebig aufbaute.

Peter Sager war früher selbst Rennfahrer gewesen. Der Rostocker Bezirksmeistertitel bei den Männern war sein größter Sieg. Er lachte immer darüber und sagte: »Ich kann andere viel besser trainieren als mich selbst.« Männer wie er sind ein Glücksfall für den Sport, denn ihr Ehrgeiz liegt darin, Talente zu entdecken und mit Hingabe zu fördern. Sie opfern den größten Teil ihrer Zeit, und sie bekommen dafür wenig öffentliche Aufmerksamkeit, wenig Anerkennung, wenig Geld – zu wenig von allem. Ihre Belohnung ist, wenn sie unter den vielen tausend Kindern ein einzigartiges Talent entdecken, das später groß herauskommt und sie nicht vergisst. Ich war Peter Sagers größte Belohnung. So einen wie mich hatte er noch nie gesehen. Seit 1969 kümmerte er sich um Rostocks Radsportnachwuchs. An zehn Schulen gab es Arbeitsgemeinschaften, in denen Sager unermüdlich nach talentierten Kindern suchte. Die holte er dann in das Trainingszentrum von Dynamo Rostock-West, wo sie kostenlos Rennräder und Sportbekleidung erhielten. Die größten Talente schafften schließlich den Sprung nach Berlin auf die Kinder- und Jugendsportschule. Wie alles in der DDR wurde auch diese Suche nach sportlichen Talenten genau geplant. Peter Sager musste jedes Jahr mindestens einen Sportler von Rostock nach Berlin delegieren, sonst hätte er den Plan nicht erfüllt. Aber meistens schickte Peter Sager sogar zwei Fahrer in die Hauptstadt.

Wir fuhren für Dynamo. Heute würde man dazu »Hauptsponsor« sagen, damals hieß das »Förderer des Sports«. Dynamo war die Sportabteilung der Polizei und der Staatssicherheit und finanzierte auch den Nachwuchssport. Dynamo-Vereine gab es in der gesamten Republik. Alle Dynamo-Sportler trugen rote oder weinrote Trikots. Peter Sager besorgte von den Leichtathleten eigens rot-weiß gestreifte Jerseys, damit er seine Rennfahrer im Feld besser erkennen konnte. Damit hat er mich einmal gerettet, als ich im Finale einer Dynamo-Meisterschaft in Kyritz/Lausitz einen Platten bekam. Am weiß-roten Hemd erspähte mich mein Trainer sofort. Ich bekam schnell ein neues Rad und sorgte mit einer wilden Verfolgungsjagd für Aufsehen.

Unser Treffpunkt vor jeder Ausfahrt war der Trainingsstützpunkt »Am Eisstadion«, direkt am Barnsdorfer Wald hinter dem Ostseestadion, wo schon damals der FC Hansa Rostock in der DDR-Oberliga seine Heimspiele austrug. Im ehemaligen Kohlenkeller dieses Flachbaus hatte Peter Sager sein Reich: Büro, Werkstatt, Lager- und natürlich ein Trainingsraum. Im Winter verbrachten wir unendlich viele Stunden in diesem fensterlosen Raum. Die Ergometer, unverzichtbar für ein professionelles Training, hatte unser Trainer selbst gebaut. Man musste flexibel sein in diesen Zeiten. Da ging man nicht in einen topp ausgestatteten Bike-Shop und suchte sich das Beste aus. Gute Geräte waren entweder nicht zu bekommen oder nicht zu bezahlen. Also wurde selbst gebastelt. Mit einer Lichtmaschine aus einem verschrotteten Bus konnte man die Wattzahl einstellen und dadurch die Belastung verändern. Da saßen wir dann auf diesen Ergometern und strampelten uns ab. Wie Höhentraining muss das gewesen sein, denn Sauerstoff kann es in diesen Kellerräumen nicht viel gegeben haben.

Peter Sager gab sich alle Mühe, unsere Trainingsbedingungen zu verbessern. Mitte der 80er Jahre etwa sollte in Rostock eine Sommer-Trainingsstrecke für Eisschnellläufer gebaut werden, wie eine Skaterbahn. Peter lief von Behörde zu Behörde für die Genehmigung, die Bahn einen Meter höher zu bauen und auch für uns Radsportler zuzulassen. 1986 war die Radrennstrecke fertig – eine 250-Meter-Betonbahn mit 38 Grad Neigung, ideal für uns. Später wurde sie sogar von Sprintern wie Weltmeister Bill Huck zum Training genutzt. Aber ganz gleich, ob Kellerräume oder Radrennbahn – nichts konnte das Training auf der Straße ersetzen. Das wusste unser Trainer, und erst dort fühlte ich mich richtig wohl.

*

Im Mai 1986 gewann Olaf Ludwig zum zweiten Mal die Internationale Friedensfahrt. Jahre später würden wir uns begegnen, als Kollegen in einer Profi-Mannschaft. Damals aber spielten wir Kinder auf unserer Trainingsstrecke seine Rennen nach. Aus Rostock in Richtung Wismar bis Satow und wieder zurück, das waren etwas mehr als vierzig Kilometer. Einer von uns war Ludwig, der andere Uwe Raab oder Uwe Ampler. Das waren die Helden der Friedensfahrt. Unsere Helden. Jedes Jahr im Mai fuhren die besten Amateure des internationalen Radsports bei dieser Rundfahrt durch die DDR, Polen und die Tschechoslowakei. Wir konnten die Fernsehübertragungen kaum erwarten. Die Fanfare, mit der die Sendung begann, habe ich heute noch im Ohr. In meinem Zimmer hing eine Landkarte mit dem Streckenverlauf. Jeden Tag erschien in der Zeitung *Junge Welt* das Foto des Etappensiegers, das ich dann einklebte. Die *Neue Berliner Illustrierte*, so etwas wie der Ost-*Stern*, druckte außerdem in jedem Jahr ein Poster der sechs Fahrer ab, die bei der Friedensfahrt in silbergrauen Trikots für die DDR an den Start gingen. Ich war stolz auf die vielen Jahrgänge, die ich gesammelt hatte. Wir waren damals davon überzeugt, dass es weltweit kein wichtigeres Rennen als die Friedensfahrt gab. Von Bernard Hinault, Laurent Fignon oder Greg Lemond, die in diesen Jahren eine Rundfahrt namens Tour de France gewannen, wussten wir noch nichts.

Also sprinteten wir um die Wette, in unseren Köpfen den Traum vom grauen Nationaltrikot der DDR. André Korff und ich träumten zusammen. André war der einzige Rennfahrer der Umgebung, der mir ernsthaft Paroli bieten konnte. Er fuhr noch für FIKO Rostock, die Mannschaft des Fischverarbeitungskombinats, als ich ihn bei meinem ersten Rennen in Rostock-Schmarl besiegte. In den ersten zwei Jahren unserer Konkurrenz belegte André Korff ungefähr dreißig zweite Plätze, jeweils hinter mit. Nur zweimal habe ich gegen ihn verloren. Das erste Mal versteuerte ich mich bei einem Rennen auf der Aschenbahn in der letzten Kurve, und André konnte mich überholen. Das war noch zu verkraften, ich hatte einfach Pech gehabt. Die andere Niederlage schmerzte mehr. In Satow fand die Kreismeisterschaft im Bergfahren statt. Ein drei Kilometer langes Zeitfahren auf der einzigen ansteigenden Strecke weit und breit. Ich war mir so sicher, dass ich gewinnen würde. Aber da hatte ich mich verrechnet, an diesem Tag war Korffi schneller. So erlitt ich meine erste richtige Niederlage als Sportler. Ich war maßlos enttäuscht, und zwar von mir selbst. Das hat sich bis heute nicht geändert: Wenn etwas schief läuft, suche ich den Fehler bei mir und nicht bei anderen.

Trotz dieser harten Konkurrenz wurden André und ich dicke Freunde. Das schließt sich für mich nicht aus, heute ebenso wenig wie damals. Denn ich motiviere mich nicht mit meinen Gegnern, wie andere das tun. Natürlich trete ich an, um zu gewinnen, aber dabei will ich in erster Linie mich selbst besiegen. Ich habe später auch mit Alexander Winokurow, als er für Team Telekom und ich noch für Bianchi fuhr, erlebt, dass sportliche Gegner sich freundschaftlich verbunden sein können. Er hätte sich sonst nie so engagiert dafür eingesetzt, dass ich zurück zum Team Telekom komme, obwohl er damit seine Kapitänsrolle aufs Spiel setzte. Jedenfalls war meine Freude riesengroß, als Korffi 1986 in unseren Verein wechselte. Peter Sager konnte ihm die besseren Wettkampfreisen, die bessere Mannschaft und die besseren Turnschuhe bieten. Schon bald wurden wir unzertrennlich. Wir waren so verbissen, dass wir sogar auf dem Heimweg noch Rennen austrugen. Einmal verschlief ich eine grüne Ampel, und André sprintete los. Er hatte bestimmt hundert Meter Vorsprung, als ich die Verfolgung begann. Es dauerte fünf Kilometer, bis ich ihn mir endlich schnappen konnte. Korffi war glücklich, dass er seine Führung so lange verteidigt hatte. Sein Stolz verschwand augenblicklich, als ich ihm atemlos sagte: »Entschuldige, konnte nicht schneller, ich habe einen Platten.«

*

Als Zwölfjährige gewannen wir überlegen die Bezirksmeisterschaft im Vierer-Mannschaftsfahren. Meine Großeltern standen an der Strecke. Das war etwas Besonderes, denn Opa war mein größter Fan. Er sagte immer: »Jani, wenn du einmal im Fernsehen kommst, das will ich sehen.« Leider konnte ich ihm diesen Wunsch nicht mehr erfüllen, denn mein Großvater starb wenige Tage bevor ich 1993 Amateur-Weltmeister wurde. Es war mein erstes Rennen, das live im Fernsehen übertragen wurde. Noch heute bin ich manchmal traurig darüber, dass er mich nicht mehr bei der Siegerehrung sehen konnte. An diesem Tag aber, an dem die Bezirksmeisterschaft ausgetragen wurde, sah mich Opa gleich zweimal. Nach unserem Sieg im Mannschaftsfahren fragte Peter Sager den Wettkampfleiter: »Kann ich meine beiden besten Jungs nicht noch einmal im Paar-Zeitfahren der Jugendklasse starten lassen?« Als Antwort erhielt er ein ungläubiges Kopfschütteln und die Erlaubnis. Wir rasten mit Peter Sagers Barkas, einem Kleinbus mit Wartburg-Motor, zurück an den Start. Unsere Gegner waren nun 16, vier Jahre älter als wir. Das Ergebnis verblüffte alle: Wir wurden Dritte.

In unserer Altersklasse eilten wir von Sieg zu Sieg. Besonders faszinierte mich, dass ich als Flachländer von der Küste die Berge am besten hochfuhr. Wir hatten zuvor fast immer nur in der Ebene trainiert. Wo hätten wir in der Umgebung auch einen Berg finden sollen? Es gab in der Nähe von Rostock nur bei Satow einen kleinen Anstieg. Aber als ich in der Schülerklasse fuhr, war es verblüffenderweise wirklich so: Je bergiger das Gelände, desto besser wurde ich.

Nur die Kälte störte mich nach wie vor. Wenn ich mit blauen Lippen und klappernden Zähnen auf dem Podest stand, da verfluchte ich meinen Sport, selbst wenn ich gewonnen hatte. Meine Oma strickte mir Handschuhe, und manchmal zog ich drei Paar übereinander an. Richtig geholfen hat das nicht. Wenn wir mit den Lastkraftwagen zu den Rennen fuhren, saßen wir hinten auf der Ladefläche, rechts und links auf Holzbänken. Zwischen uns lagen die Räder, eingepackt in alte Decken. Nicht selten nahm ich mir eine der Decken, um mich darin einzuwickeln, weil mir so kalt war. Bei einer Deutschen Meisterschaft in Forst habe ich mich selbst bei 18 Grad noch mit einer Wärmesalbe aus Bienengift eingerieben. Vermutlich hätte niemand sonst diesen brennenden Schmerz ausgehalten, mich aber hat er gewärmt. Ich war eine Frostbeule und bin bis heute extrem kälteempfindlich. Bei meinen schlimmsten Niederlagen war es kalt und nass.

In der ersten Zeit fuhr ich noch ein Rennrad ohne Gangschaltung, erst später bekam ich ein besseres mit drei Gängen. Das war ein echter Fortschritt. »Treten müsst ihr schon alleine«, sagte Peter Sager, wenn wir nach den moderneren Rennrädern der Älteren schielten. Wenn alle mit dem Training fertig waren, borgte ich mir manchmal eines mit zehn Gängen, das vorne zwei große Zahnkränze und hinten fünf kleine Ritzel hatte. Damit drehte ich dann eine kleine Runde auf dem Parkplatz. Technische Verbesserungen wie eine Gangschaltung, neue Reifen oder wärmere Kleidung – das waren die schönsten Belohnungen für mich, damit konnte man mich hervorragend motivieren.

Wenn ich Peter Sager heute frage, wie er sich erklärt, dass dieser kleine, untergewichtige Junge so viele Rennen gewann, dann zuckt er nur mit den Schultern. Einerseits lag es wohl gerade daran, dass ich so ein Floh war. Ich wog immer noch nur vierzig Kilogramm. Das Geheimnis beim Radsport ist das Kraft-Masse-Verhältnis. Ich hatte nicht mehr Muskeln als die anderen, aber ich war eben zehn Kilogramm leichter als sie. Damit konnte ich mir meine Stärke in den Bergen erklären. Aber warum war ich auch so schnell im Sprint? »Talent«, sagt Peter Sager dann, »es muss mit deinen Genen zusammenhängen.«

Meine Mutter hat über den Schulsport hinaus nie in einem Sportverein trainiert. Offenbar wandelte ich auf den Spuren meines Vaters. Er war in den 60er Jahren Eisschnellläufer beim Sportclub Dynamo Berlin gewesen, hatte im Jugendalter mehrere DDR-Rekorde aufgestellt und als großes Talent gegolten. Allerdings war er charakterlich labil und schwänzte oft das

Training. Er erzählte im Betrieb, in dem er als Maurerlehrling arbeitete, dass er trainieren müsse, und beim Training entschuldigte er sich mit der Lehre. Manchmal war er auch in Prügeleien verwickelt. Das konnte auf Dauer nicht gut gehen. Sein Vater holte ihn von der Sportschule wieder nach Hause. Mein Talent, ein außergewöhnlicher Sportler zu sein, habe ich bestimmt meinem Vater zu verdanken. Aber auch die Neigung, mich hin und wieder hängen zu lassen, gelegentlich mehr zu trinken und zu essen, als es gut für mich ist, und manchmal sehr spät in die Gänge zu kommen, habe ich wohl von ihm. Jede Medaille hat bekanntlich zwei Seiten, und das eine war ganz offensichtlich ohne das andere nicht zu haben.

*

Wie jedes Jahr in den Winterferien ging Peter Sager auch im Februar 1987 mit uns ins Trainingscamp nach Wismar. Hier gab es nicht mehr als eine große Turnhalle, Schlafräume und eine Küche. Sager quälte uns mit hartem Athletiktraining. Er wollte uns fit machen für die Überprüfung an der Kinder- und Jugendsportschule in Berlin. Dort strebten wir hin, die KJS war unser großes Ziel. An der KJS waren alle großen Rennfahrer des Landes gewesen. Sie war der einzige Weg, meine sportlichen Träume zu verwirklichen. Sie war auch der Weg, meinem Bruder Stefan zu folgen, der dort seit drei Jahren als Leichtathlet trainierte. Ich wollte unbedingt ebenfalls auf die Sportschule.

Aber auf dem Weg nach Berlin standen drei Hürden, die man »Sichtungen« nannte. Ungefähr hundert Rennfahrer meines Alters bewarben sich um zwölf Plätze. André und ich wollten auf jeden Fall dabei sein. Schlussweitsprung, Klimmzüge, Banksprünge, Gewandtheitslauf, das alles trainierten wir bis zur Erschöpfung. Am Ende eines solchen Trainingstages wollte uns Peter Sager noch mit einer Geschicklichkeitsübung herausfordern. »Wer einen Stehversuch auf dem Fahrrad länger als fünf Minuten durchhält, der bekommt eine Tafel Schokolade.« Sagte es und verschwand in die Unterkunft, um das Abendessen vorzubereiten. Die meisten fielen sofort um. Es ist anstrengender, als man denkt, so lange das Gleichgewicht zu halten. Die Muskeln müssen ständig angespannt sein, man muss jede, auch die kleinste Bewegung ausbalancieren können. Ich konnte das. Und wie! Nach etwa einer Stunde stürzte ein Junge in die Küche: »Herr Sager, der Jan steht immer noch.« Mein Trainer wollte seinen Augen nicht trauen. Er hatte uns schon vergessen. Ich stand genau eine Stunde, 13 Minuten und 13 Sekunden. Das hatte ich absichtlich so gemacht, denn die 13 war und ist meine Lieblingszahl. Zur Belohnung erhielt ich eine ganze Schachtel Pralinen. Auf dem Zimmer hatte ich bereits ein ganzes Schokoladenlager mit viel Blockschokolade. Die war dick und massiv und aus den Buchstaben B, L, O, C und K zusammengesetzt. In der Regel gab es vom Trainer für besondere Leistungen eine Rippe, für herausragende Leisungen aber schon einmal eine ganze Tafel. Das waren noch Zeiten, als ich mit Schokolade belohnt wurde. Aber damals war ich untergewichtig und bekam die Süßigkeiten ausdrücklich als Aufbaustoffe.

Ich trainierte wie nie zuvor für die Sichtungen in Berlin. Die Vorbereitung lief gut, und ich war großartig in Form. Plötzlich aber drohten meine Pläne in Gefahr zu geraten. Nach einer Routineuntersuchung kam die Ärztin unseres Trainingszentrums besorgt zu Peter Sager: »Bei Jan stimmt was nicht. Das Herz macht merkwürdige Geräusche.« Sie war sich nicht sicher, was das sein könnte und ob es gefährlich war. Ich war völlig verzweifelt. Sollte meine Karriere bereits zu Ende sein, bevor sie richtig begonnen hatte? Bisher war ich immer stolz auf mein Herz gewesen, schon als Kind hatte ich einen ungewöhnlich niedrigen Ruhepuls. Nie spürte ich Schmerzen. Aber jetzt hatte ich Angst, dass man mir meinen Sport verbieten würde. Auch Peter Sager war ganz offenkundig beunruhigt. Zum Glück kannte er Dr. Gerd Dührkop. Dührkop war ein ehemaliger Hochspringer, DDR-Rekordler und Teilnehmer an Europameisterschaften und nun renommierter Sportarzt in Wismar. Seine bekannteste Patientin war wohl die Olympiasiegerin und 400-Meter-Weltrekordlerin Marita Koch. Dührkop untersuchte mich in seiner Praxis. »Es kann schon passieren, dass ein Herz bei so einem niedrigen Ruhepuls ungleichmäßig schlägt«, sagte er. Trotzdem empfahl er weiter gehende Untersuchungen bei einem Spezialisten in Rostock. Ich wurde von der Schule freigestellt, um mit meiner Mutter dorthin zu gehen.

Und ich hatte Glück: Trotz gründlichster Untersuchungen wurde nichts gefunden, was auf eine Fehlfunktion hingewiesen hätte. Ich war kerngesund – und der Weg nach Berlin frei. Aber wenn irgendein Arzt in dieser Zeit eine falsche Diagnose gestellt und gesagt hätte: »Junge, hör auf mit dem Radrennfahren, das ist gesünder für dich«, dann wäre Schluss mit dem Leistungssport gewesen, und mein Leben wäre völlig anders verlaufen.

So fuhr ich also zu den Sichtungen. Ob ich es schaffen würde, mich für die Berliner KJS zu empfehlen? Sicher war ich mir nicht, denn die anderen waren alle einen Kopf größer als ich. Mich beruhigte, dass das biologische Alter in einer besonderen Punktewertung berücksichtigt wurde. Ich war zwar 13 Jahre alt, biologisch gesehen aber höchstens elf. Ich qualifizierte mich als Erster der Rangliste für die Sportschule, Korffi wurde Dritter. Im Frühjahr erhielt meine Mutter dann den heiß ersehnten Brief. Ich jubelte, ab September würde ich in Berlin die KJS besuchen. Der erste große Schritt zur Radrennfahrerkarriere war getan.

*

Am 17. Mai 1987 ging es für mich zum ersten Mal um einen großen Titel. Die DDR-Schüler-Meisterschaften im Bahnradsport sollten in Erfurt in Thüringen stattfinden, aber ganz clevere Experten hatten die Bahn kurz zuvor mit Ölfarbe gestrichen. Als es dann anfing zu regnen, bildete sich ein Ölfilm, und ein Team nach dem anderen stürzte. Die Wettkämpfe wurden daraufhin abgebrochen und die Meisterschaften kurzerhand nach Leipzig verlegt. Wir mussten das Material ins Auto verladen und zweihundert Kilometer nach Leipzig fahren. Wir Rostocker rechneten uns gute Chancen im 2.000-Meter-Mannschaftsfahren aus. Peter Sager gab die Taktik vor: »Stefan Dassow, du fährst nach dem Start an der Spitze. Hau richtig rein. Als Sprinter beschleunigst du am schnellsten, den Rest erledigen die anderen drei.« Das waren André Korff, Jörg Papenfuß und ich. Der Plan ging auf. Wir wurden DDR-Meister, mein erster großer Titel – auf jener Radrennbahn, auf der Rudi Altig 1960 den Weltmeistertitel errungen hatte. Ich war stolz und glücklich.

Wenige Wochen später folgte in Leipzig die Kinder- und Jugend-Spartakiade, bekannt als so etwas wie die Olympischen Spiele für den DDR-Nachwuchs. Mit der Mannschaft gewannen wir diesmal die Bronzemedaille. André Korff hatte zuvor auf der Bahn bereits zweimal Gold geholt. »Vom Spartakiadesieger zum Olympiasieger« war eine bekannte Losung. Wir teilten uns das unter Freunden auf: Korffi wurde in jenem Jahr zweimal Spartakiadesieger, ich gewann ein paar Jahre später in Sydney bei den Olympischen Spielen. Zum Spartakiadesieger habe ich es also nicht gebracht. Bei dieser ersten Spartakiade ging im Einzelrennen jedenfalls einiges schief. Zunächst regnete es in Strömen in Leipzig, nicht mein Wetter also. Das Feld der Altersklasse 13/14 war zudem weit auseinander gerissen, und ich verlor komplett den Überblick. Auf einer gefährlichen Kopfsteinpflaster-Abfahrt kam plötzlich ein Konkurrent von hinten angerast, überholte mich und stürzte schreiend in den Straßengraben. Ich wurde noch unsicherer. Sofort nahm ich meinen Fuß aus der Pedale und fuhr ganz vorsichtig um die Kurve. Ohnehin ging ich davon aus, weit zurückzuliegen, bestimmt hatten mich viele überholt. Im Ziel war ich vollkommen überrascht, dass ich siebter geworden war. Mit etwas mehr Übersicht hätte ich sicher Zweiter oder Dritter werden können.

Trotzdem: Diese ersten Erfolge weckten in mir die Lust auf mehr. Und es sollte ja erst richtig losgehen. Nach den Sommerferien wartete das Abenteuer Sportschule auf mich. Meine Vorfreude wurde leider etwas getrübt, denn meinen Bruder Stefan würde ich in Berlin nicht mehr treffen. Er wechselte ausgerechnet in diesem Sommer zurück nach Rostock. Dort waren die Trainingsbedingungen für ihn besser, und die Rostocker nahmen ihn gerne auf, denn Stefan galt als sehr starker Läufer. Im folgenden Jahr wurde er gleich viermal DDR-Meister: im Crosslauf, über 5.000 Meter in der Halle und über 1.500 und 3.000 Meter im Freien. Dann bekam er Knieprobleme wegen einer Knorpelabnutzung, eine Verletzung, mit der auch ich später noch schmerzhafte Bekanntschaft machen sollte. Stefan versuchte es bis 1990 immer wieder mit einem Comeback. Sein letztes Rennen war ein Halbmarathon in Bremen, den er gewann. Danach beendete er seine Karriere.

Ich war traurig, dass ich Stefan in Berlin nicht wiedersehen würde. Aber es gab kein Zurück. Ende August 1987 packten André und ich in Rostock unsere Sachen. Das Abenteuer Berlin konnte beginnen.

Dritte Etappe:

Die Lehrzeit

Von Rostock nach Berlin sind es 230 Kilometer. Wir tuckerten mit unserem weißen Trabi über die Autobahn, und für mich war es die Fahrt in eine neue Welt. An diesem 1. September 1987 wurde ich Schüler der KJS. Ich folgte damit dem Weg meines Vaters und vor allem dem Stefans. Nun war ich der dritte Ullrich beim SC Dynamo Berlin. Erst ein Eisschnellläufer, dann ein Leichtathlet, jetzt ein Radrennfahrer. Ich war sehr stolz. Wir parkten das Auto vor einem modernen Wohnblock in Berlin-Hohenschönhausen. »Zum Hechtgraben« lautete meine neue Anschrift. Meine Mutter war noch aufgeregter als ich. Konnte sie mich wirklich schon alleine in der Fremde lassen? So weit weg von Zuhause und allem, was mir bisher vertraut war? So weit weg von ihr? »Mach dir keine Sorgen, ich komm' schon klar«, sagte ich lässig.

In gewisser Weise konnte ich ihre Besorgnis verstehen, aber eigentlich hatte ich keine Lust auf sentimentale Gedanken. Ich war viel zu neugierig auf das Neue. Außerdem war ich ja nicht alleine aus Rostock nach Berlin gekommen. Mein Freund André würde mich auch in den nächsten Jahren begleiten. Es konnte also gar nichts schief gehen. Wir fuhren mit dem Fahrstuhl in die siebte Etage, hier wohnten die Radsportler der achten bis zehnten Klassen. Von einem langen Flur gingen links und rechts die Zimmer ab. »Wir nehmen das Doppelstockbett!«, rief Korffi und ließ seine Tasche fallen. Es gab noch ein Einzelbett an der anderen Wand. Da schlief ab jetzt Schitti, der aus Seelow in Brandenburg kam. Unsere Bude war komplett, es konnte losgehen. Dass meine Mutter auch noch da war, fiel mir erst auf, als sie anfing, meine Sachen in den Schrank zu räumen. Wie peinlich. Wir kamen uns doch so groß und erwachsen vor. Jungs in diesem Alter können wohl ziemlich rücksichtslos sein. Man möchte abgeklärt und unglaublich souverän erscheinen, da nimmt man auf die Gefühle einer Mutter keine Rücksicht. Aber meine Mutter ist bestimmt ganz beruhigt wieder abgefahren. Ihr Jani würde das schon hinkriegen.

Im Internat wehte ein rauer Wind. Die Neuankömmlinge mussten stets einiges von den Älteren aushalten. So eine Schule war schließlich eine Ansammlung von sportlichen Überfliegern aus der ganzen Republik und kein Kuschelverein. Die Jungs waren ehrgeizig, erfolgsverwöhnt und natürlich auch Konkurrenten. Da ging es wild zu, manchmal flogen auch die Fäuste. Nicht jeder hielt das aus. Ein paar Schüler packten schon nach wenigen Wochen ihre Sachen und fuhren wieder nach Hause zu ihren Familien. Für mich war das kein Thema. Erstens hatte ich kein Heimweh und zweitens einen Beschützer, den ich Stefan verdankte. Bevor er zurück nach Rostock ging, hatte er seinen Freund Maschewski gebeten, ein Auge auf mich zu haben. Maschewski war ein bulliger Diskus- und Hammerwerfer, und er nahm Stefans Bitte sehr ernst. Obwohl ich damals noch recht schmächtig war, hat mich nie jemand geärgert oder gar verprügelt.

Es gab in Berlin zwei Sportschulen. Die Konkurrenz hieß TSC, Turn- und Sportclub Berlin. Zu dessen Schülern gehörten zum Beispiel die späteren Radprofis Erik Zabel und Jens Voigt. Unsere KJS war die Talentschmiede des SC Dynamo Berlin. Die Fußballer vom BFC Dynamo, von denen später etliche in der 1. Bundesliga spielten, gingen hier ebenso zur Schule wie der spätere Turnolympiasieger Andreas Wecker und

Franziska van Almsick. Es wurden begabte und viel versprechende Athleten in zwölf verschiedenen Sportarten unter ziemlich idealen Bedingungen ausgebildet. Man konnte sein Abitur ablegen oder nach der zehnten Klasse einen Beruf erlernen. Im Mittelpunkt stand nicht die Schule, sondern das Training. Daraus wurde auch kein Hehl gemacht. Wenn man schlechte Zensuren hatte, war das zwar nichts, worauf man stolz sein konnte, aber auch nicht besonders schlimm. Lief es dagegen im Sport nicht mehr, musste man die Schule sofort verlassen.

Wir waren zwölf Jungen in der Klasse 8 R. »R« stand für Radsport. In anderen Sportarten wie Leichtathletik oder Eiskunstlaufen gab es auch Mädchen, aber die interessierten mich ohnehin nicht. Bis ich 16 war, hatte ich nicht einmal eine Disko von innen gesehen. Ich hatte nur eines im Kopf: Rad fahren. Und der wichtigste Mensch in meinem Leben war keine Heike oder Mandy, sondern mein Trainer.

*

Peter Becker war ein knapp 50-jähriger lauter, resoluter Mann, der früher einmal Boxer trainiert hatte, bevor er Mitte der siebziger Jahre zu den Radsportlern gewechselt war. Er hatte es als Trainer nie bis an die Spitze geschafft. Unser Jahrgang war nun seine große Chance, denn erstmals sollte er Rennfahrer von der Jugend bis ins Männeralter trainieren. Becker galt als harter Hund. Er empfing uns auf seine Art: »Jungs, ihr seht vor euch denjenigen, der euch ab jetzt quälen wird. Ihr müsst nicht in Berlin bleiben, wenn ihr nicht mit aller Gewalt große Radsportler werden wollt.« Das saß. Aber genau aus diesem Grund war ich ja hier, Becker konnte mir also keine Angst machen. »Ihr werdet bald merken, dass es im Leben noch andere Dinge gibt als Radfahren«, setzte er hinzu. »Aber wenn man nicht hundertprozentig für seinen Sport lebt, dann ist das vertane Zeit. Merkt euch das. Übrigens ist mir egal, wer von euch schon DDR-Meister oder sonst was war. Hier fangen alle bei null an.«

Sagte es, warf die Tür zu und verschwand. Dieser etwas schroffe und polternde Typ sollte für die nächsten Jahre einer meiner engsten sportlichen Begleiter werden. Er würde mich zum Sieg beim schwersten Radrennen der Welt antreiben. Zunächst aber bremste er mich. Denn Peter Becker teilte uns Rennfahrer in »Frühentwickler« und »Spätentwickler« ein. André gehörte zu den »Frühentwicklern«, er durfte trainieren bis zum Umfallen. Ich war ein »Später«, der in seiner biologischen Entwicklung seinem Alter hinterherhinkte, immer noch klein und schmächtig. Im Training sah das dann so aus, dass Peter Becker uns unterschiedlich forderte: »Jungs, heute stehen fünf Kilometer Zeitfahren auf dem Programm. Korff und Co, ihr fahrt die Strecke fünfmal. Für die Gruppe Ullrich reichen dreimal.« Es kam auch vor, dass ich in Berlin bleiben musste, wenn die »Frühentwickler« zum Rennen abfuhren. Heute weiß ich, dass ich Peter Becker dankbar sein muss, weil er mich in dieser Zeit geschont und nicht verheizt hat. Aber damals machte mich das wütend. Ich war verrückt nach Radfahren und strotzte vor Energie. Doch mein Trainer bremste mich immer wieder: »Nimm kleinere Gewichte im Kraftraum. Fahr weniger Kilometer.«

Wir trainierten jeden Tag. Es gab zwei Varianten: Entweder wir fuhren um acht Uhr mit den Rädern los ins Berliner Umland. Damals waren die Straßen zwar oft in einem miserablen Zustand, aber dafür war der Verkehr im Vergleich zu heute eher spärlich. Mittags kamen wir zurück, aßen etwas und gingen in die Schule. Manchmal fielen mir dort die Augen zu, weil ich vom Training erschöpft war. Oder der Tag begann mit dem Unterricht, dann gingen wir nachmittags in den Kraftraum, in die Sauna oder zum Fußball. Die Trainingsstrecken wurden immer länger. Mein Jahrespensum lag 1987, als ich nach Berlin kam, bei 6.000 Kilometern, ein Jahr später bei 9.000 und 1989 bei 13.000 Kilometern. Heute komme ich als Profi auf mehr als 30.000 Jahreskilometer. Aber schließlich sitze ich ja auch nicht mehr den halben Tag in der Schule.

Ich strengte mich jetzt zwar mehr an als früher, aber ernsthaft quälen musste ich mich kaum. Es hat lange gedauert, bis ich lernte, dass Radsport auch richtig wehtun kann. Ich hatte damals keine Ahnung, wo meine Grenzen lagen. Und selbst wenn ich sie hätte herausfinden wollen – ich durfte ja gar nicht. Immer hieß es gleich: »Mach langsam, Junge. Du kannst noch früh genug zeigen, was du drauf hast.« Ich trainierte also genau so, wie ich sollte, ich war fleißig und begeistert. Trotzdem genehmigte ich mir auch damals schon meine Pausen. Es gab allerdings zwei Unterschiede zu heute: Erstens lagen die Pausen in den langen Ferien im Sommer und nicht wie später als Profi im Winter. Und zweitens nahm ich damals kein Gramm zu, auch wenn ich vier Wochen nur am Strand lag. Peter Becker schickte uns mit ausgefeilten Trainingsplänen in den Urlaub, aber daran hielt ich mich nicht. Nur so ein bisschen auf dem Rad ohne Anstrengung und Tempo dahinzurollen, das war nichts für mich. Ganz oder gar nicht. Die Pläne von Becker habe ich deshalb konsequent ignoriert.

Nach einem außergewöhnlich heißen Sommer, den ich wieder einmal am Ostseestrand verbracht hatte, ließ ich mir eine besonders originelle Ausrede einfallen: »Meine Mutter hat mir verboten, bei diesem Wetter im Freien zu trainieren. Wegen des Ozonlochs sei das viel zu gefährlich.« Peter Becker war natürlich wütend. Aber wenn ich dann beim ersten Test doch wieder zu den Besten gehörte, beruhigte er sich schnell. Ich konnte mir die Pausen erlauben, zumindest glaubte ich das damals. Es ist möglich, dass ich diese Überzeugung im Laufe der Zeit zu sehr verinnerlicht habe. Als mich die Ruhepausen später immer mehr in Schwierigkeiten brachten, konnte ich sie mir nicht mehr abgewöhnen.

*

Es gefiel mir an der Sportschule. Hier hatte ich meinen Freund Korffi, meinen Trainer, und ich konnte das tun, was ich am meisten liebte: Rad fahren. Was wollte ich mehr? Meine Mutter hatte keine Sorgen mit mir, sie wusste mich in guten Händen. Trotzdem war sie manchmal traurig. »Du könntest dich ruhig öfter melden«, sagte sie dann am Telefon. Es konnten Wochen vergehen, bis ich einmal zu Hause anrief. Im Speisesaal hing ein Münztelefon an der Wand. Keine besonders intime Atmosphäre für ein Gespräch, aber für ein kurzes Hallo hätte es allemal genügt. Es war auch gar nicht böse gemeint – vielleicht ging es mir einfach zu gut. Bis heute beklagen sich meine Freunde, wenn von meiner Seite wieder einmal lange Funkstille herrscht. Aber auch hier gilt: Es ist keine böse Absicht. Umgekehrt war die Freude allerdings groß, wenn überraschend ein Päckchen meiner Mutter eintraf, mit Schokolade, Kuchen und einem Zehnmarkschein darin. Oder noch besser, wenn sie kurzfristig wegen einer Dienstreise in Berlin auftauchte. Wir hatten dann ein festes Ritual: Treffpunkt Weltzeituhr auf dem Alexanderplatz, hinein in die nächste Eisbar und her mit dem größten Eisbecher.

Alle vier Wochen fuhr ich mit dem Zug nach Hause. Am Freitagabend saß die ganze Familie zusammen. Jeder hatte viel zu erzählen. Am Samstag zog ich dann mit Stefan und ein paar Freunden durch Rostock. Doch ehe ich richtig angekommen war, musste ich schon wieder meine Sachen packen und zurückfahren. Die Wochenenden waren schön, aber viel zu kurz. Deshalb verzichtete ich immer öfter auf die Heimreise. Der Aufwand war einfach zu groß. Ich blieb lieber in Berlin, schlief lange und ging Eis essen. Oder ich schmökerte in meinem Lieblingsbuch. Es hieß »Taktik und Technik im Radsport«, ein Fachbuch für Radrennfahrer. Das war alles, was mich interessierte.

Ich war leicht zu motivieren. Außer dem Ehrgeiz, der Beste zu sein, waren es die kleinen Dinge des DDR-Radsport-Alltags, die mir Flügel verliehen. Moderneres Material, bessere Kleidung – das war es doch wert, sich ordentlich abzustrampeln. Als ich die selbstgestrickten Handschuhe meiner Oma gegen echte Rennhandschuhe tauschen oder für eine neue Seidenrennhose endlich die alten Dinger wegwerfen konnte, bei denen die hellbraunen Lederpolster noch außen angesetzt waren und wir wie Paviane aussahen – da war ich glücklich, als hätte ich einen Porsche gewonnen. Wenn ich heute ein Kinder- oder Jugendrennen besuche, dann haben die Kleinen bereits das modernste und teuerste Radmaterial. Davon hätten wir nicht einmal zu träumen gewagt! Andererseits war es auch spannend – wir mussten uns damals jede kleine technische Verbesserung hart verdienen.

So war es auch bei der DDR-Meisterschaft 1988, dem Höhepunkt der Saison. 14 Tage vorher ließ uns Peter Becker an einem Vorbereitungsrennen teilnehmen. Er kannte mich nur zu gut. »Wenn du heute unter die ersten Fünf kommst, dann besorge ich dir ein neues Alu-Tretlager.« Dazu muss man wissen, dass ein Tretlager aus Aluminium viel leichter und stabiler ist als herkömmliche aus Stahl. Auch die Gefahr eines Defekts an der Schaltung ist viel geringer. Keiner in unserer Mannschaft hatte so ein modernes Teil. Das war nämlich das Großartige an der Sache, die Gewissheit, dass ich am besten ausgerüstet sein würde. Ich rackerte mich also ab für ein Tretlager, und es funktionierte: Ich wurde tatsächlich Fünfter.

Für die Meisterschaft hieß unser Favorit André Korff, doch ein Sturz bei der Vorbereitung machte seine Hoffnungen zunichte. Zum Glück brach sich Korffi nur die Hand. Plötzlich war ich der Kapitän. Kein Problem für mich, denn ich hatte ja mein neues Tretlager. Was sollte schon passieren? Die Strecke, ein Rundkurs über achtzig Kilometer, lag in Pirna bei Dresden. Hier war es schon deutlich hügeliger als in der Gegend um Berlin. Ständig ging es hoch und runter, ein Anstieg war besonders schwer. Dort musste die Entscheidung fallen. Ich wog immer noch nur 42 Kilogramm, und die anderen machten sich gerne über mich lustig. »Du fährst doch den Berg genauso schnell runter wie rauf!« Das war nicht böse gemeint, und außerdem stimmte es. Durch mein geringes Gewicht bekam ich einfach nicht genug Schwung bei den Abfahrten. Aber bei diesem Rennen würde ich es allen zeigen. Es war ein heißer Tag Anfang Juli, um die dreißig Grad, mein Wetter also. Ich fuhr, wie mir Peter Becker geraten hatte, immer im Feld mit. Nur nicht zu früh antreten und dann am Ende keine Kraft mehr haben, warnte er mich. Aber ich konnte es kaum erwarten. Endlich, in der Schlussphase des Rennens, kämpfte ich mich Stück für Stück nach vorn, bis ich die Spitzengruppe erreicht hatte. Mein Trainer fuhr hinter mir im Auto. »Schön locker bleiben!«, rief er mir zu. »Die anderen können nicht mehr!« Wir waren noch zu dritt. In der vorletzten Runde attackierte ich am Berg. Oben drehte ich mich um. Einen hatte ich abgeschüttelt, der andere war noch drangeblieben. Aber ich fühlte mich stark, ich spürte meine Kraft am Berg, und eine wilde Freude durchströmte mich. Ohne mich zu quälen, würde ich das Tempo noch einmal steigern können. In der letzten Runde griff ich wieder an, genau an derselben Stelle. Nun war ich ganz alleine vorn.

Schon damals hatte ich einen Fahrstil trainiert, bei dem ich so lange wie nur möglich im Sattel sitzen blieb. Peter Becker jagte uns immer wieder den »Mont Klamott« hinauf, das ist einer der wenigen »Berge« in Berlin, gerade einmal achtzig Meter hoch. Es ist kein gewöhnlicher Hügel, denn er ist aus Trümmern aus dem Zweiten Weltkrieg aufgeschüttet worden. Wenn wir also den Weg zum »Gipfel« hochfuhren, durften wir nicht aufstehen. Wir sollten den Lenker fest packen und mit der Kraft des ganzen Körpers den Anstieg bewältigen. Peter Becker war begeistert, wenn er sah, wie ich mich immer und immer wieder diesen Berg hinaufwuchtete und wie schnell sich danach mein Puls erholte. Vielleicht ahnte mein Trainer da, dass mehr in mir steckte als nur ein durchschnittlich begabter Rennfahrer. Und vielleicht beschloss er da, besonders hart mit mir zu arbeiten. Jahre später, als ich die Tour de France gewonnen hatte, wurde mein Fahrstil übrigens in höchsten Tönen als elegant und kraftvoll gelobt. Als ich dann allerdings gegen Lance Armstrong verlor, wurde derselbe Stil plötzlich als schwerfällig und unflexibel kritisiert.

Die letzten Kilometer waren ein Kinderspiel. Es würde in

meiner späteren Karriere wenige Rennen geben, bei denen ich mir so weit vor der Ziellinie des Sieges sicher sein konnte: bei den Olympischen Spielen in Sydney 2000 etwa und auch bei meinem Comeback bei »Rund um Köln« 2003. Jetzt also konnte ich die Freude über den Erfolg in vollen Zügen genießen. Ich jubelte innerlich und riss auf der Zielgeraden für einen Moment sogar die Arme hoch. Aber nur ganz kurz. Große Temperamentsausbrüche sind eben nicht meine Sache. Ich hatte das Rennen um die DDR-Meisterschaft der B-Jugend mit mehr als zwei Minuten Vorsprung gewonnen. Ich war erst 15 und hatte meinen ersten großen Einzeltitel!

Neben Ruhm und Ehre brachte er auch noch Geld in die Kasse. Bis dahin bekam ich von meiner Mutter dreißig Mark Taschengeld im Monat. Es war bestimmt nicht einfach für sie, diese Summe aufzubringen, neben den Internatskosten. Und schließlich hatte ich ja noch zwei Brüder. Für den Sieg bei der DDR-Meisterschaft jedenfalls bekam ich nun monatlich hundert Mark Leistungsgeld. Das war fast mehr, als ich ausgeben konnte. Ich wurde in der Schule und im Internat komplett versorgt und lief ohnehin den Tag über in Sportklamotten herum. Ich rief meine Mutter an: »Du brauchst mir kein Taschengeld mehr zu schicken. Ab jetzt kann ich für mich selbst sorgen.«

Bei der Siegerehrung bekam ich ein weißes Meistertrikot mit schwarz-rot-goldenem Brustring und der Jahreszahl »1988« überreicht. Ich schenkte es einem meiner größten Fans, meinem Großvater. Er begleitete mich zu vielen Rennen, als Vertreter der Familie gewissermaßen. Denn meine Mutter konnte oft nicht weg aus Rostock. Aber sie hat mir immer die Daumen gedrückt und war sehr stolz auf meine Erfolge. Mein Opa war bald ein ausgesprochener Experte in Sachen Radsport. Er wusste das Meistertrikot zu schätzen.

*

Ein Jahr später. Es war Ende Juli, und der Rest der Welt hatte Ferien. Während die anderen Schüler ins Erzgebirge oder nach Bulgarien fuhren, schwangen wir uns wie jeden Tag auf die Räder und radelten durch das Berliner Umland. Unser Training ging ganz normal weiter. Denn damals dauerten die Sommerferien noch acht Wochen, und für einen Leistungssportler wäre so eine Pause natürlich viel zu lang gewesen. Manchmal waren wir ein bisschen neidisch, aber eigentlich ging es uns fantastisch. Am Tag fuhren wir Rad, und abends saßen wir vor dem Fernseher.

In diesem Sommer packte uns zum ersten Mal das Tour-Fieber. Ich weiß nicht mehr, wer uns den entscheidenden Tipp gegeben hatte, denn bis dahin wusste ich so gut wie nichts über die Tour de France. Ich hatte keine Ahnung, was für ein einzigartiges, unglaubliches Rennen das war, aber ich war neugierig geworden. Damals gab es noch keine stundenlangen Übertragungen der Etappen, und die DDR-Medien ignorierten die Tour so gut sie konnten. Die abendliche Zusammenfassung wurde im Westfernsehen ausgestrahlt. Offiziell war es uns verboten, diese Programme zu sehen, also schlichen wir uns Abend für Abend heimlich in den Fernsehraum. Wie gebannt starrten wir auf den kleinen Bildschirm in der Ecke. Keiner sagte ein Wort, damit wir die leise gestellte Stimme des Reporters verstanden. Einer musste im Schrank unter dem Fernseher sitzen, damit er schnell umschalten konnte, falls überraschend ein Erzieher vorbeikommen sollte. In diesen schmucklosen Raum flimmerten plötzlich Bilder aus einer anderen Welt. So hatten wir den Radsport noch nie gesehen. Alles war laut und bunt und verlockend. Und es war völlig unvorstellbar, dass ein normaler Mensch solche steilen Berge hochfahren konnte. Wahnsinn!

Allerdings war die Friedensfahrt nach wie vor das wichtigste Rennen der Welt für uns. So leicht fielen wir nicht vom Glauben ab. Wir waren uns auch sicher, dass Olaf Ludwig als überragender Sprinter bei der Tour alle Profis würde schlagen können. Und Uwe Ampler, der die Friedensfahrt gerade zum dritten Mal in Folge gewonnen hatte, hielte doch bei der Tour in den Bergen locker mit jedem mit. Aber wir waren infiziert. In diesem Jahr hatte uns die Tour de France komplett in ihren Bann gezogen, dieses schillernde, geheimnisvolle Rennen mit seiner Schönheit und seinen Strapazen, das durch ein Land führte, in dem noch niemand von uns gewesen war. Frankreich – das Land mit den vielen Gesichtern, vom Mittelmeer bis zur Atlantikküste, von den Pyrenäen bis nach Paris: Es musste traumhaft sein, dort zu fahren.

Ausgerechnet in jenem Jahr, als wir die Tour entdeckten, war sie besonders spannend. Es gab ein Duell, wie es die Welt noch nicht erlebt hatte. Das Gelbe Trikot wechselte hin und her zwischen dem Franzosen Laurent Fignon und dem US-Amerikaner Greg Lemond. Der intellektuelle Fignon hatte die Tour 1983 und 1984 gewonnen und fuhr mit Nickelbrille und Pferdeschwanz. Ziemlich ungewöhnlich für einen Radrennfahrer. Der freche und selbstbewusste Lemond war zwar auch schon einmal Tour-Sieger gewesen, 1986, aber eigentlich war es ein Wunder, dass er überhaupt am Start sein konnte. Bei einem Jagdunfall zwei Jahre zuvor war er von dreißig Schrotkugeln getroffen worden und hatte nur knapp überlebt.

Das alles erfuhr ich aber erst viel später. In jenem Sommer sah ich einfach zwei großartige Rennfahrer, die sich nichts schenkten und die unterschiedlicher nicht sein konnten. Einige von uns waren für Fignon, ich mochte Lemond lieber. Er war mutiger und angriffslustiger. Das entscheidende Zeitfahren wurde an einem Sonntagnachmittag live übertragen. Wieder schlichen wir uns in den Fernsehraum in der Hoffnung, nicht entdeckt zu werden. Die Strecke war knapp 25 Kilometer lang. »Fignon hat fünfzig Sekunden Vorsprung«, erklärte uns einer die Situation, als die Übertragung begann. Damit war die Sache eigentlich erledigt, Fignon, so schien es, hatte den Sieg praktisch in der Tasche. Doch Lemond wollte sich noch nicht mit der Niederlage abfinden. Er fiel besonders durch seinen aerodynamischen Helm und einen futuristischen Triathlonlenker auf. So etwas hatte ich noch nie gesehen. Heute sind diese Dinge Selbstverständlichkeiten, damals waren sie eine Sensation für uns.

Wie jedes Jahr lag das Ziel auf den Champs-Elysées, dieser breiten Prachtstraße inmitten der französischen Metropole, gegen die sich Hauptstraßen in aller Welt wie Feldwege ausnehmen. Heute weiß ich selbst, was es heißt, nach drei Wochen härtester Strapazen dort entlangzufahren, am Ende einer mühsamen Reise. Damals saß ich staunend und begeistert vor dem Bildschirm. Lemond flog wie ein Pfeil durch die Straßen von Paris. »Unglaublich. Er schafft es!«, rief ich, noch bevor der Fernsehreporter es bemerkte. Der Amerikaner gewann mit acht Sekunden Vorsprung auf den am Boden zerstörten Franzosen. Acht Sekunden, nach mehr als 3.000 Kilometern! Wir jubelten kurz auf, verstummten aber schnell wieder, man durfte uns ja nicht hören.

Wir waren restlos fasziniert von dem Spektakel in Paris, das da übers Fernsehen zu uns nach Berlin-Hohenschönhausen kam. Die Gerüchte über die Höhe der Siegerpreise, die grelle Werbekolonne, die bunten Trikots der Profi-Teams, die innovative Radtechnik – wir waren über alle Maßen beeindruckt. Aber natürlich war all das unendlich weit entfernt. Nicht in meinen kühnsten Träumen hätte ich mir vorstellen können, dass ich an diesem Rennen einmal teilnehmen würde.

*

Dabei brachte mich dieser Sommer der Tour de France näher als ich dachte. Denn die Mauer begann zu wackeln. Es ging hoch her, in jenen Sommerferien 1989. Die DDR-Bürger waren in Scharen über die ungarische Grenze in den Westen geflüchtet. Ausgerechnet mein Lieblingslehrer war auch dabei, er fehlte zum Unterrichtsbeginn.

Die Schule war für mich im Prinzip immer Nebensache gewesen. Ich hatte nie einen Berufswunsch, das Einzige, was ich mir vorstellen konnte, war, Radrennfahrer zu werden. Früher einmal wollte ich das Abitur machen. Aber spätestens in der neunten Klasse erkannte ich, dass ich das nur mit großem Aufwand würde schaffen können, und dazu hatte ich keine Lust. Am besten war ich noch in Mathematik, und hier konnte mich auch schon einmal der Ehrgeiz packen. Irgendwann schrieb ich nämlich zwei Fünfer hintereinander. Ich fühlte mich derart in meiner Ehre gekränkt, dass ich bis zum Ende des Schuljahres hart arbeitete und nur noch Einser schrieb. Aber dieser Ehrgeiz hielt meist nicht lange an. Richtig schlecht war ich in Fremdsprachen. Im Russisch-Unterricht gab ich mir erst gar keine Mühe. Ich wollte zwar im Ausland Radrennen fahren, aber die fanden ja nicht in der Sowjetunion statt – wozu also sich anstrengen? In Englisch bemühte ich mich, aber besonders viel dabei herausgekommen ist nicht. Heute finde ich es manchmal schade, dass ich nicht besser Englisch spreche, von Französisch oder Italienisch einmal ganz zu schweigen. Schließlich sind in einem Profi-Rennstall die verschiedensten Nationalitäten versammelt. Leider bin ich auch heute noch zu träge, Vokabeln zu pauken.

Im Herbst 1989 war die Schule allerdings so spannend wie nie zuvor. Meine bisher wohl geordnete Welt geriet aus den Fugen. Die Wende kündigte sich an, ohne dass wir etwas ahnten. Unser Klassenlehrer unterrichtete uns in Geschichte und Staatsbürgerkunde. Herr Beyer war jung und fand das, was da mit unserem Land passierte, genauso aufregend wie wir. Kein Mensch dachte in dieser Zeit daran, den normalen Lehrplan zu behandeln, und schon gar nicht in Staatsbürgerkunde. Die Ereignisse überstürzten sich, kaum jemand verstand wirklich, was los war. Immer mehr Menschen verließen die DDR, täglich gab es neue Enthüllungen über die Regierung und die SED, im ganzen Land gingen die Leute auf die Straße.

Ich habe damals den Lauf der Dinge beobachtet – und wie immer abgewartet. Nie wäre ich selbst auf die Idee gekommen zu demonstrieren. Wogegen auch? Ich interessierte mich nicht für Politik und war, vermutlich ohne es zu wissen, einfach pragmatisch. Mein Talent bestand darin, dass ich schnell Rad fahren konnte. Und dieses Talent wurde in der DDR gefördert. Die meisten Sorgen des Alltags, die die Menschen dazu brachten, auf die Straße zu gehen und die Regierung zum Teufel zu jagen, kannte ich gar nicht. Ich wurde rund um die Uhr versorgt und hatte über das Radfahren hinaus keine Ansprüche. Nun gut, reisen wollte ich natürlich auch. Aber diese Freiheit wollte ich mir im Sport erkämpfen und nicht bei einer Demo. Wenn ich nur gut genug war, konnte ich zu Wettkämpfen überallhin fahren, so hoffte ich. Im Klub begegneten wir manchmal Fahrern aus der Nationalmannschaft, die braun gebrannt aus Trainingslagern in Mexiko oder Kuba zurückkamen. So sonnig war es also in der weiten Welt. Das war für mich erstrebenswert.

Heute wundere ich mich, dass ich damals so unbekümmert war. Wir begriffen nicht, was da geschah, und es dachte niemand von uns so weit, dass die politische Wende in der DDR auch unser Sportsystem hinwegfegen würde. Nach der Wiedervereinigung wurden die Erfolge des DDR-Sports mit einem Mal auf Planwirtschaft und Staats-Doping reduziert. Mit wie viel Aufwand nach Talenten unter den Kindern gesucht wurde und welche Unterstützung von den Vereinen und persönlich engagierten Trainern wie Peter Sager kam, schien schnell völlig vergessen zu sein. Im heutigen deutschen Sportsystem hätte sich ein Radsportler Jan Ullrich nicht entwickeln können. Vermutlich wäre ich nicht einmal entdeckt worden, und selbst wenn, hätte meine Mutter nicht genügend Geld gehabt, um mir diesen teuren Sport zu finanzieren. Mit der Kritik am DDR-Sportsystem wurden auch Eliteschulen wie die KJS, denen ich meine intensiven Lehrjahre zu verdanken habe, zunächst verteufelt und dann abgeschafft. Erst nach einigen Jahren begann man ihren Wert wieder zu schätzen und eröffnete die Sportinternate erneut. Aber da brauchte ich sie nicht mehr und war längst über alle Berge.

Als die Mauer fiel, war eine der am stärksten bewachten Grenzen in Europa plötzlich offen. Wir saßen vor dem Fernseher und kamen aus dem Staunen nicht heraus. Was um Himmels willen war da los? Eigentlich stand eines der Heimreise-Wochenenden bevor, aber zusammen mit ein paar Freunden blieb ich in Berlin. Was sollten wir jetzt in Rostock oder Erfurt? Wir fuhren mit der S-Bahn bis zum Bahnhof Friedrichstraße, gingen zum Grenzübergang, zeigten unsere DDR-Personalausweise vor und betraten fremdes Land – Westberlin. Wir hielten uns allerdings nicht lange mit dem Staunen auf, sondern gingen in die erstbeste Bank und holten unser Begrüßungsgeld ab. Zum ersten Mal in meinem Leben hielt ich Westgeld in den Händen. Die hundert D-Mark, die jeder DDR-Bürger bekam, waren eine noble Geste der Bundesregierung, über die sich neben den Ostdeutschen vor allem der westdeutsche und der Westberliner Handel gefreut haben dürfte. Denn die meisten gaben das Geld sofort wieder aus.

Genau wie ich. Zielstrebig steuerte ich die nächste Sportabteilung eines Kaufhauses an und war vollkommen überwältigt von der Riesenauswahl an Sportschuhen. Wir kannten bisher nur Turnschuhe von Germina, dem ostdeutschen Sportartikelhersteller, und die tschechischen Botas. Und nun stand die ganze Palette im Regal, ich musste nur zugreifen. Natürlich konnte ich der Verlockung nicht widerstehen. »Die nehme ich«, sagte ich zur der Verkäuferin und zeigte auf ein paar Adidas-Schuhe. Als sie den Preis in die Kasse eintippte, bekam ich einen Schreck: 99,90 DM. Von meinem Begrüßungsgeld waren also gerade noch zehn Pfennige übrig. Ich gab sie der verdutzten Verkäuferin als Trinkgeld und war pleite. Aber ich hatte die wunderbarsten Turnschuhe der Welt.

Vor unserem Trainer verheimlichten wir unseren Ausflug erst einmal. Wir waren uns nicht sicher, was er dazu sagen würde. Doch kurz darauf rief Peter Becker uns zusammen: »Jungs, da müssen wir uns wohl mal umgucken im Westen. Die haben tolle Räder und hervorragendes Material. Wollen wir doch auch haben, oder?« Und ob wir das wollten. Aber wie sollte das gehen? Unser Begrüßungsgeld war bereits verprasst, außerdem hätte es niemals gereicht für eine neue Ausrüstung. Doch einer aus unserer Klasse hatte das mit der Marktwirtschaft offenbar in Windeseile begriffen. Danilo Matz, ein Dresdner, hatte schon ein paar Fahrradläden abgeklappert. »Wir sind junge, hoffnungsvolle Nachwuchsfahrer aus der DDR, könnten Sie uns nicht ein wenig unterstützen?« So oder ähnlich ging der Spruch, mit dem er durch Westberlin gezogen war. Und tatsächlich biss einer an! »F.N.C.« klang irgendwie nach New York City, hieß aber »Fahrrad Niemczewski Charlottenburg« und war ein Fachgeschäft für Rennräder. Peter Becker nahm die Sache in die Hand, und so wurde Robert Niemczewski mein erster Sponsor. Die weinroten Dynamo-Trikots wurden mit dem Namen seines Geschäfts bedruckt. Dafür spendierte er nicht nur Rennbekleidung, sondern auch drei Räder. Unser Trainer verteilte die Rennmaschinen streng nach dem Leistungsprinzip. Matz, der große Organisator, ging leer aus. Die Glücklichen hießen Giebelmann, Korff und Ullrich. Da hielt ich also mein erstes italienisches Rennrad in den Händen. Es war gelb und grün lackiert und trug einen berühmten Namen: Bianchi.

*

Auf diesem Rad trainierte ich im Frühjahr 1990. Es passte mir sogar, denn ich begann endlich zu wachsen. Zwischen meinem 16. und 17. Geburtstag legte ich zwölf Zentimeter zu. Ich konnte gar nicht so viel essen, wie mein sich streckender Körper Nachschub verlangte. Gewichtsprobleme kannte ich nur vom Hörensagen. Meine Beine waren ungewöhnlich lang geworden, sodass sich ideale Hebelverhältnisse zum Radfahren ergaben. Und obwohl ich in die Höhe schoss, war ich nicht mehr so zart und dünn wie früher. Mit zunehmender Größe wurde ich auch athletischer. Im Verhältnis zum Körpergewicht reichte meine Kraft leicht aus, um schneller als alle anderen die Berge hochzufahren. Peter Becker erhöhte die Anforderungen im Training und beobachtete, wie belastbar und ausdauernd ich war. Er stellte fest, dass mein Puls nie besonders in die Höhe ging und ich mich viel schneller als die anderen erholte. Er sah, dass ich mich überwinden und kämpfen konnte, wenn es darauf ankam. Peter Becker war zufrieden. Gesagt hat er das natürlich nicht: »Denk bloß nicht, dass du schon was kannst«, polterte er. Wir hatten ja auch noch nichts erreicht.

Das sollte nicht so bleiben. Mein großes sportliches Ziel war die Nationalmannschaft. In meiner Altersklasse gehörten dazu gerade einmal 15 Fahrer aus der gesamten Republik. Dass es das DDR-Nationalteam bald nicht mehr geben würde, darauf kam ich gar nicht. Mein erster Start im Ausland fand in Jevicko in der Tschechoslowakei statt. Am Abend vor dem Rennen war ich so aufgeregt, dass ich Fieber bekam und am liebsten im Bett geblieben wäre. Total entkräftet fuhr ich den Besten hinterher. Kein guter Einstand.

Peter Becker begann, das Training umzustellen. Er war der Meinung, dass die Bahn eine gute Schule für mich wäre. Er wollte schnelle Leute, die spurten konnten und ein gutes Auge für den richtigen Antritt hatten. »Bei einem Punkterennen auf der Bahn hast du zwanzig Sprints«, sagte er zu mir, »da wirst du viel spritziger als bei jedem Straßenrennen.« Also übten wir auf der Bahn. Die Sechs-Tage-Rennen, wie es sie im Westen gab und gibt, hießen in der DDR »Winterbahn« und dauerten sechs Wochen. Dieses umfangreiche Rennprogramm für Nachwuchsfahrer war genau das Richtige für uns. Und quasi als Zugabe konnte ich mir abends die Stars wie Olaf Ludwig und Uwe Ampler aus nächster Nähe anschauen. Wir fuhren auf einer engen, 170 Meter langen Holzbahn. Immer wieder musste man das Tempo verändern, auf Angriffe reagieren oder selbst attackieren. Das war die harte Schule, die Becker sich für mich gewünscht hatte.

Meine Karriere als Bahnradfahrer sollte jedoch schon bald

einen Dämpfer erhalten. Bei einem ganz normalen Trainingsrennen fuhr mich ein anderer Fahrer um. Ich stürzte auf das Lattenoval und riss mir dabei von oben bis unten das Bein auf. Vier Wochen musste ich pausieren, wurde nach Hause geschickt und ging in Rostock meiner Mutter auf die Nerven. Sie schüttelte in komischer Verzweiflung den Kopf: »Musst du dich erst verletzen, dass ich dich endlich einmal zu Gesicht bekomme?« Natürlich war sie glücklich, mich so richtig bemuttern zu können, und ich genoss ihre Fürsorge. Aber nach zwei Wochen hielt ich es kaum noch im Bett aus. Wenn ich mich nicht bewegen durfte, konnte ich sehr unleidlich werden. Noch heute erinnert mich eine Narbe am Knie an den Sturz.

Von unserem Weg ließ sich Peter Becker trotzdem nicht abbringen. Punktefahren, das war eine Disziplin genau nach seinem Geschmack. Man muss in vielen Sprints Punkte sammeln, mit Rennübersicht die entscheidenden Angriffe erkennen und darf keine Angst haben, wenn es eng auf der Bahn wird. Dies alles beherrschte ich bald so gut, dass ich im Sommer 1990 mit meinen 16 Jahren sogar zur Weltmeisterschaft der Junioren fuhr. Ich wurde also tatsächlich Mitglied der DDR-Nationalmannschaft. Dadurch verpasste ich übrigens in Berlin die feierliche Ausgabe der Abschlusszeugnisse. Bis heute habe ich mein Zeugnis der zehnten Klasse nicht abgeholt. Es wäre schon interessant zu wissen, ob es noch irgendwo aufbewahrt wird. Falls ich mich doch irgendwann einmal bewerben muss, könnte ich es gut gebrauchen.

Die Bahn-WM fand in Middlesborough in Nordengland statt. Zum ersten und einzigen Mal durfte ich das silbergraue Nationaltrikot mit dem Emblem der DDR überziehen. Dieses Trikot trug Olaf Ludwig, als er Olympiasieger wurde. Es war das Trikot der Vorbilder meiner Kindheit. Ich war stolz. Peter Becker stand an der Bahn, als das Finale begann. Tatsächlich lief es wie nach Plan für uns. Ich musste nur noch einen einzigen Sprint gewinnen, 250 Meter trennten mich noch vom

Weltmeistertitel. Meine Position war ausgezeichnet. Direkt vor mir an der Spitze fuhr mein Mannschaftskamerad Holger Schardt aus Chemnitz. Ich dachte noch, das macht der aber perfekt, wie der mir den Spurt anzieht. In der letzten Kurve trat ich an. Das Ziel schon vor Augen, beschleunigte ich noch einmal und begann, ihn zu überholen. Da passierte das Unfassbare: Holger hatte so viel Schwung, dass es ihn aus der Kurve nach oben trug, genau in meine Fahrlinie. Ich musste ausweichen, unten öffnete sich eine Lücke, und die anderen rasten vorbei. Ein Russe namens Saitzew wurde Weltmeister, ich war Vierter, und Peter Becker tobte vor Wut. Ich hingegen blieb erstaunlich ruhig, ändern konnte ich ohnehin nichts mehr. Ich war nur traurig, dass ich die Siegerehrung verpasst hatte. Denn es war das einzige Mal in meiner Karriere, dass die Nationalhymne der DDR für mich hätte gespielt werden können. Als ich im Winter bei der Radcross-Weltmeisterschaft an den Start ging, trug ich bereits das Trikot der Bundesrepublik Deutschland. Die DDR gab es nicht mehr.

Vierte Etappe:

Die Liebe

Im Herbst 1991 kehrte ich aus den Sommerferien nach Berlin zurück, und die Sportschule war mittlerweile geschlossen worden. Wie sollte es weitergehen? Unser Team suchte unablässig nach Sponsoren. Korffi und ich hatten eine Lehre als Industriemechaniker begonnen. Vormittags berarbeiteten wir in der Werkzeugmaschinenfabrik »7. Oktober« Metallteile – und freuten uns auf den Nachmittag, an dem wir trainieren konnten. Abends fielen wir erschöpft ins Bett. Erst die Arbeit, dann der Sport: Dieses Leben war monoton und anstrengend.

Doch eines Tages überraschte uns Peter Becker mit einer Neuigkeit. »Alle mal herhören«, rief er uns nach einer Trainingsrunde zusammen. »Setzt euch erst mal. Bevor ihr es von anderen hört, sage ich es euch lieber selbst. Ich habe ein gutes Angebot bekommen und werde wohl nach Hamburg gehen.« Wir erstarrten und brachten kein Wort heraus. Hatte ich richtig gehört? Unser Trainer wollte in den Westen und uns hier sitzen lassen? Derselbe Mann, der mich ganz groß rausbringen wollte? Ich sprang auf. »Was wollen Sie denn in Hamburg?«, fuhr ich ihn an. Becker blickte erstaunt auf. Es kam nicht oft vor, dass es einer seiner Schützlinge wagte, in diesem Ton mit ihm zu sprechen.

»Was glaubst du wohl?«, gab er zurück. »Arbeiten natürlich. Die wollen da eine neue Truppe aufbauen, für die Bundesliga.«

»Arbeiten können Sie hier doch genauso.« So leicht ließ ich mich nicht abspeisen. Wenn er gedacht hatte, er könnte einfach abhauen und ich würde ihm noch alles Gute wünschen, dann hatte er sich geirrt. Ich konnte einfach nicht glauben, dass ihm unsere Zusammenarbeit nichts mehr bedeutete. Sollte ich mich so getäuscht haben? Trotzig verschränkte ich die Arme vor der Brust. Becker nahm mich bei den Schultern und drückte mich auf den Stuhl neben sich. »Jetzt hör mir mal gut zu. Wenn du uns einen Sponsor besorgst, der das Team bezahlt, gerne. Ich fürchte nur, das wird nicht so einfach sein. Unser Klub ist nämlich nicht sehr gefragt auf dem Markt.« Da hatte er Recht. Dem gesamten Verein ging es finanziell schlecht. Und bisher hatte sich auch noch niemand gefunden, der unser Amateur-Radteam finanzieren wollte. »In Hamburg haben sie Geld, ein Haus, Lehrstellen und Arbeitsplätze. Ein Top-Angebot für junge Rennfahrer.« Becker grinste.

Plötzlich verstand ich, warum er uns das alles erzählte. »Sie wollen uns mitnehmen, stimmt's, Trainer?«

»Hast du wirklich gedacht, ich würde ohne euch gehen? Natürlich nehme ich euch mit. Es sei denn, ihr wollt nicht.«

»Klar sind wir dabei!« Am liebsten hätte ich auf der Stelle meine Sachen gepackt. Ich lebte jetzt vier Jahre in Berlin und hatte mich wirklich wohl gefühlt. Nirgends hatte ich so viel über das Radfahren gelernt wie hier, und aus dem Jungen war ein fast erwachsener Mann geworden. Doch jetzt wurde es Zeit, etwas Neues zu beginnen.

*

Das Angebot kam von Wolfgang Strohband, einem hanseatischen Kaufmann mit einem großen Herz für den Radsport. Strohband war seit 1955 Vereinsmitglied der Radsport-Gemeinschaft Hamburg und seit vielen Jahren auch deren Präsident und Pressesprecher in Personalunion. Dieser Mann hatte einen Traum: Zum hundertsten Jubiläum der »RG Hamburg von 1893« wollte er ein Team mit Zukunft aufbauen. Was ihm fehlte, waren talentierte Fahrer und ein erfahrener Trainer. Peter Becker war ihm von dem Berliner Rennfahrer und Olympiasieger Bernd Dittert empfohlen worden.

Strohband war nicht nur ein begeisterter Förderer des Radsports, sondern auch ein erfolgreicher Unternehmer. Seit vielen Jahren verdiente er sein Geld als Autokaufmann, war Niederlassungsleiter bei BMW, bevor er sich schließlich selbstständig machte. Er wusste genau, wie man eine Sache anpreisen musste, um ihr einen unwiderstehlichen Reiz zu verleihen: »Wir haben einen ausreichenden Etat, der dem Team ein interessantes Rennprogramm erlaubt. Wir haben ein Haus gemietet, in dem die Fahrer wohnen sollen. Und wir haben Räder und Autos für die Rennfahrer.« Für Becker ein wahrlich verlockendes Angebot in diesen unsicheren Zeiten. Man wolle zehn Fahrer verpflichten, hieß es, von denen Becker sechs mitbringen könne. Der umworbene Trainer bat sich einen Monat Bedenkzeit aus, beriet sich mit seiner Frau – und sagte zu. Nun wählte er die sechs Fahrer für sein Team aus: Neben mir waren das meine Berliner Freunde André Korff und Michael Giebelmann, ferner Ralf Grabsch aus Leipzig, Erik Becker, der Sohn des Trainers, sowie Maic Malchow, der eigentlich Bahnradfahrer war und in unserer Hamburger Straßenmannschaft sehr bald schon keine Rolle mehr spielen sollte.

*

Peter Becker rief meine Mutter an und erklärte ihr, was wir vorhatten. Sie hörte sehr aufmerksam zu und sagte dann: »Herr Becker, Sie wissen, dass ich großes Vertrauen in Sie habe. Passen Sie gut auf meinen Sohn auf.« Meine Mutter war einverstanden.

Wenig später lud Wolfgang Strohband das Team nach Hamburg ein, damit wir uns kennen lernen konnten. Er schien ein Mann mit verrückten Ideen zu sein. Zusammen mit der Hamburger Spielbank hatte er ein kleines Radrennen organisiert, bei dem wir unseren Einstand geben sollten. Nichts Besonderes eigentlich, doch fand der Wettkampf auf der Trabrennbahn Hamburg-Bahrenfeld statt, ein eher ungewöhnlicher Ort zum Fahrradfahren. Und so kam es, dass ich während des Rahmenprogramms zwischen zwei Pferderennen auf einem Mountainbike meine Runden drehte und dabei von Damen mit großen Hüten durch Ferngläser beobachtet wurde. Ich fand das witzig und gewann. Unser künftiger Teamchef war zufrieden und freute sich.

Wolfgang Strohband war ein schlanker, durchtrainierter Typ Anfang fünfzig. Als junger Radrennfahrer hatte er es auf ein Dutzend Siege gebracht und war Hamburger Jugendmeister gewesen. Strohband wirkte zurückhaltend und sprach mit tiefer, freundlicher Stimme. Er gewann sofort mein Vertrauen. Er war es später auch, der meine erste Steuererklärung ausfüllte, mir mein erstes Auto besorgte und mich in die westliche Welt des Radsports einführte. Später sollte er mein Manager werden, aber noch brauchte ich keinen. Zunächst wollte Strohband in Hamburg ein Radteam aufbauen, wie es der Norden noch nie gesehen hatte. Sponsor sollte die japanische Elektronik-Firma Panasonic sein. Die Idee schien zunächst abwegig, war aber hervorragend durchdacht. Der Sohn des Firmenbesitzers war nämlich ein erfolgreicher Bahnradfahrer in Japan, und er hatte seinen Vater überredet, neben der Produktion von Hi-Fi-Anlagen und Fernsehern auch eine kleine Fahrradfabrik aufzubauen. Darin lag also die Verbindung zum Radsport. Und der Sitz von Panasonic Deutschland war günstigerweise Hamburg – Wolfgang Strohband zog die richtigen Fäden, und schon unterstützte das Unternehmen unser Team. Der Jahresetat für die Mannschaft sollte rund 300.000 DM betragen. Ganz ordentlich für den Anfang.

»Team Panasonic Hamburg«, das klang wie der kleine Bruder des berühmten Panasonic-Teams aus Holland, in dem auch Olaf Ludwig fuhr. Mein Vorbild aus Kindertagen war einer der ersten DDR-Sportler gewesen, die 1990 Profis geworden waren, und im Panasonic-Trikot hatte er tatsächlich wahr gemacht, woran wir als Jungs nie gezweifelt hatten: Bei seiner ersten Tour de France war er schneller als alle anderen Sprinter im Feld gewesen und hatte das Grüne Trikot nach Paris getragen. Als das Panasonic-Profi-Team 1993 aufgelöst wurde, bekamen wir Hamburger Amateure seine alten Rennräder.

*

Der Abschied von Berlin fiel mir nicht schwer. Ich habe auch später nie eine besonders enge Bindung zu einem meiner Wohnorte gehabt. Wenn es besser und praktischer für die nächste Etappe meines Lebens war, dann packte ich eben meine Sachen. Das ist bis heute so geblieben.

Im Januar 1992 zogen wir um. Das hört sich gewaltiger an, als es war. Unsere Räder, das ganze Ersatzmaterial und unsere wenigen persönlichen Sachen passten in zwei Autos. Voll geladen bis unters Dach fuhren wir nach Hamburg und konnten es kaum erwarten, unser neues Leben zu beginnen. Zunächst gab es allerdings eine unangenehme Überraschung. Unser neuer Teamchef hatte wohl den Mund doch ein bisschen zu voll genommen. Denn das Sponsoring für unsere Mannschaft war noch längst nicht unter Dach und Fach, von Lehrstellen war weit und breit nichts zu sehen, und das Haus war auch noch nicht fertig. Dahinter steckte keine böse Absicht, Wolfgang hatte es sich eben einfacher vorgestellt, für sechs Rennfahrer und einen Trainer eine geeignete Unterkunft zu finden. Erst nach langer Suche stieß er auf einen Hausbesitzer, der ein Fahrradgeschäft betrieb und Radsport-Fan war. Der Mann war mutig genug, eine Radsport-WG aufzunehmen. Es gab nur ein Problem: Das Haus war nicht sofort frei.

So landeten wir zunächst in einem Hotel, das einem anderen Vorstandsmitglied der RG Hamburg gehörte. Das »Monopol« lag mitten auf der Reeperbahn – für uns eine interessante Möglichkeit, die berühmte Amüsiermeile ganz aus der Nähe zu betrachten. Gleich neben unserem Hotel gab es jeden

Abend eine Live-Show. War die Straße am Tag eher schmutzig und grau, verwandelte sie sich bei Einbruch der Dunkelheit in eine schillernde, exotische Welt: jede Menge Bars und Klubs, Prostituierte, Zuhälter, neugierige Touristen und herumlungernde Junkies. Wir, sechs milchgesichtige Jungs aus Ostberlin, kamen aus dem Staunen nicht heraus.

Es zeigte sich, dass es durchaus nützlich war, einen erfahrenen Trainer an der Seite zu haben. Peter Becker führte uns in ein angesagtes Striptease-Lokal, und wir revanchierten uns, indem wir ihn zu seinem ersten Besuch bei McDonalds einluden. Aber so spannend das auch alles war, allzu lange hielt unser Interesse nicht an. Schließlich waren wir nach Hamburg gekommen, um Rad zu fahren.

Peter Becker begann mit dem Grundlagentraining. Das heißt, es kam darauf an, so viele Kilometer wie möglich zu fahren. Das Tempo war nebensächlich und vergleichsweise gemütlich. Die alten Hasen von anderen Vereinen lästerten bei Wolfgang Strohband: »Was hast du dir denn da für Leute ausgesucht? So wie die über die Straße schleichen, bringen wir das schon lange! 28er Schnitt, lächerlich.« Sie waren fest davon überzeugt, jederzeit mit uns mithalten zu können, und schüttelten fassungslos die Köpfe. Aber Wolfgang glaubte an seine neue Truppe.

Auch wir konnten Vertrauen zu ihm haben, denn in Hamburg-Hummelsbüttel, in der Nähe des Flughafens, geschahen inzwischen wahre Wunderdinge. In das kleine Backsteinhaus am Ende des Susebekwegs, Nummer 29, sollte unsere Radsport-Wohngemeinschaft einziehen. Doch vorher brauchte das Haus eine gründliche Schönheitskur. Also startete Wolfgang Strohband einen Aufruf an die Vereinsmitglieder: »Helft unseren Rennfahrern!« Die Reaktion war überwältigend. Inge Strohband, Wolfgangs Frau, koordinierte die Aktion. Es wurden Gardinen genäht, Möbel und Geschirr gebracht, Fußbodenbelag besorgt, die Zimmer frisch gestrichen, die Sanitäranlagen repariert. Wir waren stark beeindruckt von so viel

Hilfsbereitschaft. Nach drei Wochen Asyl auf der Reeperbahn konnten wir endlich in unser Häuschen einziehen. Peter Becker erhielt das größte Zimmer, wir Rennfahrer teilten uns jeweils zu zweit eine Bude und im Keller wurde eine Werkstatt für die Räder eingerichtet. Auf diese Weise entstand ein ideales Trainingscamp.

Wir lebten so, wie sechs Männer in einer WG eben leben. Ein strenger Reinigungsplan verhinderte die größte Unordnung. Theoretisch jedenfalls. Essen? Auf dem Speiseplan stand bevorzugt Pizza, wahlweise aus der Tiefkühltruhe oder vom Pizzaservice an der Alsterbrücke in Ohlsdorf. Dort kassierte ich eines Tages übrigens auch den größten Glücksspielgewinn meines Lebens. Wir vertrieben uns die Wartezeit oft an dem Spielautomaten, der in einer Ecke des Pizzaladens hing. André und Michael hatten zwei Mark verspielt, dann war ich dran. Auch ich warf ein Zweimarkstück ein – und plötzlich ging ein großes Rattern und Klingeln los. Es war unglaublich, aber der Automat spuckte tatsächlich 420 DM in Ein- und Zweimarkstücken aus! Ich musste mir vom Pizzabäcker extra eine Tüte für den Geldtransport geben lassen. André und Michael bekamen je zwanzig Mark, der Rest landete auf meinem Sparbuch.

In unserem Haus gab es für mich nur eine echte Herausforderung. Der Vermieter war zwar ein freundlicher und radsportbegeisterter Mann, aber er war auch überaus sparsam. Und offenbar der Meinung, dass eine Temperatur um den Gefrierpunkt – so kalt kam es mir jedenfalls vor – für Wohnräume völlig ausreichend sei. Ich lief fast immer mit dicken Wollsocken und Pullovern durch das Haus und fror trotzdem erbärmlich. »Da hilft nichts als Bewegung«, lachte Peter Becker nur.

Mittlerweile hatte Wolfgang Strohband auch das Lehrstellen-Problem gelöst. Die Stahlwaren-Firma Otto Haar bildete Korffi und mich zum Industriefeinmechaniker aus. Für uns hieß das wieder einmal, vormittags so genannte Metall verarbeitende Tätigkeiten auszuführen. Jeden Morgen um sieben

Uhr begann unsere Schicht. Und dann hieß es, wie schon in Berlin: feilen, feilen, feilen. Lieber wären wir fünfhundert Kilometer am Stück Rad gefahren. Aber Trainer Becker und Teamchef Strohband achteten streng darauf, dass wir alle eine Ausbildung bekamen. »Wenn irgendetwas schief geht mit dem Radfahren, steht ihr mit leeren Händen da«, warnten sie uns. Wahrscheinlich mussten sie so reden, aber ich konnte mir beim besten Willen nicht vorstellen, später einmal in einer Werkstatt zu stehen. Ich hatte vor dieser Arbeit enormen Respekt, aber für mich war das absolut nichts.

Im darauf folgenden Herbst hatten wir endgültig genug. »Wir können die Lehre nicht mit dem Sport verbinden, es geht einfach nicht«, versuchten Korffi und ich gemeinsam, Wolfgang Strohband zu überzeugen. »Wir sind ständig unterwegs bei Rundfahrten und in Trainingslagern. Sie mögen doch auch keine halben Sachen.« Wolfgang war nicht begeistert von unserer Idee, die Lehre abzubrechen. Aber dann telefonierte er mit meiner Mutter und mit Korffis Eltern und stimmte zu. So endete mein letzter Versuch, einen ordentlichen Beruf zu erlernen.

*

Im März begannen die ersten Rennen. Die Amateure waren damals in die drei Klassen A, B und C eingeteilt. Wir als Einsteiger fingen als »C-Wanzen« an, wie wir mehr oder weniger liebevoll genannt wurden. Um in die höheren Klassen aufzusteigen, musste man eine bestimmte Anzahl von Siegen und Platzierungen erreicht haben. Bereits nach einem Vierteljahr waren alle Fahrer vom »Team Panasonic Hamburg« in der A-Klasse. Auf Einzelergebnisse kam es uns nicht an, entscheidend war in dieser Zeit einzig und allein das Team. Meine eigenen Ziele stellte ich zurück. Wir hatten keinen erklärten Kapitän, mal fuhren wir für diesen und mal für jenen aus unserer Mannschaft. Das klappte hervorragend, wir kannten weder Neid noch Missgunst. Trotzdem muss ein Rennfahrer natürlich auch seine eigenen Siege feiern können. Einmal gewann ich an einem einzigen Wochenende gleich drei Wettkämpfe: am Freitag ein Kriterium in Hildesheim, am Samstag ein Bergrennen in Bad Sachsa und am Sonntag das Rennen »Rund um den kleinen Kiel«. Ein echter Radsport-Hattrick.

Doch dann sah es so aus, als müsste ich die Saison bereits im Juni beenden. Ich war in Kiel bei einem Rundstreckenrennen über Kopfsteinpflaster schwer gestürzt. Mein Lenkervorbau war durchgebrochen – keine Ahnung, wie das hatte passieren können. So schwer war ich damals eigentlich gar nicht. Ich knallte mit dem Oberkörper auf meinen Lenker, stürzte kopfüber auf die Straße, wo ich mir das Lenkerrohr heftig in den Bauch drückte. Mit Verdacht auf Milzriss musste ich zwei Tage lang im Krankenhaus bleiben. Aber ich war hart im Nehmen. Als der Arzt mir mitteilte: »Junger Mann, Sie können beruhigt sein, Sie haben keine inneren Verletzungen«, da konnte ich es nicht erwarten, wieder aufs Rad zu steigen. Schon am nächsten Tag packte ich meine Sachen und fuhr zur Sachsen-Tour.

Es lief also wirklich gut in Hamburg. Der Umzug schien sich gelohnt zu haben. Unser größtes Saisonziel hatten wir allerdings noch nicht erreicht. Wir wollten in die 1. Rad-Bundesliga aufsteigen. In dieser Rennserie fuhren die besten Amateure des Landes, und dort konnte man sich für die Nationalmannschaft empfehlen. Die beiden Aufstiegsrennen fanden an einem Oktober-Wochenende in Waltershausen in Thüringen statt. Zwanzig Teams bewarben sich um die fünf Aufstiegsplätze. Jedes von ihnen wollte unbedingt in der kommenden Saison zu den 25 Bundesliga-Mannschaften gehören und war entsprechend hoch motiviert. Die Berge waren gar nicht so schwer zu bewältigen, aber das Wetter machte die Rennen zu einer einzigen Quälerei. Es war kalt und neblig, und es wehte ein eisiger Wind. Ganze vier Grad über null. Genau das Wetter, das ich überhaupt nicht mochte. Trotzdem wurde ich im ersten Rennen Zweiter hinter Lutz Lehmann aus Frankfurt/Main, der damals zu den besten deutschen Amateuren gehörte.

Im zweiten, entscheidenden Rennen sah es für unsere Mannschaft kurz vor Schluss richtig gut aus. Was dann passierte, erscheint mir aus heutiger Sicht komisch, damals aber war uns überhaupt nicht zum Lachen zumute: Uns war schlichtweg die Verpflegung ausgegangen. Wegen der Kälte und der langen Strecke hatten wir den ganzen Teamwagen leer gefuttert. Wolfgang Strohband raste zum Ziel vor, klingelte bei verdutzten Anwohnern und kam mit mehreren Packungen Würfelzucker wieder zurück. Auf diese Weise habe ich herausgefunden, dass Zuckerstückchen kein schlechter Ersatz für Super-Power-Riegel sind. Ich wurde noch Dritter, es gewann wieder Lutz Lehmann. Aber viel wichtiger war, dass wir in der Teamwertung Platz zwei belegten – der Aufstieg in die Bundesliga war geschafft! Auf der Jahresversammlung der RG Hamburg konnte sich Wolfgang Strohband feiern lassen.

Zur Belohnung besorgte er mir zu meinem 19. Geburtstag ein Auto. Es war ein preisgünstiger Golf GTI, der schon einige Jahre auf dem Buckel hatte, aber ich war stolz, als wäre es ein nagelneuer Mercedes gewesen. Mein erster eigener Wagen! Ich hatte ein bisschen Geld gespart, zahlte einen Teil in bar an und stotterte den Rest ein Jahr lang mit fünfzig Mark im Monat ab. Als meine Mutter mich am Geburtstag anrief, um mir zu gratulieren, platzte ich mit der Neuigkeit heraus: »Mom, ich komme dich bald mal besuchen. Und dann drehen wir eine Runde mit meinem Auto! Wär das nicht toll?« So richtig begeistert war sie nicht. »Fahr bloß vorsichtig«, sagte sie besorgt. Sie kannte ihren Sohn wirklich gut. Kurz darauf wurde ich tatsächlich beim Rasen erwischt und musste meinen Führerschein für vier Wochen abgeben. Trotzdem, es war der Beginn einer Leidenschaft, und bis heute bin ich ein Autonarr.

*

Während ich mich 1992 noch ganz in den Dienst unserer Mannschaft gestellt hatte, wollte ich im neuen Jahr auch meine eigenen Ambitionen verfolgen. Ich hatte schon einiges erreicht in meinem Rennfahrerleben. Jetzt war mein Ziel die Amateur-Nationalmannschaft. Ich wollte unbedingt zu den Weltmeisterschaften nach Norwegen. Mit meinen 19 Jahren war ich dafür eigentlich noch zu jung. Dieser Meinung war jedenfalls Bundestrainer Peter Weibel. Er hatte im Jahr zuvor in Barcelona den deutschen Straßenvierer zu Olympiagold geführt und ganz offensichtlich ein glückliches Händchen bei der Auswahl seiner Fahrer. Deshalb zählte sein Wort mehr als das jedes anderen. Und zu mir sagte er nein.

Ich nahm mir vor, die Sache locker anzugehen. Jeder neue Schritt war ein großer Erfolg für mich. Zum Glück hatten wir uns mit der RG Hamburg ja immerhin schon für die Bundesliga qualifiziert. Ich schaffte es, einige zweite Plätze zu belegen, und hoffte, so den Bundestrainer auf mich aufmerksam zu machen. Direkt vor seiner Haustür hatte ich meinen ganz großen Tag. Beim Bundesliga-Rennen im pfälzischen Rhodt, wo Weibel wohnte, siegte ich mit mehr als drei Minuten Vorsprung. Außerdem gewann ich die Bohemia-Rundfahrt, eines der schwersten Amateurrennen überhaupt. Wenn das keine Argumente für mich waren. Ich wartete ungeduldig auf ein Zeichen des Bundestrainers. Nichts. Dabei fühlte ich mich stark genug, um in sechs Wochen an der WM teilzunehmen. Warum konnte Weibel das nicht auch erkennen? Demnächst sollte die Nationalmannschaft in ein Höhentrainingslager nach Colorado fahren. Wer da nicht mit durfte, konnte die WM vergessen, so viel stand fest. Ich bekam keine Einladung.

Als Peter Becker erfuhr, dass sein Junge nicht gut genug für die Nationalmannschaft und damit für die WM sein sollte, platzte ihm der Kragen. Wutschnaubend stürmte er zu Peter Weibel. »Was hast du gegen Jan, warum hat er keine Einladung bekommen? Was soll ich ihm sagen?«

»Ich habe überhaupt nichts gegen Jan«, verteidigte sich Weibel, »aber er ist einfach zu jung, er soll erst mal Erfahrungen sammeln. Jan kriegt schon noch seine Chance, glaub mir.«

»Er ist jung, ja, das stimmt. Aber er ist auch der Beste!« Becker blieb hartnäckig. »Was soll ich ihm nun sagen?«

Weibel war es unangenehm, so unter Druck gesetzt zu werden. Im Grunde schätzte er mich als großes Talent, aber er wollte mir eben noch Zeit geben und seinen etablierten Fahrern den Platz im WM-Team nicht wegnehmen. Ich rechne es ihm hoch an, dass er seine Meinung trotzdem änderte. »Er soll morgen um zwölf Uhr in Frankfurt am Flughafen sein«, gab sich Peter Weibel geschlagen. Ich flog also mit nach Amerika, und das zusammen mit so erfahrenen Rennfahrern wie Uwe Peschel und Michael Rich, die schon Olympiasieger waren, oder Dirk Baldinger aus Merdingen. Ich war mit Abstand der Jüngste.

Die Teilnahme am Höhentrainingslager hatte mich Oslo, wo die WM in wenigen Wochen stattfinden sollte, ein großes Stück näher gebracht. Ich war jetzt Mitglied der deutschen Nationalmannschaft. Manchmal konnte ich es gar nicht glauben – ich würde bei internationalen Wettkämpfen Deutschland vertreten. »Jan Ullrich aus Papendorf unterwegs auf den Straßen dieser Welt.« Das klang gut, ich war stolz und fühlte mich großartig. Allerdings war es immer noch nicht sicher, dass ich auch wirklich bei der WM starten würde. Nach wie vor gab es mehr Kandidaten als Startplätze. Das hieß, dass ich mich anstrengen musste, um weiter im Gespräch zu bleiben.

Nach der Rückkehr aus den USA machte ich mich deshalb sofort auf den Weg zur Regio-Tour. Sie führte durch Deutschland, die Schweiz und Frankreich, war sehr anspruchsvoll und genau das Richtige, um sich zu beweisen und für einen der sechs Startplätze bei der WM zu empfehlen. Meine neuen Kollegen aus der Nationalmannschaft staunten nicht schlecht über mein Pensum. »Der Kleine hängt sich richtig rein. Wenn der nicht aufpasst, wird er am Ende noch Weltmeister«, frotzelten sie. Sollten sie nur lästern. Ich wollte dabei sein, das war alles.

Und dafür würde ich alles tun, was in meinen Kräften stand. Ich konnte an nichts anderes mehr denken.

Doch dann geschah etwas, was mich aus meinen hochfliegenden Träumen riss. Kurz vor dem Ende der Regio-Tour erhielt ich die Nachricht, dass in Rostock mein Großvater gestorben war. Ich war wie betäubt. Mein Opa war fest davon überzeugt gewesen, dass ich es einmal zu einem großen Radrennfahrer bringen würde. Davon ließ er sich durch nichts abbringen. »Warte ab, du wirst noch ein ganz Großer«, sagte er immer, vor allem dann, wenn ich mich wieder einmal darüber ärgerte, dass ich so ein Winzling war. Ich, der Lütte, ein ganz Großer, dachte ich dann. Das wäre zu schön.

Ich wollte nur noch nach Hause. Ich musste doch meine Mutter trösten, die ihren Vater sehr geliebt hatte, und bei meiner Oma sein, die ihren Mann verloren hatte. Und ich wollte meine Brüder wiedersehen. In solchen schweren Momenten gehört eine Familie zusammen, daran zweifelte ich keine Sekunde. Es gab Leute im Team, die mein Verhalten unprofessionell fanden, aber das war mir egal. Sie hätten mich aus der Nationalmannschaft werfen und mich nicht zur WM fahren lassen können – ich wäre trotzdem nach Hause gefahren. Zum Glück hatte der Bundestrainer Verständnis. »Jan, das ist überhaupt kein Problem, deine Familie braucht dich jetzt. Nimm dir ein paar Tage Zeit«, sagte Peter Weibel mitfühlend. Das habe ich ihm bis heute nicht vergessen. Ich war noch nie bei einer Beerdigung gewesen, und so nahm mich das alles sehr mit. Aber die Entscheidung, zur Familie nach Rostock zu fahren, habe ich nie bereut. So konnten wir uns gegenseitig Kraft geben, und das war bei aller Trauer ein gutes Gefühl. Zu merken, deine Familie steht zu dir, wenn es dir schlecht geht, war eine sehr wertvolle Erfahrung, die ich in meinem Leben noch öfter machen durfte.

Dabei ging fast ein bisschen unter, was ein paar Tage zuvor noch der Mittelpunkt meines Lebens gewesen war: Ich würde mit zur Weltmeisterschaft fahren, ich war tatsächlich dabei!

Meine Mutter merkte, dass ich hin und her gerissen war. Durfte ich mich in diesem Moment wirklich freuen? Sie nahm mich in den Arm: »Du machst jetzt gefälligst ein paar Luftsprünge. Es ist so großartig, was du geleistet hast! Und weißt du was?« In ihren Augen glitzerten Tränen. »Dein Opa wäre furchtbar stolz auf dich.«

*

Wir wohnten in einem Hotel am Stadtrand von Oslo. Die Stimmung im Team war sehr angespannt, denn von den zehn angereisten Fahrern würden nur sechs an den Start gehen. Erst am Vorabend des Rennens lüftete Peter Weibel das große Geheimnis. Als ich meinen Namen hörte, jubelte ich innerlich. Ja, ich hatte es geschafft! Nach außen hin war ich die Ruhe selbst, wie es sich für einen WM-Starter gehörte. Der Bundestrainer stimmte die sechs Glücklichen auf die Renntaktik ein. Wir hatten keinen ausgesprochenen Kapitän, alle sollten ihre Chance bekommen. Weibel nannte uns die Namen der gefährlichsten Gegner und teilte sie uns zu. Jeder hatte auf eine Hand voll Fahrer zu achten. Die Nummern schrieb ich mir auf mein Lenkerband, damit ich sie im Rennen ständig vor Augen hatte.

Am nächsten Morgen war herrliches Wetter. Auf dem Weg zum Start traf ich Wolfgang Strohband, der mit einem Dutzend Vereinsmitgliedern von der RG Hamburg angereist war. Er schien aufgeregter zu sein als ich. »Toi, toi, toi! Ich drück dir die Daumen.« Was er mir nicht erzählte, war, wie er sich zu Hause von seiner Frau verabschiedet hatte: »Hoffentlich geht da nichts schief«, hatte er gesagt, »und Jan wird Weltmeister. Dann haben wir noch mehr Stress.« »Ja, du Armer«, hatte seine Frau ihn geneckt. »Das wäre natürlich schrecklich.« Aber jetzt hätte mir der Sinn ohnehin nicht nach Anekdoten gestanden, denn langsam spürte ich doch ein Kribbeln im Bauch. In wenigen Minuten würde das wichtigste Rennen meines Lebens beginnen.

Wir starteten vor dem Osloer Rathaus. Zehn Runden lagen vor uns, jede 18,4 Kilometer lang. Das Rennen verlief ganz nach Plan. Es gab mehrere Spitzengruppen, und meist waren Fahrer unserer Mannschaft dabei. Aber das Tempo war so hoch, dass keiner einen entscheidenden Vorsprung herausfahren konnte, immer wieder wurden die Ausreißer eingefangen. Ich rollte im Feld mit und nutzte lediglich die beiden Steigungen Ryen und Ekeberg, um mich unauffällig zu testen. Aus den Augenwinkeln beobachtete ich meine Gegner. Während sie am Berg aus dem Sattel gingen, blieb ich ruhig sitzen. Und während sie weit runterschalten mussten, fuhr ich mit großen Gängen weiter. Das war der kraftvolle Fahrstil, den ich bei Peter Becker gelernt hatte und mit dem ich später die Tour de France gewinnen sollte.

In der vorletzten Runde griff Axel Merckx an, der Sohn des fünffachen Tour-de-France-Siegers Eddy Merckx. Ich habe Axel nie darum beneidet, der Sohn einer lebenden Legende zu sein. Er war einem Druck ausgesetzt, dem er gar nicht standhalten konnte. Obwohl Axel ein talentierter Rennfahrer ist, erreichte er nie die Klasse seines berühmten Vaters. Wir holten Merckx schnell wieder ein. Ich fuhr jetzt ganz vorne im Feld, um nichts zu verpassen. Wir waren gerade wieder am Fuße des Ekebergs angekommen, als ein Fahrer aus der italienischen Mannschaft angriff. Ich schaute erst auf seine Startnummer, dann auf mein Lenkerband. Da stand die Nummer, auf den sollte ich aufpassen. Nichts wie hinterher! Ich hatte so viel Schwung, dass ich förmlich an ihm vorbeischoss und mir nur noch vier andere Fahrer folgen konnten: zwei Letten, ein Tscheche und eben jener Italiener, Alessandro Bertolini. Unsere Gruppe hatte schnell einen komfortablen Vorsprung und raste dem Ziel entgegen. Wie es aussah, war ich also schon einmal sicherer Fünfter – was für ein Erfolg! Und vor allem: Was hatte ich zu verlieren? Die letzten Kilometer genoss ich in vollen Zügen. Ich war bei meiner ersten Weltmeisterschaft, ich hatte alles richtig gemacht, ich spürte, dass ich noch genügend Kraft für das Finale haben würde, und ich wusste, dass ich kein schlechter Sprinter war. Alles war möglich. Fünfhundert Meter vor dem Ziel atmete ich noch einmal tief durch. Die beiden Letten versuchten, den Spurt von vorne zu fahren. Der Tscheche Tesar, den ich schon von der Bohemia-Rundfahrt kannte, trat an, jagte mit mächtigen Tritten hinter ihnen her und dann an ihnen vorbei. Und auf einmal war alles einfach. Ich blieb so lange wie nur irgend möglich in Tesars Windschatten, zog dann hinüber auf die rechte Straßenseite, beschleunigte noch einmal und war vorn. Vor mir lag nur noch die Ziellinie. Ich riss die Arme in die Höhe, ballte die Fäuste und stieß einen Freudenschrei aus. Das Unfassbare war geschehen: Ich war Weltmeister!

Die nächsten Minuten erlebte ich wie im Traum. Hände streckten sich mir entgegen, um mir zu gratulieren, Kameraleute und Fotografen umlagerten mich, Reporter hielten mir Mikrofone hin. Die meinten tatsächlich alle mich! Irgendjemand schob mich in den abgesperrten Bereich, in dem die Siegerehrung stattfand. Erst hier kam ich zur Ruhe. Weltmeister – wie schön das klang! Von Täve Schur bis Uwe Ampler: Die Namen meiner Vorgänger kamen mir so berühmt vor. »Jan Ullrich« hörte sich dagegen noch ziemlich neu und ungewohnt an. Aber das musste ja nicht so bleiben. Ein bisschen schüchtern stieg ich auf das Podium zur Siegerehrung, eine Hostess half mir, das Regenbogentrikot überzuziehen. Dann erklang die Hymne. Was für ein Gefühl! Anschließend gab ich die erste Pressekonferenz meines Lebens. Kaum einer kannte mich, und die Reporter fragten nach meiner Herkunft, meiner Taktik, meinen Gefühlen. Ich versuchte, so gut wie möglich auf alle Fragen zu antworten, aber eigentlich wollte ich ihnen etwas ganz anderes sagen: »Ich widme diesen Sieg meinem Großvater. Dieser Titel gehört ihm.«

Am nächsten Morgen saß ich frierend und müde auf der Zuschauertribüne. Wir hatten meinen Sieg bis vier Uhr früh gefeiert, und über Nacht war es in Oslo kalt und regnerisch geworden. Trotzdem hätte ich um nichts in der Welt darauf verzichtet, mir das Profirennen anzusehen. Ich konnte mich nicht richtig entscheiden, wem ich den Sieg mehr wünschte: Olaf Ludwig aus unserem Team oder Miguel Indurain, den ich besonders verehrte. Der Spanier faszinierte mich wegen seiner eleganten Fahrweise. Aber an diesem Tag fuhr Indurain ein unglaublich kraftraubendes Rennen. Immer wieder fing er höchstpersönlich die Ausreißer ein. Er war eindeutig der Chef des Feldes – und doch gewann er nicht. Am Ende musste er dem schlechten Wetter, den rutschigen Straßen und der Härte des Rennens Tribut zollen. Einem der ganz jungen Fahrer schien das alles nichts auszumachen. Er war erst 21 Jahre alt und wurde der jüngste Profi-Weltmeister aller Zeiten. Sein Name war mir bisher noch nicht aufgefallen, aber in der folgenden Zeit sollte ich ihm noch öfter begegnen: Lance Armstrong.

*

Als ich zurück nach Deutschland kam, war ich plötzlich kein Unbekannter mehr. Die Zeitungen waren voll mit Berichten über meinen Sieg in Oslo, und ich wurde als jüngster Amateur-Weltmeister aller Zeiten gefeiert. Das schmeichelte mir natürlich, allerdings irrten sich die Journalisten: Ich war zwar erst 19, aber der Belgier Eddy Merckx war bei seinem WM-Sieg 1964 noch ein paar Monate jünger gewesen. Ich erhielt die ersten Angebote, für Profi-Rennställe zu fahren, und wurde zu verschiedenen Rennen eingeladen.

Eines davon war ein Rundstreckenrennen auf dem Kurfürstendamm in Berlin. Es waren viele Zuschauer gekommen, und ich zeigte stolz mein Weltmeistertrikot. Ich rollte gerade langsam zum Start, als ich hörte, wie jemand meinen Namen rief. Neugierig drehte ich mich um und suchte die Gesichter am Straßenrand ab. Ich wollte schon weiterfahren, als ich ihn erkannte: Dort drüben stand mein Vater. Zögernd fuhr ich auf die Absperrung zu. »Wie geht's dir?«, fragte ich ihn, als hätten wir uns das letzte Mal vor 14 Tagen gesehen und nicht vor 14 Jahren. Er antwortete nicht. Seine Augen glänzten.

»Mensch Jan, ist das schön, dich zu sehen«, sagte er bewegt. Äußerlich hatte sich mein Vater kaum verändert. Was wohl aus ihm geworden war? Ich würde es nicht erfahren. Das Rennen sollte in wenigen Augenblicken beginnen, und ich konnte nicht länger warten. Hastig schrieb mein Vater seine Telefonnummer auf einen Zettel. Ich steckte ihn in meine Trikottasche und fuhr zum Start. »Viel Glück!«, rief mein Vater mir noch hinterher und hob die Hand.

Es hatte zu regnen begonnen, und während des ganzen Rennens hörte es nicht mehr auf. Im Ziel war ich völlig durchnässt. Als ich später die Telefonnummer suchte, fand ich nur noch ein aufgeweichtes Stück Papier – lesen konnte man nichts mehr. Das war der letzte Versuch meines Vaters, Kontakt mit mir aufzunehmen. Vielleicht denkt er, ich hätte ihn mit Absicht nicht angerufen. Jedenfalls habe ich ihn seither nie wieder gesehen. Ich weiß, dass er sich für meinen Weg interessiert hat und mindestens einmal auch in meiner Nähe war. Meine Mutter sah ihn am 25. Juli 1997. An diesem Tag fuhr sie, außer sich vor Glück über meinen Tour-Sieg, im Teamauto über die Champs-Elysées, als sie ihn plötzlich erblickte. Wieder stand mein Vater am Straßenrand. Er trug ein magentafarbenes Telekom-Trikot und jubelte.

Mein Vater hat sich nie in die Öffentlichkeit gedrängt. Nach meinem Tour-Sieg hatte die *Bild*-Zeitung nach ihm gesucht und ihn schließlich auch gefunden. Ich weiß nicht, was die Journalisten sich davon versprochen hatten, aber mein Vater war ganz sicher eine Enttäuschung für sie. Er sei stolz auf seinen Sohn, und sie mögen ihn bitte in Ruhe lassen – das war alles, was aus ihm herauszubekommen war. Mein Vater war sich wohl bewusst, dass er an meinem Erfolg nur einen sehr geringen Anteil hatte. Wie es aussah, war es nicht seine Art, sich jetzt damit zu rühmen.

Seit Sarah auf der Welt ist, frage ich mich manchmal, wie

es wäre, meinen Vater wiederzusehen. Ich suche ihn nicht, hätte aber nichts dagegen, wenn er sich bei mir melden würde. Vielleicht ist es ja noch nicht zu spät für uns.

*

Es war gar nicht leicht, Weltmeister zu sein. Ich bekam derart viele gut gemeinte Ratschläge, dass ich sie schon nicht mehr zählen konnte. Etliche Berater, Manager und Teamleiter suchten meine Bekanntschaft, und jeder wollte natürlich nur das Beste für mich. Ich beriet mich mit meinen engsten Vertrauten, Peter Becker und Wolfgang Strohband. Auf dem Tisch lagen einige verlockende Profi-Angebote. Aber vor allem mein Trainer war der Meinung, dass ich ruhig noch ein Jahr warten sollte. »Fahr du erst mal ein Jahr im Weltmeistertrikot, dann bist du nämlich der Gejagte«, versuchte er mir klar zu machen. »Profi kannst du immer noch werden.«

Also blieb ich ein weiteres Jahr Amateur. Ich verzichtete zwar auf eine Menge Geld, aber dafür gewann ich eine Menge an Erfahrung. Ich siegte bei der Australien-Rundfahrt und im Gesamt-Weltcup. Peter Becker hatte Recht behalten. Mein großes Ziel im neuen Jahr war natürlich die Titelverteidigung bei der Weltmeisterschaft 1994. Dafür hatte ich so hart trainiert wie nie zuvor, an einigen schweren Rundfahrten teilgenommen und kam in Bestform zur WM nach Sizilien. Ich fühlte mich stark genug, es allen zu zeigen, auch als Favorit. Aber die großartigste Form ist nutzlos, wenn die Taktik nicht stimmt. Während des Rennens hatte sich eine Spitzengruppe mit Tobias Steinhauser gebildet, in der aber die Italiener in der Überzahl waren. Die Wahrscheinlichkeit, dass Steini sich alleine gegen sie durchsetzen würde, war ziemlich gering. Trotzdem erhielten wir die Order, nichts zu unternehmen. Wir sollten ruhig hinten »sitzen bleiben«, wie man in der Rennfahrersprache sagt, wenn keiner aktiv wird, um das Tempo zu erhöhen. Ein Jahr zuvor hatte ich von der offenen Taktik Peter Weibels profitiert, bei der es keinen erklärten Kapitän gab, für den die anderen Mannschaftsmitglieder zu fahren hatten. Nie im Leben hätte ich sonst als Neuling die Chance bekommen, um den Sieg zu kämpfen. In diesem Jahr wandte sich dieselbe Taktik gegen mich. Ich war der Titelverteidiger, und ich war an diesem Tag der Stärkste von uns. Wieder aber gab es keinen erklärten Kapitän. Wären meine Teamkollegen für mich gefahren, hätte ich wohl echte Chancen auf die Titelverteidigung gehabt. So wurde ich am Ende nur 28., und unsere Mannschaft ging leer aus.

Drei Tage später starteten beim Zeitfahren Profis und Amateure erstmals gemeinsam in einem Wettbewerb. Nach dem verkorksten Straßenrennen hatte ich eine furchtbare Wut im Bauch. Wie ein Verrückter trat ich in die Pedale und schaute nicht nach links und rechts. Da hatte ich das ganze Jahr geschuftet, und wofür das Ganze? Für einen lächerlichen 28. Platz? Man sagt ja, dass Wut kein guter Berater ist, aber vermutlich hat mir mein Ärger an diesem Tag regelrecht Flügel verliehen. Zeitfahr-Weltmeister wurde der englische Spezialist Chris Boardman, und ich gewann die Bronzemedaille. Als kleiner Amateur von gerade einmal zwanzig Jahren hatte ich also eine ganze Reihe bekannter Profis hinter mir gelassen, unter ihnen Alex Zülle und Abraham Olano. Na bitte, dachte ich voller Genugtuung. Es geht doch.

*

Dass dieses Jahr auch aus einem ganz anderen Grund ein besonderes für mich wurde, habe ich Dirk Baldinger zu verdanken. Dirk ist ein guter Freund, seit wir gemeinsam in Colorado im Trainingslager gewesen waren. Ich hatte damals gerade den Sprung in die Nationalmannschaft geschafft, und Dirk hatte mir geholfen, mich zurechtzufinden. Mir gefiel sofort sein frisches, positives Denken. Er wusste zwar genau, wohin er wollte, aber er verfolgte seine Ziele nie krampfhaft oder gar verbissen. Dirk lebte in Merdingen, einem Dorf am Rand des Schwarzwalds. Ich besuchte ihn häufig, auch wenn der Weg von Hamburg weit war. Die ganze Familie Baldinger empfing mich stets mit einer solchen Herzlichkeit, dass ich mich bald wie zu Hause fühlte. Außerdem war hier ein richtiges Paradies zum Radfahren. Es gab flache Strecken, vor allem in der Gegend jenseits der nicht weit entfernten deutsch-französischen Grenze. Und direkt vor der Haustür lag der Kaiserstuhl mit seinen bis zu vierhundert Meter hohen Hügeln. Ein Stück weiter waren die Berge des Schwarzwalds bis zu 1.300 Meter hoch.

Im Spätherbst gab es ein Fest in Merdingen. Dirk hatte in Bonn die Deutsche Meisterschaft gewonnen, und jetzt wurde groß gefeiert. Diesen 19. November werde ich so schnell nicht vergessen. Es war schon ziemlich voll, als ich ankam. Zuerst saßen alle für sich: an einem Tisch die Nationalfahrer, am nächsten Dirks Familie, an wieder einem anderen seine Schulfreunde. Nur Dirk als Gastgeber ging von Tisch zu Tisch. Ich selbst kannte noch nicht so viele Leute, sah mich ein wenig um und fand Dirk schließlich mit mehreren Mädchen in unserem Alter. Was macht man, wenn man eigentlich unsicher ist, sich aber keine Blöße geben will? »Jetzt muss ich mir doch erst mal deine hübschen Schulfreundinnen anschauen«, sagte ich lässig. Die Mädchen würdigten mich keines Blickes, nur eine sah mich neugierig an. »Toller Einstand.« Sie zeigte auf den Stuhl neben sich. »Setz dich doch.« Ich wusste, dass sie Gaby hieß und mit Dirk zur Schule gegangen war, aber wir hatten noch nie miteinander gesprochen. »Ich bin eigentlich enttäuscht von dir«, sagte sie und seufzte.

»Warum das denn?«, fragte ich überrascht.

Sie kniff die Augen zusammen und musterte mich kritisch: »Ich dachte immer, du hättest schöne dunkle Haare und nicht so ein komisches Rotblond.« Gaby hatte mich im Fernsehen bei der Weltmeisterschaft gesehen, damals trug ich einen schwarzen Sturzring.

»Tja, tut mit Leid«, sagte ich achselzuckend. »Ich kann sie ja färben.«

»Das würdest du tun?« Gaby lachte. »Ach, lass mal. So schlimm ist es auch wieder nicht.«

Wir verstanden uns auf Anhieb. Gaby hatte eine witzige, augenzwinkernde Art zu erzählen, ihr badischer Dialekt klang irgendwie lustig. Außerdem war sie ausgesprochen hübsch: groß, schlank, langes dunkelblondes Haar. Dieses Mädchen wollte ich unbedingt näher kennen lernen. »Was machst du eigentlich so?«, fragte ich sie.

»Ich arbeite bei der Bundeswehr in Freiburg.«

»Oh, das ist gut,« sagte ich. »Da kannst du mir doch sicher Urlaubsscheine besorgen.« Ich steckte gerade mitten in der Grundausbildung, war Mitglied einer Sportkompanie und nicht weit entfernt stationiert. Am nächsten Tag ging es wieder in die Kaserne. Wenn ich bei diesem Mädchen etwas erreichen wollte, musste ich mich also ranhalten. Wir verabredeten uns für den kommenden Nachmittag. Überpünktlich stand ich vor der Hoftür ihrer Eltern, mit Blumen in der Hand. Ich hatte nicht viel Erfahrung mit Mädchen – machte man so etwas überhaupt? Aber Gaby freute sich, stellte den Strauß ins Wasser, und dann fuhren wir nach Freiburg in ein Café und tranken heiße Schokolade. Ich fühlte mich wohl neben ihr, mir gefiel ihre offene und lockere Art. Sie war nicht so aufgedreht wie andere Mädchen, sondern wirkte gelassen und selbstbewusst. Gaby interessierte sich für meinen Sport, für meine Reisen – und für mich. Die Stunden mit ihr vergingen viel zu schnell.

Als wir wieder vor dem Hof ihrer Eltern standen, küssten wir uns das erste Mal. In diesem Augenblick wünschte ich mir nichts so sehr wie ein bisschen mehr Zeit. Aber es half alles nichts, es war 18 Uhr, und ich musste zurück in die Kaserne nach Todtnau. Schweren Herzens verabschiedete ich mich von Gaby. Ich hatte mich Hals über Kopf verliebt. In der Kaserne angekommen beschloss ich, dass für Verliebte Notlügen erlaubt sein mussten. Ich ging zu meinem Vorgesetzten und machte aus einer kleinen, harmlosen Erkältung einen ernst zu nehmenden fiebrigen Infekt. Mein verständnisvoller Chef schickte mich sofort nach Hause. Um 23 Uhr stand ich wieder vor Gabys Tür. »Nanu, ist das nicht leichtsinnig, wenn du unser Land heute Nacht nicht beschützt?«, fragte sie. »Keine Gefahr«, murmelte ich und zog sie an mich.

Jede freie Minute verbrachten wir von nun an zusammen. Ich unternahm einen halbherzigen Versuch, Gaby vor dem Leben mit einem Radrennfahrer zu warnen. Ich wäre nie da und ständig unterwegs, erzählte ich ihr, aber sie ließ sich nicht abschrecken. Sie kannte die Radfahrer durch ihren Schulfreund Dirk Baldinger, sie mochte die lockere Stimmung, die unter Sportlern herrschte. Und sie hatte keine Angst, hin und wieder allein zu sein. »Mein Familie ist doch in der Nähe«, sagte sie. »Lass es uns einfach versuchen.« Ich mochte Gabys Sinn fürs Praktische, und natürlich war ich einverstanden. Jede andere Antwort hätte mich auch enttäuscht.

Gaby hatte ein eigenes Zimmer im großen Haus ihrer Eltern, auch ihre ältere Schwester und der Großvater wohnten dort. Ich war begeistert von ihrer Familie. Seit meinem 13. Lebensjahr hatte ich – getrennt von meiner Mutter und meinen Brüdern – die meiste Zeit in Internaten und Hotels verbracht. Die ungezwungene Atmosphäre in einem Haus, in dem mehrere Generationen unter einem Dach lebten, kannte ich bisher nicht. Ernst Weis, Gabys Vater, bewirtschaftete nebenher einen Weinberg. Seine Frau, Rosemarie, hielt mit ihrer herzlichen, aber bestimmten Art die Familie beisammen. Wir verstanden uns auf Anhieb. Allerdings wurde ich nicht sofort wie ein fester Freund der jüngsten Tochter empfangen, sondern mehr wie ein guter Kumpel, der immer willkommen war. Ich galt im Dorf als Paradiesvogel, der aus der großen Stadt Hamburg kam und viel zu schnell Auto fuhr. Möglich, dass Gabys Eltern anfangs daran zweifelten, ob ich wirklich der richtige Umgang für ihre Tochter war. Spüren ließen sie mich das nicht.

*

Wir waren nun seit vier Wochen zusammen, und ich ging inzwischen bei Gabys Familie ein und aus. Deshalb dachte ich, es wäre an der Zeit, mich zu revanchieren. Kurz vor Weihnachten fragte ich Gaby: »Möchtest du mit mir nach Rostock fahren?« Gaby zögerte. »Geht das nicht ein bisschen schnell? Wir kennen uns doch erst so kurz«, sagte sie vorsichtig. »Und ich war Weihnachten noch nie weg von zu Hause«, fügte sie leise hinzu. So kannte ich Gaby gar nicht. Aber ich hatte mir nun einmal in den Kopf gesetzt, sie unbedingt meiner Familie vorzustellen. Ich hatte vorher noch nie eine feste Freundin gehabt. Keine Zeit, kein Interesse, kein Erfolg – Gründe dafür gab es viele. Logisch, dass ich jetzt ein wenig stolz war und Gaby unbedingt zu Hause vorstellen wollte. Ich bettelte so lange, bis Gaby schließlich aufgab: »Okay, du großer Verführer, ich komme mit.« Sofort flitzte ich zum Telefon und rief meine Mutter an: »Mom, ich freue mich schon auf Weihnachten. Und ich bringe meine Freundin mit.«

Von Merdingen nach Rostock sind es knapp 1.000 Kilometer. Wir fuhren mit meinem Opel Calibra und waren eine Ewigkeit unterwegs. Aber das störte uns nicht. Außerdem wollte ich Gaby so viel wie möglich zeigen. Wir machten in Berlin Station und in Hamburg. Eine richtige Rundfahrt durch mein bisheriges Leben. Gaby wollte alles über mich wissen, und es machte Spaß, mit ihr herumzufahren. Es war ein herrlicher Kurzurlaub.

Gaby kam auf unserer Reise zum ersten Mal in den Osten. Sie hatte noch nie einen Plattenbau von innen gesehen – und Rostock-Lichtenhagen ist gleich ein ganzes Wohngebiet mit Neubauten. Ich sah Gaby an, dass es ihr nicht gefiel. Alles war so klein und eng, sie fühlte sich nicht wohl. Aber sie bemühte sich, das nicht zu zeigen; sie wollte meine Mutter nicht verletzen, die rührend um uns bemüht war. Nachts schliefen wir im Kinderzimmer auf einer schmalen Liege. Dass es furchtbar eng war, störte uns überhaupt nicht. Wir waren ja frisch verliebt.

Zu Weihnachten bekam ich von Gaby einen silbernen Ohrring geschenkt. Ich habe ihn seit diesem Tag nicht mehr abgenommen, er gehört einfach zu mir. Zwar überlege ich manchmal, mir einen neuen zu kaufen, auch Gaby hat mich schon dazu ermuntert. Aber bisher brachte ich es nie übers Herz, mich von diesem Ring zu trennen, den mir meine Freundin ganz zu Beginn unserer Liebe geschenkt hat.

Fünfte Etappe:

Der Aufstieg

Mit Schwung startete ich in mein Leben als Profi. Als Erstes brauchte ich einen Manager. Ich konnte mir keinen Besseren vorstellen als Wolfgang Strohband. Wir kannten uns jetzt seit drei Jahren. Die Zusammenarbeit mit ihm war seriös und zuverlässig. Ich konnte mich hundertprozentig auf meinen Sport konzentrieren und musste mich um nichts kümmern. Er verlangte sogar eine geringere Provision, als sie bei Managern sonst üblich war. Unabhängig davon mochte ich Wolfgang einfach und ich war froh, dass er bald zu meinen besten Freunden zählte.

Unsere erste gemeinsame Entscheidung war die Suche nach einem Team. Es lagen interessante Angebote aus Spanien und Italien auf dem Tisch, aber ich mochte lieber nicht ins Ausland gehen. Ich wollte mich nicht auf eine völlig neue Umgebung einlassen, vielleicht weil ich fürchtete, mit einer fremden Sprache nicht zurechtzukommen. In Deutschland allerdings gab es zu dieser Zeit kein Team, das wirklich eine Top-Adresse gewesen wäre. Auch das Team Telekom, für das wir uns letztlich entschieden, war damals eher Mittelmaß. Mit Olaf Ludwig und Erik Zabel hatte die Mannschaft zwar zwei ausgezeichnete Sprinter, aber es fehlten Favoriten für die großen Rundfahrten. Doch Telekom war ein deutsches Team, und ich erhielt dort die Möglichkeit, mich in Ruhe und ohne Druck entwickeln zu können. Genau das wollte ich. Am 29. Juni 1994 unterschrieb ich meinen ersten Profivertrag. Er war befristet auf zwei Jahre. Nun verdiente ich mehr Geld als je zuvor in meinem Leben.

Als Nächstes traf ich eine Entscheidung, die mir sehr schwer fiel. Ich trennte mich nach acht Jahren von meinem Trainer Peter Becker. Becker hatte mich als 13-Jähriger unter seine Fittiche genommen, er hatte mir alles beigebracht, was ich übers Radfahren wissen musste, hatte mich gequält und motiviert – kurz, er hatte aus mir einen hervorragenden Amateur-Rennfahrer gemacht. Ihm hatte ich es zu verdanken, dass ich Weltmeister geworden war, aber nun würde ich den nächsten Schritt wagen. Meine Amateur-Zeit lag hinter mir, ein neues Zeitalter sollte beginnen. Wozu brauche ich noch einen Trainer, fragte ich mich. Ich wollte mir von niemandem mehr vorschreiben lassen, was ich zu tun hatte. Das war ja das Wunderbare am Leben als Profi: Ich würde in Zukunft mein eigener Herr sein, mein eigenes Geld verdienen und von niemandem mehr abhängig sein. Peter Becker mit seinen autoritären Trainingsmethoden war vielleicht etwas für unerfahrene Jungs, aber nichts für einen Weltmeister wie mich. So ungefähr waren damals meine Gedanken, und ich ahnte nicht, dass gerade sie zeigten, wie unreif ich noch war. »Gut, mein Junge, wenn du glaubst, dass du alleine klarkommst«, sagte Peter Becker, »dann wünsche ich dir viel Glück.« Es sollte kein Abschied für lange sein, aber das wusste ich zu diesem Zeitpunkt noch nicht.

Meine Trainingspläne schrieb ich jetzt mit den Teamärzten meiner neuen Mannschaft, Dr. Lothar Heinrich und Dr. Andreas Schmid. Darin wurden festgehalten: die Länge der Trainingsstrecken, die ich zurücklegen wollte, die Geschwindigkeiten, die Belastungen und zu welchen Wettkämpfen ich fahren würde. Ich war jetzt zwar für mich selbst verantwortlich, aber ich gehörte auch zu einem Team, und natürlich musste abgestimmt werden, wer wo und wann an den Start ging. Ganz ohne Pläne ging es also nicht, aber ich bin nie ein großer Trainingstheoretiker gewesen. Schon als Kind war es mir schwer gefallen, regelmäßig mein Trainingstagebuch so zu schreiben, wie es sich mein erster Trainer Peter Sager gewünscht hatte. An der Sportschule, bei Peter Becker, mussten wir Statistiken über gefahrene Kilometer, Geschwindigkeiten und Rennergebnisse anlegen. Ich sah darin keinen rechten Sinn und war ziemlich schlampig. Und auch als ich später aus Trainingslagern mit der Nationalmannschaft kam, füllte ich Beckers Listen hinterher aus dem Gedächtnis aus, nur damit er zufrieden war. Es gibt viele Fahrer, die jeden Abend ihren Laptop mit den neusten Daten füttern. Ich brauche das nicht. Bei diesen Dingen kann ich mich wirklich auf meine Erinnerung verlassen. Ich weiß genau, wie viel und wie schnell ich vor einem, zwei oder drei Jahren trainiert habe. Ich weiß genau, was zu tun ist, um meine Leistung zu verbessern. Allerdings beruht das mittlerweile auf jahre- oder fast jahrzehntelanger Erfahrung. Damals hätte es mir gut getan, wenn ich die Pläne ein bisschen ernster genommen hätte.

Ich legte los, als stünde die Tour de France direkt vor der Tür. In meinem Übereifer fuhr ich viel zu schnell und machte nicht genügend Pausen. Typische Anfängerfehler. Das merkte ich aber erst, als meine Form nach einer Weile nicht besser wurde. Ich kannte meinen Körper noch zu wenig und hatte keine Ahnung, wie stark ich mich im Training belasten durfte.

Mein neuer Chef, der Belgier Walter Godefroot, ließ mir völlig freie Hand. Walter hatte in den siebziger Jahren mehr als hundertfünfzig Siege errungen, er gewann berühmte Klassiker wie die Flandern-Rundfahrt und Paris-Roubaix. Der Mann kannte alle Tricks und Kniffe des Profi-Radsports. Später würde er zu meinen härtesten Kritikern gehören und mir unterstellen, dass ich viel Talent, aber wenig Disziplin besäße. Zu Anfang jedoch war er klug genug, seinem neuen Schützling die Suche nach seinem Weg selbst zu überlassen. Dazu gehörte eben auch, dass ich ungestüm und vielleicht mitunter überheblich war und dass ich Fehler machte. Ich würde schon früh genug herausfinden, dass ich auf die Hilfe und die Erfahrung anderer nicht verzichten konnte. Vorerst aber stellte ich mein eigenes Rennprogramm auf und trainierte so, wie ich es wollte.

*

Mein erstes Profirennen war die »Katalanische Woche«, eine Rundfahrt mit fünf Etappen in der Gegend um Barcelona. Am 20. März 1995 stand ich im Badeort Lloret de Mar am Start und war schrecklich aufgeregt. Bei den Amateuren war es mir nie besonders schwer gefallen, zu den Besten zu gehören, aber wie würde es jetzt sein? Ich hatte gehört, dass man als »Neoprofi«, also als Neueinsteiger, ständig im »Gruppetto« landen würde. Das »Gruppetto« war die letzte große Gruppe des Fahrerfeldes, die weit abgeschlagen ins Ziel kam. Keine besonders ermutigende Vorstellung. Aber eigentlich konnte ich das nicht recht glauben. Ich war immerhin Weltmeister!

Trotzdem kam ich gleich am ersten Tag mit der letzten Gruppe ins Ziel. Ich war ziemlich enttäuscht. Wie konnte das passieren? Radrennen von Profis und Amateuren sind schwer zu vergleichen. Bei den Amateuren sind die Strecken kürzer, die Durchschnittsgeschwindigkeit ist geringer, und der Rennverlauf ist insgesamt hektischer. Vom ersten Kilometer an wird attackiert, weil jeder glaubt, sein Glück versuchen zu müssen. Aber das Rennen beruhigt sich dann auch schnell wieder. Die Profis hingegen beginnen meist deutlich langsamer. Doch wenn es dann zur Sache geht, wird schon einmal dreißig bis vierzig Kilometer lang ein mörderisches Tempo angeschlagen. Das Feld wird förmlich auseinander gerissen, die körperliche Belastung für die Fahrer ist extrem hoch. Fünfzig oder gar sechzig Stundenkilometer über eine kurze Strecke zu fahren ist kein Problem, aber auf längeren Distanzen trennt sich ganz schnell die Spreu vom Weizen. Ich gehörte wohl zur Spreu.

Doch dann blickte ich mich um und erlebte eine Überraschung. Direkt neben mir rollte Miguel Indurain über die Ziellinie, der berühmte spanische Rennfahrer, der mehrfache Tour-de-France-Sieger, Weltmeister und anderes mehr. Schon lange war er mein Idol. Ich vergaß meinen 80. Platz und resümierte: Da hast du also an der Seite des großen Indurain dein erstes Profirennen beendet – wenn das keine gelungene Premiere war! So schaffte ich es einigermaßen, mir Mut für die kommenden Tage zu machen. Aber ein wenig ernüchtert war ich schon.

Die nächsten Etappen fielen mir immer schwerer. Ich fuhr wie ein typischer Amateur. Aus der letzten Gruppe heraus griff ich wie verrückt an, um die vorletzte Gruppe zu erreichen. Dabei fuhr ich alleine im Wind und vergeudete wertvolle Kräfte. Wenn man im Windschatten fahren kann, spart man bis zu dreißig Prozent Kraft. Deshalb haben auch jene Ausreißversuche die größte Chance auf Erfolg, bei denen sich mehrere Fahrer in der Führungsarbeit abwechseln können. Einer allein kann nie so stark sein wie das Feld, es sei denn, er hat genug Vorsprung. Ich aber hatte überhaupt keinen Vorsprung, sondern hetzte völlig erschöpft dem Hauptfeld hinterher. Mittlerweile hatten wir die Pyrenäen erreicht. Am schlimmsten war der Anstieg nach Andorra am dritten Tag. Zwei Jahre später würde ich genau hier zum ersten Mal das Gelbe Trikot bei der Tour de France erobern. Diesmal aber quälte ich mich weit abgeschlagen den Berg hinauf. Es war deprimierend. So mühsam hatte ich es mir nicht vorgestellt.

*

Ich kam enttäuscht nach Hause und dachte, ich hätte das Radfahren verlernt. Den ganzen Winter über und im Frühjahr hatte ich trainiert, wie ich es für richtig hielt, und jetzt musste ich feststellen, dass ich mich überschätzt hatte. Mir fehlte ein Ziel, eine Trainingsgruppe und – mir fehlte ein Trainer. Einer, der mich mitriss und antrieb. Im Juni kam Peter Becker mit einigen Rennfahrern meiner ehemaligen Hamburger Mannschaft nach Merdingen. Schon öfter war die Truppe aus dem verregneten Hamburg hierher geflohen, um die idealen Trainingsbedingungen rund um den Kaiserstuhl zu nutzen. Nirgends in Deutschland scheint an so vielen Tagen im Jahr die Sonne wie hier. Ich gab mir einen Ruck und rief meinen alten Trainer an. »Habt ihr was dagegen, wenn ich mich euch für ein paar Tage anschließe?«, fragte ich ihn.

Becker war sofort einverstanden. »Aber, Jan«, fügte er hinzu, »du kennst meine Regeln: Ich bin der Boss.«

»Kein Problem, Trainer«, sagte ich erleichtert.

Ich freute mich auf die nächste Woche. Das Training in der Gruppe tat mir unheimlich gut. Becker verstand es, mir wieder Lust auf das Radfahren zu machen. Wenn man Peter nur kurz erlebt, könnte man ihn für einen lauten Polterkopf mit preußischen Offiziersmethoden halten. Aber hinter dieser harten Schale verbirgt sich ein Mensch mit Sinn für Humor und Liebe zum Detail. Das betrifft die millimetergenaue Sitzposition auf dem Rad ebenso wie ein seltenes Tier am Rande der Trainingsstrecke. Für beides kann er sich total begeistern.

Ich kam immer besser in Form. Nur einen Monat später beim Alpenklassiker, einem Bergrennen in Frankreich, konnte ich bereits mit den besten Kletterern mithalten. Und bei der Deutschen Meisterschaft im Einzelzeitfahren, die in Forst in der Lausitz stattfand, gewann ich mit 13 Sekunden Vorsprung. Zufrieden kehrte ich nach Merdingen in den Burgunderweg zurück, wo Gaby und ich inzwischen eine kleine Wohnung in einem hübschen Fachwerkhaus bezogen hatten. Ich hatte einen Titel gewonnen, und ich hatte meine große Liebe gefunden. Vielleicht konnte aus diesem Jahr doch noch etwas werden.

*

Das Team Telekom durchlebte damals eine äußerst schwierige Phase. Um ein Haar wäre die Mannschaft nicht einmal zur Tour de France eingeladen worden. Schließlich durfte das

Team doch an den Start gehen, wenn auch nur mit sechs Fahrern. Die Existenz der Mannschaft stand ernsthaft auf der Kippe. Zum Glück gewann der aufstrebende Sprinterstar Erik Zabel gleich zwei Etappen bei der Tour, sodass sich die Deutsche Telekom bereit fand, das Team noch ein weiteres Jahr als Sponsor zu unterstützen. Die endgültige Rettung war das aber noch nicht.

In meinem ersten Jahr beim Team Telekom war ein Start bei der Tour de France für mich nicht vorgesehen. Das hatte ich auch gar nicht erwartet. Meine persönliche Tour de France fand im Schwarzwald statt. Während die Kollegen in Frankreich unterwegs waren, jagte ich täglich sechs, sieben Stunden über die Berge, meistens allein. Ich hatte mich in einen richtigen Rausch gefahren. Wieder und wieder stürmte ich die steilen Anstiege hoch und konnte gar nicht genug kriegen. Ich hatte wieder Spaß am Radfahren und freute mich wie ein Kind über meine Fortschritte. Gaby hatte mir das immer prophezeit. Als ich wieder einmal völlig ausgepumpt, aber glücklich vom Training nach Hause kam, sagte sie nur: »Na bitte, was hab ich dir gesagt?« »Ja, ja, du hast ja Recht.« Verschwitzt, wie ich war, umarmte ich sie und hob sie hoch. »Was hab ich nur für eine schlaue Freundin.« Ich hätte Bäume ausreißen können. Manchmal fuhr ich zum Kandel am Ende des Dreisamtals bei Freiburg. Über zwölf Kilometer schlängelt sich der Anstieg kurvenreich durch den Schwarzwald, mit Steigungen bis zu 15 Prozent. Ich stoppte meine Zeit. Von Tag zu Tag wurde ich besser. Vom Kandel hat man eine herrliche Aussicht über die Rheinebene und den Kaiserstuhl bis hinüber zu den Vogesen. Dort drüben in Frankreich gewann Miguel Indurain gerade seine fünfte Tour. Wenn ich jetzt nur hätte irgendwo starten können! Doch leider gab es weit und breit nicht ein einziges Rennen – bis auf die Tour de France natürlich. Es war zu dumm: Ich hatte die Form meines Lebens, und niemand bemerkte es.

Im Herbst sollte ich die erste Drei-Wochen-Rundfahrt meiner Karriere erleben. Die Vuelta Espana war als Höhepunkt meines ersten Profi-Jahres geplant. Es gibt überhaupt nur drei Rennen dieser Länge: den Giro d'Italia, die Tour de France und eben die Spanien-Rundfahrt. Mehr als 3.500 Kilometer im Sattel sitzen, drei Wochen lang täglich ein Rennen fahren, unterbrochen nur durch ein oder zwei Ruhetage, dabei tausende Höhenmeter bewältigen – das verlangt einem Rennfahrer alles ab. Es bringt ihn an die Grenzen seiner körperlichen Kräfte und seiner psychischen Belastbarkeit. Ein kleiner Schwächeanfall, eine harmlose Krankheit oder ein winziger Fehler in der Ernährung können das Aus sein. Der Ruhm der bedeutendsten Rennfahrer rührt von diesen Radrennen her, aber hier haben sich auch die dramatischsten Tragödien abgespielt. Nun sollte ich erstmals eine Vorstellung davon bekommen, was es bedeutete, eine dieser großen Rundfahrten zu bestreiten.

Die Vuelta wurde ein Desaster für mich. Meine glänzende Form vom Juli hatte sich mittlerweile verflüchtigt, im September war ich bereits wieder auf dem absteigenden Ast. Dazu kam, dass ich unter unerträglichen Zahnschmerzen litt. Nachts konnte ich nicht schlafen, und am Tag quälte ich mich durch die spanische Bergwelt. Eine Woche lang hielt ich diese Tortur durch, dann stieg ich aus. Enttäuscht packte ich meine Sachen und flog nach Hause. Sang- und klanglos ging mein erstes Profi-Jahr zu Ende. Nichts deutete darauf hin, dass ich einmal zu den besten Radprofis der Welt gehören würde.

Die Fehler dieses ersten Jahres durften sich auf keinen Fall wiederholen. Im Sommer hatte ich acht Wochen lang eine ausgezeichnete Form gehabt, und kein Mensch außer mir hatte es bemerkt. Eine derart eklatante Fehlplanung sollte mir nicht noch einmal passieren. Ich entschied, wieder mit einem Trainer zu arbeiten, so wie ich es seit meiner Jugendzeit gewöhnt war. Ich griff zum Telefon und rief Peter Becker an.

»Trainer, ich brauche Hilfe!«, sagte ich. »Ich bin in diesem Jahr gefahren wie ein Anfänger.« »Einsicht ist der erste Schritt zur Besserung«, zog mich Peter Becker auf, für den mein Hilferuf natürlich auch eine Genugtuung war. »Dann wollen wir mal sehen, wie wir dich in Schwung bringen.« Wenn ich alles richtig machte, würde ich auch bei den Profis mithalten können, das wusste ich. Im Oktober erlaubte ich mir nur einen kurzen Urlaub, in dem ich mit Gaby nach London und Paris flog. Gleich danach begann ich mit dem Training.

Im November wurde ein Mannschaftstreffen einberufen. Walter Godefroot, unser Sportlicher Leiter, und sein Stellvertreter Rudy Pevenage wollten uns einen neuen Fahrer vorstellen. Sein Name: Bjarne Riis. Der stattliche Däne war vorher für ein italienisches Team gefahren und sollte als Dritter der letzten Tour de France das Team Telekom aus dem Mittelmaß an die internationale Spitze führen. Am Abend waren auch Journalisten eingeladen. Sie stellten die üblichen Fragen nach seiner Person und seinen bisherigen Erfolgen. »Und, haben Sie ein konkretes Ziel für die nächste Saison?«, fragte einer der Reporter. Bjarne sah ihm ruhig ins Gesicht. »Ja, hab ich«, sagte er, und er war so gelassen, als hätte man ihn gefragt, ob er sich am Morgen rasiert habe. »Ich will die Tour de France gewinnen.«

Uns blieb der Mund offen stehen. Einfach mal so den großen Indurain schlagen, die Tour gewinnen. Respekt, dachte ich, der ist aber selbstbewusst. Bjarne imponierte mir. Einige im Team sahen das ein bisschen anders. »Ganz schön großkotzig«, sagten sie. Wenn man sich so weit aus dem Fenster lehnt, wie Bjarne es an diesem Tag getan hat, gibt es eigentlich nur zwei Möglichkeiten: Entweder man verliert – dann ist man tatsächlich nichts weiter als ein Angeber. Oder aber man gewinnt – dann ist man ein Genie.

Mit *meiner* Genialität war es nicht weit her. Am Ende des Jahres machte ich den obligatorischen Wintertest, einen Leistungstest auf dem Ergometer. Dabei stellten die Ärzte fest, dass meine Werte deutlich schlechter waren als ein Jahr zuvor. Weniger Kondition, weniger Kraft. Das wollte ich nicht auf mir sitzen lassen. Ich trainierte wie ein Wilder. Selbst als ich Weihnachten mit Gaby nach Rostock zu meiner Mutter fuhr, machte ich ohne Pause weiter. Das Wetter war fürchterlich, mit Schneeregen und durchdringender Kälte, sodass ich nicht auf der Straße fahren konnte. Also verschwand ich zwischen den Festtagsbraten immer wieder im Keller. Hier hatte ich mein Rennrad auf eine feste Rolle montiert. Stundenlang starrte ich beim Trainieren auf die hässliche Blümchentapete an der Wand. Noch Monate später habe ich von dem Muster geträumt. Mein großer Traum aber war die Tour de France. Wenn Bjarne Riis die Tour gewann, wollte ich wenigstens dabei sein.

*

Doch im nächsten Frühjahr schien mich wieder einmal das Glück verlassen zu haben. Im April erwischte mich eine schwere Bronchitis, und ich konnte wochenlang nicht trainieren. Die Substanz, die ich im Winter mühsam aufgebaut hatte, war dahin. Das ist das Tückische an einem kontinuierlichen Formaufbau, der sich über mehrere Monate hinzieht: Wenn irgendetwas dazwischenkommt, stürzen die schönen Pläne in sich zusammen wie ein Kartenhaus.

Im Juni war ich halbwegs wieder fit und fuhr mit der Mannschaft in die Schweiz zur Tour de Suisse. Für viele ist die zehntägige Rundfahrt ein letzter Test vor der kurz darauf beginnenden Tour de France. Die Fahrer belauern sich gegenseitig – einige spielen noch mit verdeckten Karten, andere wollen schon einmal zeigen, was sie in diesem Jahr zu bieten haben. Das macht das Rennen durch die Schweiz so spannend, und ich freute mich sehr, als ich von Walter Godefroot dafür ausgewählt wurde. Ich konnte aber auch gut eine kleine Aufmunterung vertragen. Es stand nämlich bereits fest, welche neun Fahrer für das Team Telekom nach Frankreich fahren würden. Ich war nicht dabei.

Meine Aufgabe bei der Tour de Suisse 1996 bestand darin, Bjarne Riis als Helfer zu unterstützen, nicht mehr und nicht weniger. Ich nahm mir vor, so lange wie möglich bei meinem Kapitän zu bleiben. Bjarne ging es nicht besonders gut. Er kränkelte, wurde von Tag zu Tag schwächer und bekam extrem schlechte Laune. Obwohl ich schneller hätte fahren können, wich ich nicht von seiner Seite, holte für ihn Wasser und versuchte ihn aufzumuntern. Es nützte alles nichts. Nach der 6. Etappe gab Bjarne das Rennen auf. Rudy Pevenage ging zu ihm und fragte: »Hast du gesehen, wie gut Jan drauf ist? Er könnte dich hervorragend unterstützen bei der Tour.« Aber Bjarne war viel zu wütend und enttäuscht, um darauf einzugehen. Er fluchte nur: »Macht doch, was ihr wollt.« Dann fuhr er nach Hause.

Es soll nicht überheblich klingen, aber ich spürte, dass ich bisher nur mit angezogener Handbremse gefahren war. Wollen wir doch mal sehen, was du wirklich drauf hast, sagte ich zu mir selbst. Am nächsten Tag fuhren wir einen »langen Kanten«. 260 Kilometer sind an sich schon ganz ordentlich, aber die Straße führte auch noch über die Große Scheidegg, einen selten gefahrenen, ziemlich steilen Pass. Das Wort »Straße« war im Prinzip übertrieben, eigentlich handelte es sich um einen etwa zwei Meter breiten, asphaltierten Militärpfad. Meine Gruppe hatte rund eine Minute Rückstand auf die Spitze. Trotz der Kletterei fühlte ich mich frisch und ausgeruht. An einer besonders steilen Stelle startete ich meinen Angriff und raste los. Nach einer Weile drehte ich mich um, aber niemand war mir gefolgt. Als Nächstes musste ich auf der schmalen Straße die Autos überholen. Als ich an unserem Mannschaftswagen vorbeikam, schauten sich Rudy Pevenage und Dr. Heinrich erstaunt an. »Der fährt ja wie mit dem Motorrad!«, rief Pevenage dem Arzt zu. Kurze Zeit später hatte ich die Spitzengruppe erreicht. Mein Teamkollege Udo Bölts gewann die Etappe, ich wurde Zweiter.

Doch dieser zweite Platz sollte mehr wert sein als ein Sieg. Noch am selben Abend telefonierte Rudy mit Walter Godefroot, der als Sportlicher Leiter das letzte Wort bei der Besetzung der Tour-Mannschaft hatte. »Walter, hast du die Etappe heute gesehen? Wir müssen Jan mitnehmen zur Tour, so stark wie er fährt«, sagte Pevenage. »Ich habe das gesehen. Aber ich habe meine Wahl schon getroffen, wir sind komplett.« Godefroot sah keine Veranlassung, seine Meinung zu ändern. Bjarne Riis sollte mit Brian Holm und Peter Meinert-Nielsen zwei dänische Landsleute an seiner Seite haben. Mit Aldag, Bölts, Heppner, Henn, Kummer und Zabel bestand der Rest des nominierten Teams aus deutschen Rennfahrern. Pevenage war noch ein anderes Argument für mich eingefallen: »Aber überleg doch mal, du willst das größte deutsche Talent zu Hause lassen. Ausgerechnet jetzt, wo unser deutscher Sponsor überlegt, ob er aussteigt.«

»Wir haben schon neun Fahrer, Rudy, es ist zu spät«, sagte Godefroot, ohne auf Pevenages Einwand zu achten. »Und denk dran: Jan ist noch jung. Du weißt, dass es auch zu früh für einen Fahrer sein kann, ein so hartes Rennen zu fahren.«

Da hatten sich zwei gefunden. Keiner von beiden wollte nachgeben. »Walter«, versuchte es Rudy Pevenage noch einmal. »In dieser Form kann Jan mit etwas Glück sogar eine Etappe gewinnen.«

Godefroot begann, die Geduld zu verlieren: »Ich habe noch nie meine Aufstellung geändert, Rudy.«

»Dann musst du es jetzt eben zum ersten Mal tun.« Damit war das Gespräch beendet. Doch Walter Godefroot war der Chef. Nur er konnte die Entscheidung fällen.

Ich hatte keine Ahnung, was da hinter meinem Rücken für Verhandlungen geführt wurden, als mir beim Zeitfahren ein ziemlich peinlicher Fehler unterlief. Ich hatte gerade den vor mir gestarteten Rolf Aldag überholt, als ich an einer Kreuzung falsch abbog. Die Autos der Jury und unseres Teams waren brav hinter mir hergefahren. Erst als ich mich über das plötzlich enorm zurückgegangene Zuschauerinteresse wunderte, wurde mir klar, dass ich sozusagen auf dem Holzweg war. Ich raste zurück, überholte den verdutzten Rolf ein zweites Mal und musste mir im Ziel den Spott meiner Kollegen gefallen lassen. Aber immerhin hatte ich noch nie gehört, dass es im Zeitfahren schon einmal jemandem gelungen war, denselben Gegner zweimal zu überholen.

Diese Panne änderte aber nichts mehr an der Wahl, die Walter Godefroot inzwischen getroffen hatte. Ausgerechnet ein Landsmann von Bjarne Riis, der Däne Peter Meinert-Nielsen, wurde aus dem Team genommen. Es war sicher hart für ihn, als er seine bereits gepackten Koffer zurückbekam, aber er musste seinen Platz für einen Neuen räumen. Für mich.

*

Die Zeiten, in denen ich die Friedensfahrt für das härteste Rennen der Welt gehalten hatte, waren längst vorbei. Die Tour war das Maß aller Dinge. Dieses Rennen würde zum sportlichen Mittelpunkt meines Lebens werden. Jahr für Jahr würde ich mich in Zukunft schinden, um bei der Tour de France zu den Besten zu gehören. Einige Male würde das gelingen, einige Male nicht. Ich sollte mir die härtesten Duelle mit Rennfahrern wie Miguel Indurain, Marco Pantani oder Lance Armstrong liefern. Ich sollte die schwersten und steilsten Berge wie Tourmalet, Mont Ventoux und Alpe d'Huez bezwingen. Ich sollte Etappen gewinnen und das Gelbe Trikot erobern, aber auch stürzen, Hunger und Kälte durchleiden und Doping-Razzien erleben. Die Tour de France ist mit nichts anderem vergleichbar. Ich kenne keinen Radrennfahrer, dem sie gleichgültig ist. Entweder du liebst sie, oder du hasst sie. Entweder du lässt dich mit Leib und Seele auf sie ein, oder du versuchst es erst gar nicht. Bei der Tour heißt es: Ganz oder gar nicht. Dazwischen gibt es nichts.

Von alldem wusste ich noch nicht viel, als ich nach s'Hertogenbosch in Holland reiste, wo am 29. Juni 1996 meine erste Tour de France begann. Ich war 22 Jahre alt, ein unerfahrener Neuling, mehr nicht. Staunend lief ich durch die Gegend und genoss das Spektakel. Die aufwändige Präsentation der

Mannschaften, den riesigen Medienrummel um die Tour-Favoriten, die grelle, laute Werbekolonne – so etwas hatte ich noch nie gesehen. Am Vorabend des Starts nahm mich Rudy Pevenage noch einmal beiseite: »Ich weiß, das ist alles wahnsinnig aufregend für dich. Aber lass dich nicht verrückt machen. Schau einfach erst mal zu und bleib ruhig.«

Natürlich war ich aufgeregt. Aber ich war nicht beunruhigt. Eine letzte Leistungsüberprüfung bei den Ärzten in Freiburg war hervorragend ausgefallen. Der so genannte Ergometer-Test gibt sehr viel Aufschluss über das Leistungsvermögen eines Fahrers. Bei einem normalen Fahrrad-Ergometer lassen sich überhaupt nur 250 Watt als maximale Belastung einstellen. Ich schaffte 560 Watt, mein Puls blieb unter zweihundert. So gut in Form war ich überhaupt noch nicht gewesen. Nachdem ich beim Wintertest noch deutlich schlechtere Werte gehabt hatte, war das schon erstaunlich.

Die ersten Tage verliefen ohne besondere Zwischenfälle, einmal abgesehen von einem fantastischen Sieg für unsere Mannschaft auf der 3. Etappe. Erik Zabel hatte im Zielsprint den Italiener Mario Cipollini geschlagen. In Führung lag Stephane Heulot, ein Außenseiter aus Frankreich. Nach einer Woche erreichten wir die Berge. Die 7. Etappe führte von Chambery über zweihundert Kilometer, zwei gefürchtete Alpenpässe und einen mörderischen Schlussanstieg hinauf zum Wintersportort Les Arcs. Über sechzig Kilometer würde es nur bergauf gehen. In meinem ganzen Leben war ich noch keine so schwierige Strecke gefahren. »Du bleibst an meiner Seite, solange du kannst«, beruhigte mich Bjarne. Aber wie lange wird das sein, fragte ich mich.

*

Vor dem ersten Berg bin ich immer besonders nervös. Das war bei meiner ersten Tour so und wird wohl auch so bleiben. Vorher sind die Anstiege maximal drei bis vier Kilometer lang. Das ist ein Kinderspiel, das schaffen alle. Aber wenn der Weg bis zur Passhöhe zwanzig Kilometer lang ist, dann weiß man am Fuß des Berges nie, wie es laufen wird. Die Gegner beobachten sich ganz genau. Welche Gänge wählt der andere, wie atmet er, wann geht er aus dem Sattel? Es geschieht jedes Jahr, dass Favoriten, die bis zum ersten großen Berg souverän aussahen, plötzlich in Schwierigkeiten geraten, zurückfallen und jämmerlich scheitern. Durch das Tal der Isère erreichten wir den Col de la Madeleine. Die 27 Kilometer Anstieg führen zunächst durch bewaldetes Gebiet, bevor alles kahl wird und man die kolossalen Felsen des Mont Blanc in der Ferne erkennt. Im oberen Teil des Anstiegs warteten die steilsten Serpentinen auf uns. Unten im Tal war es heiß, doch je höher wir kamen, desto kälter wurde es. Die Härte des Rennens forderte ihre ersten Opfer. Stephane Heulot, der Mann im Gelben Trikot, wurde von heftigen Magenkrämpfen geschüttelt. Unter Tränen stieg er vom Rad und gab völlig erschöpft auf.

Ich blieb immer in Bjarnes Nähe. Er war angespannt und sagte nichts. Mit sparsamen Gesten gab er mir zu verstehen, wann er eine Trinkflasche haben wollte oder ich ihm Windschatten spenden sollte. In unserer Gruppe fuhren alle Favoriten: der kämpferische Kletterer Richard Virenque, der spanische Weltmeister Abraham Olano, sein Vorgänger Luc Leblanc, der Schweizer Toni Rominger, der die Tour endlich einmal gewinnen wollte, und natürlich Miguel Indurain, dem dies schon fünfmal gelungen war. Ich schaute in die Gesichter dieser Fahrer. Sie hatten große Erfolge errungen und viel Erfahrung, aber jetzt litten sie genauso wie ich. Immer weiter ging es bergauf, meine Oberschenkel begannen zu schmerzen. Ich packte den Lenker fester, um mit der Kraft des ganzen Körpers zu treten, wie ich es bei Peter Becker am »Mont Klamott« von Berlin gelernt hatte. Von den Unterarmen ausgehend, die Schultern und den Rücken entlang, über das Gesäß bis in die Beine – beim Bergfahren wird die gesamte Muskulatur beansprucht. Deshalb schmerzt auch irgendwann der ganze Körper.

Oben auf dem Pass, in 2.000 Metern Höhe, war es bitterkalt. »Anziehen!«, rief Bjarne mir zu. Ich holte aus dem Auto Handschuhe und Mützen. Kaum hatte ich mich warm angezogen, begann die halsbrecherische Abfahrt. Der Schweizer Alex Zülle, einer der Favoriten, versteuerte sich und stürzte. Wir rasten weiter ins Tal. Unten wurde es wieder warm, und wir zogen uns aus. Bis auf Miguel Indurain.

Es ist unglaublich wichtig, den richtigen Zeitpunkt für die warmen Sachen abzupassen. Ziehst du sie zu früh an, sind sie bereits nass geschwitzt, wenn du durch die Kälte fährst. Bist du zu spät dran, kann es passieren, dass du völlig auskühlst. Genauso wichtig ist es, die warme Kleidung rechtzeitig wieder auszuziehen. Der Körper kann sonst die Wärme, die man beim Fahren produziert, nicht nach außen ableiten, und man explodiert förmlich vor Hitze.

Ausgerechnet Indurain machte einen Fehler nach dem anderen. Als erster Fahrer der Geschichte wollte er es schaffen, zum sechsten Mal Tour-Sieger zu werden. Aber diesmal fehlte ihm die Klasse früherer Jahre. Er hatte keine Helfer mehr in seiner Nähe und konnte nur mit Mühe unser Tempo halten. Ich sah, wie schlecht es ihm ging. Wenn ein routinierter Radprofi wie er benommen ist von den Qualen in den Bergen, dann passieren ihm Fehler, die selbst ein blutiger Anfänger nicht machen würde. Ich weiß, wovon ich rede. Zwei Jahre später würde ich in den Alpen schmerzhaft die Folgen von falscher Bekleidung und zu wenig Verpflegung am eigenen Leibe spüren.

Bei dieser Etappe vergaß Miguel Indurain zu trinken, und er war viel zu warm angezogen, als das hektische Finale begann. Er schaltete in immer kleinere Gänge, weil ihm die Kraft ausging. Von seiner majestätischen, eleganten Fahrweise blieb nichts mehr übrig. Man nannte Indurain den »Außerirdischen«, weil man ihm nie eine Anstrengung ansah. Jetzt litt er ganz irdisch. Aus dem Begleitwagen eines anderen Teams wurde ihm eine Trinkflasche gereicht. Zu spät. Er hatte einen »Durst-

Ast«. Dehydrierung nennt man das, wenn dem Körper Wasser fehlt. Die Folgen sind Übelkeit, Kopfschmerzen und Erschöpfung. Auf den letzten vier Kilometern verlor Miguel Indurain mehr als vier Minuten! Vermutlich verlor er an diesem Tag auch die Tour.

Wie Indurain in den folgenden Tagen mit seiner Niederlage umging, wie er das Rennen nicht aufgab, sondern es bis zu Ende fuhr, das imponierte mir. Damals hatte ich noch keine Ahnung, wie ich selbst schwere Niederlagen verkraften würde. Ich hatte noch keine erlebt.

*

Meine treuen Dienste in den Bergen wurden von Bjarne belohnt. Er respektierte mich von Tag zu Tag mehr. Ich war zu seinem wichtigsten Helfer aufgestiegen. Am Abend besprach er mit mir die Taktik des nächsten Tages, bevor er sie am Morgen dem Rest des Teams verkündete. Bjarne war mit seiner mutigen Siegankündigung ein großes Risiko eingegangen. Champion oder Schwätzer – dazwischen gab es nichts. Und jetzt war er dabei, die Tour tatsächlich zu gewinnen. Er hatte nur noch 43 Sekunden Rückstand auf den Führenden. Dabei an seiner Seite zu sein beflügelte mich genauso wie ihn. Ich war euphorisch und begeistert. Ich war stolz, Bjarnes Helfer zu sein.

Zwei Tage später sollte der große Angriff auf das Gelbe Trikot stattfinden, am Col du Galibier, dem höchsten Berg bei dieser Tour. Ich freute mich auch aus einem anderen Grund, dort hochzuklettern. Gaby war gemeinsam mit ihrer Mutter, ihrer Schwester Renate und deren Freund sowie Dirk Baldingers Eltern in einem Kleinbus nach Frankreich gereist. Schon am Abend vor der Etappe fuhren sie zum Galibier und schliefen dicht gedrängt im Wagen, um sich die besten Plätze an der Straße zu sichern. Doch über Nacht begann es zu schneien, und am Morgen musste der Pass für die Fahrer gesperrt werden. Was für eine Enttäuschung! Die Rennleitung entschied, die Etappe auf der anderen Seite des Berges zu starten. Wir wurden mit unseren Rädern in die Teamwagen verladen und rollten durch das Spalier der enttäuschten Zuschauer. Eine eigenartige Situation. In dem ganzen Durcheinander gelang es Gaby tatsächlich, meinen Pfleger Dieter »Eule« Ruthenberg am Telefon zu erwischen. »Glaubst du, ihr könnt kurz anhalten, wenn ihr an uns vorbeifahrt?«, fragte sie ihn.

»Ich werde sehen, was sich machen lässt«, versprach Eule.

Gaby beschrieb ihm ganz genau, wo sie ihr Lager aufgeschlagen hatten. »Da sind sie!«, rief ich, als ich Gaby und die anderen entdeckte.

»Jan!« Gaby stürzte auf unser Auto zu. Es war so schön, sie zu sehen, aber ich konnte nicht einmal aussteigen. Hinter uns bildete sich sofort ein Stau. »Geht es dir gut?«, fragte sie. »Ist alles okay?«

»Mir geht es fantastisch«, sagte ich. »Bjarne will sich heute das Gelbe Trikot holen.« Ich gab ihr einen Kuss. Wir mussten weiter, die Autos hinter uns begannen zu hupen. »Wir sehen uns in Paris!«, rief ich meiner Freundin noch zu. Sie winkte, bis wir hinter der nächsten Kurve verschwunden waren.

Bjarne machte seine Ankündigung wahr: Am Abend gehörte ihm das »Maillot Jaune«. Das Gelbe Trikot zu gewinnen ist die eine Sache, es zu behalten eine ganz andere. Schon am nächsten Tag auf dem Weg von Turin nach Gap entwischte eine Spitzengruppe mit Virenque, dem starken Letten Ugrjumow – und mir. Zeitweise hatten wir bis zu zehn Minuten Vorsprung. Vielleicht hätte ich an diesem Tag sogar ins Gelbe Trikot fahren können. Aber für mich gab es keine Sekunde lang einen Zweifel an meiner Rolle. Ich war Bjarnes Helfer, ihm gegenüber fühlte ich mich zur Loyalität verpflichtet. Das fiel mir nicht schwer. Ich beteiligte mich nicht an der Führungsarbeit, und unsere Gruppe wurde wieder eingeholt. Den Spurt in Gap gewann Erik Zabel, der am Abend das erste Mal in seiner Karriere ein Grünes Trikot des besten Sprinters anzog. Für die nächsten Jahre sollte er es selten wieder ausziehen.

Unser Team eilte von Sieg zu Sieg, wir hatten das Gelbe und das Grüne Trikot, aber ausgerechnet ich selbst sollte überflüssigerweise etwas Spannung in die Sache bringen. Es passierte an einer Verpflegungsstelle. Immer wieder ist es eine heikle Angelegenheit, wenn uns die Pfleger die Beutel mit Brötchen, Riegeln und Getränken zureichen. Alles geht so schnell, jeder Griff muss sitzen. Direkt vor mir warf ein anderer Fahrer seinen Beutel mit Schwung über die Schulter, traf dabei meinen Lenker, der zur Seite gerissen wurde, sodass ich mich wie aus heiterem Himmel auf dem Asphalt wiederfand. »Verdammter Mist«, fluchte ich. »Dieser Idiot!« Ich blutete an Armen und Beinen, und meine Hüfte tat weh. Um nicht den Anschluss zu verlieren, stand ich schnell wieder auf, fuhr sofort weiter und quälte mich hundert Kilometer lang bis ins Ziel. Bevor die Ärzte mich am Abend behandeln konnten, musste die Wunde gereinigt werden. Das erledigte ich selbst – auf Rennfahrerart: Ich ging unter die Dusche, nahm eine harte Drahtbürste und begann, die verletzten Stellen auszubürsten – so tief, dass es blutete. Nur wenn der Schmutz komplett entfernt wird, kann sich die Wunde nicht entzünden. Es tat höllisch weh. Zwei Mal knickten mir die Beine weg, weil ich für Augenblicke ohnmächtig wurde. Aber Radrennfahrer kennen keinen Schmerz, zumindest nicht, wenn es darauf ankommt. Nach einer Nacht ohne Schlaf stieg ich am nächsten Morgen an Armen und Beinen bandagiert aufs Rad. Mit Müh und Not erreichte ich ohne Zeitverlust das Ziel.

Bjarne Riis war im Verlauf der Tour so ruhig und souverän geworden, wie ich es noch nie von einem Rennfahrer aus nächster Nähe erlebt hatte. Ich wurde später immer wieder gefragt, ob ich 1996 nicht auch hätte gewinnen können. Körperlich wäre ich dazu vielleicht in der Lage gewesen. Je länger die Tour dauerte, desto besser kam ich zurecht. Aber ich war auch deshalb so stark, weil Bjarne jeden Druck von mir nahm. Er war der Favorit, er musste die Angriffe der Gegner abwehren, er musste sein Gelbes Trikot verteidigen. Und ich?

Ich war so vollkommen zufrieden mit der Rolle des »Edelhelfers«, dass ich keinen Augenblick daran zweifelte, das Richtige zu tun. Ein Team funktioniert nur, wenn die Hierarchien klar geregelt sind. In den folgenden Jahren würde ich oft selbst die Dienste meiner Helfer in Anspruch nehmen und von ihnen genauso verlangen, dass sie mir bedingungslos folgten.

Am Morgen vor der Etappe nach Pamplona, in die Heimat von Miguel Indurain, las Bjarne die *L'Equipe*, die große französische Sportzeitung. Auf der Titelseite prangte ein großes Bild von Indurain mit der Überschrift »L'Attaque«. Bjarne grinste: »Die Überschrift stimmt, aber das Bild ist falsch.« Es ging schräg durch die Pyrenäen nach Spanien, sieben Berge lagen vor uns. Unser Team griff mit einer großen Offensive an. Indurain verlor noch einmal fünf Minuten, Bjarne sicherte souverän sein Gelbes Trikot. Im Ziel bestürmten die Reporter auch mich. Unser Pressesprecher Tilman Falt rief mir durch das Gewühl zu: »Jan, das ist ja Wahnsinn! Du bist jetzt Zweiter!« Ich konnte es kaum fassen. Im Schatten von Bjarne hatte ich alle überholt. Mit einem Mal schien es möglich, meine erste Tour de France auf dem Podium zu beenden.

*

Die Entscheidung fiel am vorletzten Tag beim Zeitfahren nach St. Emilion. Die Strecke durch die Weinberge der Bordeaux-Region war 63,5 Kilometer lang. Noch nie hatte ich ein so langes Zeitfahren bestritten. Ich ging als Vorletzter auf die Strecke. Nach mir kam nur noch unser Mann in Gelb, Bjarne Riis vom Team Telekom. Da ich kein Funkgerät dabei hatte, wusste ich lange nicht, wie ich im Rennen lag. Aber am Messpunkt für die Zwischenzeit lief eine Uhr mit. Als ich daran vorbeifuhr, zeigte sie die Bestzeit an. Zunächst glaubte ich, ich hätte mich geirrt. Doch ich spürte eine unbändige Kraft in mir, und auch der heftige Gegenwind auf den letzten beiden Kilometern machte mir nichts aus. Im Ziel traute ich meinen Augen kaum. Ich war tatsächlich die schnellste Zeit gefahren, 56 Sekunden schneller als Indurain. Wie immer war Eule als Erster an meiner Seite. Er schlug mir kräftig auf die Schulter. »Das gibt's doch nicht!«, schrie er mich an. »Da haste aber noch mal einen rausgehauen.« Normalerweise lässt Eule mich nach einer Etappe erst einmal in Ruhe verschnaufen. Er weiß, dass ich dann nicht gesprächig bin. Jetzt aber war er völlig aus dem Häuschen. Wir warteten auf Bjarne. Er war mehr als zwei Minuten langsamer als ich. Sein Vorsprung auf mich war auf ganze 101 Sekunden zusammengeschmolzen. Es hätte nicht viel gefehlt, und ich hätte – ohne es zu wollen – Bjarne überholt. Wir fielen uns in die Arme. Beide hatten wir allen Grund, glücklich zu sein: Bjarne als Gewinner der Tour und ich als Etappensieger. Der große Druck der letzten Wochen fiel von uns ab.

Am Morgen danach schenkte mir der Bürgermeister von St. Emilion eine riesige Flasche vom besten Rotwein der Region. Ich hatte damals noch keine Ahnung von Weinen und reichte die wertvolle Flasche weiter: »Hier, Eule, für euch und die Mechaniker.« Es war vermutlich der edelste Tropfen, der je für eine Betriebsfeier spendiert wurde.

Die Sonne strahlte von einem herrlich blauen Himmel, als wir Paris und die Champs-Elysées erreichten. Ich wusste, dass meine Mutter, Peter Becker und Peter Sager eigens mit dem Auto angereist waren. Aber am meisten freute ich mich auf Gaby. Ich konnte es kaum erwarten, sie endlich in die Arme zu schließen. 3.790 Kilometer lagen hinter uns, 21 lange und beschwerliche Etappen. Vor drei Wochen war ich als Lehrling zu diesem Rennen gekommen, jetzt war ich einer der Meister. Ein wunderbares Gefühl. Die Siegerehrung wurde zu einem kleinen Mannschaftstreffen: Erik Zabel durfte sein Grünes Trikot überziehen, ich wurde als bester Nachwuchsfahrer geehrt. Schließlich stand ich neben Bjarne und dem Dritten, Richard Virenque, auf dem Podium. Die dänische Hymne wurde gespielt, überall sangen Fans aus Bjarnes Heimat mit.

Aber ich konnte mich nicht konzentrieren. Ich suchte Gaby

zwischen all den Gesichtern und fand sie nicht. Als ich mich mit den anderen auf die Ehrenrunde begab, bemerkte Udo Bölts plötzlich ein Gerangel am Straßenrand. »Schau mal«, rief er. »Deine Freundin hat Probleme.« Gaby stand an einem der Absperrgitter und rief nach mir. Ein paar Leute halfen ihr, über den Zaun zu klettern, aber schon stürmte ein diensteifriger Gendarm heran und brüllte: »Zurück! Weg hier!« Beinahe wäre es zu einer Schlägerei gekommen. »Ich bin Jan Ullrichs Freundin «, sagte Gaby immer wieder und zeigte auf mich. Ich fuhr auf sie zu, nahm sie in den Arm und küsste sie. Die Menge klatschte begeistert, und der Gendarm war restlos überzeugt.

Nun wollte ich Gaby nicht mehr loslassen. Ich lud sie zu einer kleinen Radtour ein. Das hätte eine herrliche Szene für ein Happy End sein können: wir beide auf den Champs-Elysées, hinter uns der Place de la Concorde, vor uns der Arc de Triomphe. Aber das Happy End musste warten. Ich setzte Gaby ab und fuhr die Ehrenrunde zu Ende. Plötzlich knallte es. Am Hinterrad war eine Speiche gerissen, das Rad drehte sich nicht mehr. Seitdem hatte ich in späteren Jahren bis zum letzten Meter der Tour immer eine höllische Angst, dass noch etwas passieren könnte. Ich war mir meiner Sache nie sicher, bis ich in Paris über den Zielstrich gerollt war.

*

Zur selben Zeit saß meine Mutter weinend auf dem Bordstein am anderen Ende der Champs-Elysées. Die kleine Reisegruppe aus Rostock und Berlin hatte komplett den Überblick verloren. Meine beiden Trainer und meine Mutter hatten weder Eintrittskarten noch Akkreditierungen, und sie kannten sich in Paris nicht aus. Sie hatten nicht einmal etwas vom Rennen gesehen. Das war zu viel für meine Mutter. Erst Stunden später fand sie mich im Foyer des riesigen Hotels »Concorde la Fayette«, in dem die Teams wohnten. Dort bekam sie dann den nächsten Schock: Sie erkannte ihren Sohn kaum wieder. »Du bist ja nur noch Haut und Knochen!«, rief sie erschrocken. Das stimmte. Ich wog nur noch 68 Kilogramm, und das bei einer Größe von einem Meter und 83 Zentimetern. Ein derart geringes Gewicht hatte ich seit diesem Tag nie wieder. Ich war so dünn, dass mir Peter Sager für den Abend seinen Gürtel borgen musste, weil meine Hose sonst gerutscht wäre.

Am Abend lud die Deutsche Telekom die Mannschaft und ihre Familien zum Essen ein, und zwar in ein sehr feines Restaurant in der Nähe des Arc de Triomphe. Das war gut gemeint, aber furchtbar für uns ausgehungerte Rennfahrer, denn es dauerte ewig, bis das Essen kam. Ich hatte schon zwei Brotkörbe leer gefuttert, als die Kellner endlich um die Ecke bogen. Wir starrten entsetzt auf die riesigen Teller. Da lagen, sehr übersichtlich angeordnet, kleine, feine Gourmet-Pastetchen. Ich bestellte sofort noch einen Brotkorb. Dann erhob sich Bjarne, und es wurde still im Raum. Gaby flüsterte mir zu: »Der König steht auf!« Ich drückte ihre Hand. Unser Tour-Sieger richtete an jeden von uns ein persönliches Wort. Er war dabei sehr ruhig und überlegt. Zu mir sagte er: »Jan, du warst mein bester Helfer. Dafür danke ich dir. Was du mir gegeben hast, werde ich dir irgendwann einmal zurückgeben.«

Sechste Etappe:

Der Triumph

Rouen, 4. Juli. Es begann jene Tour de France, die mein Leben verändern würde. Am Vorabend des Prologs herrschte Festtagsstimmung. Eine dicke Hafenmauer erhielt den Namen »Quai Anquetil« , zur Erinnerung an den Franzosen Jacques Anquetil, der die Frankreich-Rundfahrt als erster Rennfahrer fünfmal gewinnen konnte. Die drei großen Helden Eddy Merckx, Bernard Hinault und Miguel Indurain, die ebenso häufig gesiegt hatten wie er, waren nach Rouen gekommen, Anquetil zu ehren und uns Fahrer auf die Reise zu schicken. Drei Wochen später sollten nicht wenige Experten behaupten, den nächsten Rennfahrer gesehen zu haben, der die Tour fünfmal gewinnen kann – mich.

Als ich mich in meinem Hotelzimmer auf den Prolog vorbereitete, war ich deutlich bescheidener: Ich wollte versuchen, meine Leistung vom vorigen Jahr zu wiederholen. Ich heftete meine Nummer »8« ans Trikot, legte Rennhose, Socken und Handschuhe bereit und kontrollierte die Metallplatten unter meinen Rennschuhen. Wie im vergangenen Jahr teilte ich das Zimmer wieder mit Jens Heppner. Heppe sollte Ausreißergruppen einfangen, in den Bergen Tempo machen und Wasser holen. Er war einer der unverzichtbaren Helfer für den Kapitän. So wie ich.

»Dir ist doch klar, dass du diesmal angreifen musst«, sagte

Heppe scheinbar nebenher, während auch er seine Sachen für den folgenden Tag zusammensuchte.

»Das ist überhaupt nicht klar. Der Chef ist Bjarne.« Warum glaubte mir eigentlich keiner?

»Hör auf. Wenn du bessere Beine hast, musst du diesmal gewinnen.« Heppe sah mich jetzt an. »Du warst doch vor einem Jahr schon der Stärkste.«

Ich war genervt. »Verstehst du das nicht, Heppe? Bjarne ist der Kapitän, ich bin sein Helfer. Fertig.«

Seit Monaten kam von allen Seiten immer wieder die gleiche Frage: Wer ist der Kapitän im Team Telekom? Und seit Monaten gab ich immer die gleiche Antwort: »Ich erhebe keine Ansprüche auf die Kapitänsrolle, denn ich bin Bjarnes Helfer.« Aber ich konnte offenbar erzählen, was ich wollte: Niemand glaubte mir. In der Pariser *L'Equipe* bekam ich fünf Sterne als angeblich größter Tour-Favorit. Die Zürcher *Sport* zählte gleich sechs Gründe auf, warum »Ullrich die Tour gewinnt«. Und die deutsche Presse spekulierte ohnehin seit langem über die Rollenverteilung im Team Telekom. Walter Godefroot schmunzelte nur und blieb gelassen: »Das ist doch ein Luxusproblem. Dann gehen wir eben mit zwei Kapitänen ins Rennen.« Ich sprach mit Bjarne darüber. Er war cool wie immer: »Lass sie reden. Wir beide sind die Besten, wir machen das schon.« Wir waren uns einig, dass es natürlich fantastisch wäre, ein Ergebnis wie 1996 zu erreichen. Bjarne war zweifellos in sehr guter Form, er hatte bereits im Frühjahr mit dem Amstel Gold Race ein schweres Weltcup-Rennen gewonnen. Für mich war es selbstverständlich, dass er seinen Tour-Sieg wiederholen wollte.

In sehr guter Form war allerdings auch ich. Die »Wiedervereinigung« mit meinem Trainer Peter Becker hatte sich gelohnt. Seit Dezember war ich insgesamt 24.000 Kilometer mit dem Rad unterwegs gewesen. Außerdem war ich diesmal von Krankheiten verschont geblieben und hatte schon eine ganze Reihe von Wettkämpfen bestritten. Vor dem Start der Tour de

France steckten mir bereits 61 Renntage in den Beinen. Eine so umfangreiche Vorbereitung sollte mir in späteren Jahren nie wieder gelingen. Nicht ein einziges Mal.

Peter Becker und ich hatten beschlossen, vor allem Kraftausdauer zu trainieren, um bei der Tour die stundenlangen, Kraft raubenden Anstiege durchstehen zu können. Also fuhr ich so ziemlich jeden Berg, der im Schwarzwald zu finden war, wieder und wieder hoch. Kandel, Schauinsland, Belchen, Feldberg und noch einige andere sind zwar keine Zweitausender wie in den Alpen und den Pyrenäen, aber der Feldberg kommt immerhin auf 1.300 Meter, und Steigungen bis zu 15 Prozent wollen erst einmal bezwungen sein. Es gab also genügend Berge vor meiner Haustür, die richtig wehtun konnten. Je näher die Tour rückte, desto mehr steigerten wir die Belastung. Ich fuhr sieben bis acht Stunden am Tag durch den Schwarzwald. Am Ende dieser Trainingsphase gab es keine Fahrer mehr, die mein Tempo mithalten konnten. Lance Armstrong erzählt gerne, wie er stundenlang einsam und alleine in den Bergen trainiert. Für einen Spitzenfahrer ist das notwendig und völlig normal, denn es gibt nur ganz wenige Profis, die eine solch hohe Trainingsbelastung aushalten wie Lance und ich. Und lediglich diese Hand voll Männer hat überhaupt eine Chance auf den Tour-Sieg.

Anfangs wechselten meine Trainingspartner alle zwei Tage: Mal begleitete mich Jens Heppner, mal Dirk Baldinger oder Michael Rich. Doch oft blieb ich alleine mit Peter Becker, er im Auto, ich auf dem Rad. Immer wieder jagte er mich die steilen Anstiege hoch, bis mir schlecht wurde und mein ganzer Körper schmerzte. Wenn wir dann am Ende des Tages die Berge endlich hinter uns gelassen hatten und ich mich auf nichts mehr freute als auf ein heißes Bad, konnte mein Trainer mit der unschuldigsten Miene der Welt erklären: »Jetzt haben wir noch vierzig Kilometer, mein Junge. Da fasst du mal schön den Lenker unten an.« Dann fuhr ich noch einmal fünfzig Minuten mit voller Kraft alleine im Wind. Nur die allerletzten Kilometer durfte ich ausrollen. Mitunter kam ich so auf 250 Kilometer am Tag. Als zusätzliche Belastung durfte ich manchmal die ganze Zeit über nichts essen und nur zwei Liter Wasser trinken. Besonders gesund ist das nicht, aber so sind nun mal die Methoden, die mich in Form bringen. Wenn ich dieses harte Training überstand, war ich bereit für die Schmerzen einer Tour de France.

Die Tour de Suisse im Juni sollte mein letzter Härtetest sein. Ich gewann die Bergetappe nach Kandersteg und wurde Dritter der Gesamtwertung. Der Sieg bei der Deutschen Meisterschaft bestätigte mich darin, dass ich mich auf dem richtigen Weg befand. Die Hausaufgaben waren also gemacht – acht Monate Training für drei Wochen gute Form.

Wie jedes Jahr fuhr ich wenige Tage vor der Tour nach Freiburg zum obligatorischen Leistungstest auf dem Ergometer. Ein solcher Test liefert vor allem Vergleichswerte. Man kann den Trainingszustand, die Kraft und die Kondition erkennen und an den Daten der Vorjahre messen. Nach einer Stunde Fahrzeit waren wir begeistert, als wir uns die Werte ansahen. Dr. Lothar Heinrich schwärmte: »So etwas habe ich noch nie gesehen, Jan!« An diesem Tag bin ich den besten Test meiner Karriere gefahren.

Ich nahm mir vor, so selbstbewusst und locker ins Rennen zu starten wie vor einem Jahr. Aber wie sollte das gehen? In meinem Umfeld, in der Mannschaft, in den Medien und letztlich auch bei mir selbst spürte ich die gestiegenen Erwartungen. Zumal die Frage nach dem wahren Kapitän im Team nach dem Prolog lauter denn je gestellt werden sollte.

*

Der Prolog war wie immer eine erste Gelegenheit für die Fahrer und ihre Mannschaften, sich zu präsentieren. Mit maximal acht Kilometern Länge ist dieses Zeitfahren sportlich gesehen nicht wirklich eine Herausforderung, sondern eher ein Spektakel, das allen zeigen soll: So, Leute, jetzt geht es endlich los. Ich begab mich als Erster aus unserem Team auf die 7.300 Meter lange Strecke, Bjarne als Letzter. Mir war das recht, so konnte ich früher wieder im Hotel sein. Nach gut acht Minuten hatte ich die Sache erledigt und ging sofort zu meinem Pfleger und Masseur Dieter Ruthenberg aufs Zimmer. »So, Eule, jetzt wollen wir's uns mal gemütlich machen«, sagte ich. »Ich schaue Fernsehen, und du darfst mich dabei massieren.« »Okay, Chef«, lachte Eule. Dieter Ruthenberg ist Mecklenburger wie ich und war früher selbst Radrennfahrer. Ende der 50er Jahre nahm er an der DDR-Meisterschaft im Radcross teil und fiel dort vor allem durch eine klobige Brille auf. Jemand rief ihn deshalb »Eule«, und so ist es bis heute geblieben. Seine größte Errungenschaft war ein Gelbes Trikot des Spitzenreiters bei der Ostsee-Rundfahrt. Da sich seine Erfolge als aktiver Sportler ansonsten in Grenzen hielten, beendete Eule seine Laufbahn und machte eine Ausbildung an der Berliner Bademeister- und Masseurschule. 1984 kehrte er als Betreuer von Olaf Ludwig zum Radsport zurück, später holten ihn Uwe Ampler und Jens Heppner zum Team Telekom. Seit fast zwei Jahren war Eule nun mein persönlicher Pfleger. Das Müsli zum Frühstück, die frisch gewaschene Rennhose, aufgefüllte Trinkflaschen, Verbände auf schmerzende Wunden – Eule ist immer zur Stelle, wenn er gebraucht wird, humorvoll, ehrlich und zuverlässig.

»Eule, ich liege immer noch vorn«, stellte ich nach einer Weile überrascht fest. Aber ich erwartete, dass noch eine ganze Reihe von Fahrern schneller sein würde als ich. Ein absolutes Weltklassefeld hatte sich zum Start dieser Tour versammelt. Von den 35 Besten der Weltrangliste waren 33 dabei, darunter Spezialisten, die nur für diesen Prolog trainierten, weil sie darin ihre einzige Chance sahen, eine Etappe zu gewinnen und das Gelbe Trikot zu tragen. Nachdem hundertfünfzig Fahrer im Ziel waren, stand mein Name immer noch auf Platz eins.

»Ich würde mich an deiner Stelle langsam auf den Weg machen«, sagte Eule, ohne seine Massage zu unterbrechen. »Sonst verpasst du noch deine eigene Siegerehrung.« Mein ruhiger

Nachmittag war dahin. Ich fuhr wieder zurück zum Ziel und wartete auf die letzten Fahrer. Zülle, Berzin, Olano – meine Zeit wurde nicht erreicht. Bis Christopher Boardman kam. Chris ist ein ausgesprochener Zeitfahr-Spezialist, der mich 1994 bei der Weltmeisterschaft geschlagen hatte. Ich mochte ihn und fuhr im Rennen, wenn es noch ruhig war, oft neben ihm. Obwohl ich ja nicht gerade perfekt Englisch spreche, konnte ich mich ganz gut mit ihm unterhalten. Um die Winzigkeit von 1,82 Sekunden unterbot er meine Zeit. Einen Moment lang war ich enttäuscht. Es wäre doch eine nette Überraschung gewesen, die Tour in Gelb zu beginnen.

Als Zweiter des Prologs fuhr ich auf der 1. Etappe im Grünen Trikot. Ich rief Erik Zabel zu: »Das steht mir so gut, vielleicht gebe ich es gar nicht wieder her.« Erik hatte das Grüne Trikot im vergangenen Jahr bis nach Paris getragen und Gefallen daran gefunden. »Versuch's doch mal«, sagte er und grinste. Es war eine der üblichen Flachetappen zu Beginn der Tour, an deren Ende die Sprinter ihren großen Auftritt haben. Doch zehn Kilometer vor dem Ziel hörte ich plötzlich das typische Bremsenquietschen, Metallklappern und die anderen schrecklichen Geräusche, die zu einem Massensturz gehören.

Ich schaute mich um: Rund fünfzig Fahrer waren in den Sturz verwickelt, viele von ihnen lagen noch auf der Straße, während andere versuchten, ihre Räder aus dem riesigen Knäuel zu ziehen, das sich gebildet hatte. Udo Bölts, Jens Heppner und Erik Zabel waren gerade noch davongekommen. Aber Bjarne Riis fehlte. »Wo ist er?«, fragte ich die anderen. Achselzucken. In dem Durcheinander konnte ihn keiner entdecken. Udo rief über Funk unser Teamfahrzeug. Doch niemand meldete sich, denn die Reichweite dieser Geräte betrug damals gerade einmal fünfhundert Meter. Später erfuhren wir, dass Rudy Pevenage zur gleichen Zeit versucht hatte, uns zu erreichen. »Bjarne ist gestürzt!«, rief er immer wieder. Aber wir konnten ihn nicht hören.

Udo gab uns das Zeichen weiterzufahren. Wir jagten dem Feld hinterher und erreichten mit der ersten Gruppe das Ziel. Bjarne, der sich bei der Massenkarambolage zu allem Unglück auch noch am Knie verletzt hatte, verlor fünfzig Sekunden. Wir waren gerade im Mannschaftsbus verschwunden, als die Tür aufflog. Wutschnaubend kam Bjarne herein. »Wo wart ihr? Macht hier jeder, was er will?« Er hörte gar nicht mehr auf zu fluchen. Das war ziemlich dumm gelaufen. Wir schwiegen besser. Für den Abend wurde eine Mannschaftssitzung angesetzt. Bjarne machte noch einmal seinem Ärger Luft, aber er wusste inzwischen, dass wir ihn nicht absichtlich im Stich gelassen hatten. Außerdem hatte er selbst einen Fehler gemacht, denn er war in der Endphase des Rennens zu weit hinten gefahren. Besonders auf den letzten Kilometern vor dem Ziel ist man gut beraten, dem Gedränge im hinteren Teil des Feldes zu entgehen. Bjarne beruhigte sich schnell wieder, und fünf Minuten später war die kleine Krisensitzung vorbei.

Wenn wir uns in den nächsten Tagen abends trafen, dann nicht zum Streiten, sondern zum Anstoßen. Erik hatte in Pau bereits seine dritte Etappe gewonnen. Nach dem Sieg gab es traditionell Champagner für alle. Es war der 44. Telekom-Sieg in dieser Saison. Wenn es so weiterginge, würden wir noch Alkoholprobleme bekommen.

Am Abend telefonierte ich wie immer mit Gaby. »Wie geht's dir?«, fragte ich.

»Sag lieber, wie es dir geht«, antwortete sie. »Alles frisch und munter?«

»Frag mich morgen Abend noch mal«, seufzte ich. »Dann haben wir die ersten Berge hinter uns.«

»Wenn du dir schön Mühe gibst«, sagte Gaby, »dann erwartet dich auch eine Überraschung.«

»Jetzt bin ich aber gespannt.«

»Eigentlich wollte ich es dir ja noch nicht verraten«, druckste sie.

»Dann strenge ich mich auch nicht an«, tat ich beleidigt.

»Na gut,« ergab sich Gaby. »Ich will dich bei der Etappe nach Colmar besuchen.«

»Ach, und woher weißt du, dass ich mir jetzt Mühe gebe?«

Gaby lachte. »Na warte!«, drohte sie mir. »Vielleicht überlege ich es mir ja noch mal.«

Meine Güte, Colmar, das war noch so weit weg. Wir waren gerade am Fuße der Pyrenäen, im Süden Frankreichs, angelangt. Eigentlich fing die Tour jetzt erst richtig an.

*

Am 14. Juli war der französische Nationalfeiertag. Überall hing die blau-weiß-rote Trikolore, und es herrschte ausgelassene Volksfeststimmung. Alles andere als der Sieg eines Franzosen wird an diesem Tag als bittere Niederlage empfunden. Man kann sich absolut sicher sein, dass die Mannschaften mit französischen Fahrern in ihren Reihen alles tun, um die Etappe zu gewinnen. Genau so kam es. Richard Virenque griff gleich mehrfach an und versuchte den anderen davonzufahren. Er war ein vorzüglicher Kletterer und hatte bereits dreimal das rot gepunktete Bergtrikot der Tour gewonnen. Doch ich war derart gut in Form, dass ich ihm mit Leichtigkeit hinterhersprang. Überhaupt schien das mein Tag zu sein. So locker und entspannt hatte ich mich während der ganzen Tour noch nicht gefühlt. Die Etappe hatte vier anspruchsvolle Anstiege, darunter den 2.100 Meter hohen Tourmalet, einen der legendären Pyrenäen-Pässe. Doch während es mir von Berg zu Berg besser ging, hatte Bjarne Riis Schwierigkeiten, das Tempo zu halten. Eigentlich wollten wir Bjarnes Rückstand im Gesamtklassement verringern, aber es sah nicht so aus, als würde uns das heute gelingen.

Als Virenque einen Kilometer vor dem letzten Pass des Tages wieder einen Angriff startete, setzten der Italiener Marco Pantani und ich ihm nach. Bjarne ließ abreißen, also hielt ich mich zurück. Für mich war noch immer er der Kapitän unseres Teams. Und seinen Kapitän greift man nicht an. So hatten die Franzosen an ihrem Nationalfeiertag schließlich allen Grund zum Jubeln. Laurent Brochard gewann die Etappe mit 14 Sekunden Vorsprung auf Virenque, Pantani und mich. Im Ziel stürzte ein Fernsehreporter mit dem Mikrofon auf mich zu: »Jan, Sie in Gelb, was sagen Sie dazu?« Was sollte ich dazu sagen? Der gute Mann hatte sich knapp verrechnet. Mit winzigen 13 Sekunden Rückstand lag ich auf dem zweiten Platz.

»Ich hatte gestern einen schlechten Tag, aber heute geht es wieder«, erklärte Bjarne am nächsten Morgen. Vor uns lag der schwierigste Abschnitt der Tour: 252,5 Kilometer, fünf steile Berge, das Ziel in 2.240 Metern Höhe. Ich hatte gewaltigen Respekt vor dieser Etappe. Aber die anderen konnten schließlich auch keine Abkürzung nehmen. Mach dich nicht verrückt, versuchte ich mir Mut zuzusprechen. Natürlich warteten alle auf den großen Angriff vom Team Telekom. Jeder konnte sich ausrechnen, dass ich die Chance auf Gelb hatte. Also attackierten die anderen ihrerseits, und es kostete uns viel Kraft, das Feld beieinander zu halten. Von den Favoriten war es noch niemandem gelungen, entscheidend davonzuziehen. Als wir den letzten Anstieg erreichten, gehörten noch dreißig Fahrer zu unserer Gruppe. Am Fuße des Berges fuhr Bjarne direkt neben mir. »Wie geht's jetzt weiter?«, fragte ich ihn.

»Wenn wir hier heute gewinnen wollen, dann müssen wir jetzt angreifen.« Bjarne war ganz ruhig.

Das klang vernünftig. »Okay, und wie? Soll ich Tempo machen, und du greifst dann an?«

»Nein«, sagte Bjarne. »Wenn du kannst, fahr los.«

Ich war nicht sicher, ob ich ihn da gerade richtig verstanden hatte. Aber Bjarne sah die Situation wohl längst klarer als ich selbst. In den vergangenen Tagen hatte ich ihm geholfen, wo ich nur konnte, und trotzdem musste ich oft auf ihn warten. Er wusste, dass andere Fahrer in meiner Situation wohl längst attackiert hätten. Innerlich hatte Bjarne das Kommando bereits an mich übergeben, nur ich hatte davon nichts bemerkt.

Aber es war nicht leicht für mich anzugreifen und Bjarne damit im Prinzip als Kapitän abzulösen. Ich erinnerte mich an unsere erste Begegnung beim Mannschaftstreffen vor eineinhalb Jahren: ich, das junge Talent, das gerade sein erstes Profi-Jahr hinter sich hatte, er, der selbstbewusste Star, der seinen Tour-Sieg ankündigte. Vor wenigen Rennfahrern hatte ich so viel Achtung wie vor ihm, in vielen Dingen war er sogar mein Vorbild. Ich passte ganz genau auf, welche Gänge er schaltete, welche Reifen er wählte, welche Laufräder er fuhr – und machte es dann wie er.

*

Ich ließ mich zum Teamwagen zurückfallen und holte mir eine Trinkflasche. Walter lehnte sich aus dem Fenster und nickte mir zu: »Probier's, Jan, fahr los.« Damit war endgültig klar, dass ich freie Fahrt hatte und keine Rücksicht auf Bjarne nehmen musste. Hinterher wurde ausgiebig darüber debattiert, wie der Generationswechsel denn nun vollzogen wurde. Mit kleinen Gesten und knappen Worten, mehr geschah nicht.

Ich fuhr den Berg zum ersten Mal, wusste aber, dass er sehr steil beginnt. Wir kamen durch ein Dorf, in dem die Straße mit zehn bis zwölf Prozent anstieg. Direkt dahinter wollte ich mein Glück versuchen. Ich ging mit vollem Schwung in eine Rechtskurve und gab Gas. Eigentlich sollte es bloß ein erster Test sein, wie gut Pantani und Virenque noch drauf waren. Aber nur Marco Pantani versuchte, einige Meter an meinem Hinterrad zu bleiben. Dann fiel auch er zurück, und ich fuhr allein an der Spitze. So schnell hatte ich das nicht erwartet – es waren noch zwölf verdammt lange und steile Kilometer bis zum Ziel.

Wenn ich in Serpentinen einen Berg hinauffahre, dann schaue ich nie bis ganz nach oben. Das würde mich fertig machen. Ich nehme nur die nächsten zwei, drei Kurven ins Visier. So arbeite ich mich schrittweise immer weiter nach oben, Kurve für Kurve. Bei diesem Anstieg litt ich wirklich sehr. Jeder Tritt tat höllisch weh. Aber ich befürchtete: Wenn du nicht von unten bis oben am Limit fährst, dann fangen sie dich wieder ein. Und jedes Mal dachte ich: Bis zur nächsten Kehre schaffe ich es noch, dann ist Schluss, dann falle ich bestimmt vom Rad. Aber das ist ja das Verrückte: Es geht immer noch ein Stückchen weiter.

Immer wieder drehte ich mich um. Wo waren die anderen? Walter Godefroot fuhr mit dem Auto zu mir auf und rief: »Nicht nach hinten schauen, du siehst sowieso nichts.« Falls die anderen Fahrer näher kommen würden, wollte er hupen. Dann überholte mich das Motorrad, auf dem der Zeitnehmer saß. Er hielt mir eine Schiefertafel hin, auf die er den aktuellen Abstand auf meine Verfolger geschrieben hatte. Erst waren es zwanzig Sekunden, dann dreißig, vierzig, fünfzig. Wenn ich meinen Vorsprung immer noch vergrößern konnte, musste ich wirklich gut in Fahrt sein. Genießen konnte ich meine Solofahrt trotzdem nicht. Ich hatte weder einen Blick für die wilde Gebirgslandschaft oberhalb von Andorra, noch nahm ich das frenetische Geschrei der Zuschauer wahr. Drei bis dreieinhalb Minuten brauchte ich für einen Kilometer, mir aber kam es vor wie eine Ewigkeit. Der Asphalt in den Pyrenäen ist grobkörnig und rau, die Räder rollen nicht so gut wie sonst und es ist besonders mühsam, vorwärts zu kommen. Ich fühlte mich wie in einem jener Alpträume, die jeder kennt: Man versucht, vor irgendetwas zu fliehen, und kommt einfach nicht von der Stelle. Mein Puls raste, meine Beine waren weich wie Pudding, und jeder Atemzug schmerzte. Als ich schon dachte, es würde jetzt für alle Zeiten so weitergehen, sah ich den über die Straße gespannten roten dreieckigen Lappen, der den letzten Kilometer anzeigt. Und endlich, endlich begriff ich, dass ich die Etappe gewinnen würde. Dass mir niemand mehr den Sieg wegschnappen konnte. Und dass ich das Gelbe Trikot erobert hatte. Ich sah das Ziel vor mir, und im selben Augenblick vergaß ich meine Schmerzen und die Strapazen, die ich eben durchlitten hatte. Ich richtete mich auf und breitete die Arme aus.

Im Ziel kam Bjarne zu mir und umarmte mich. »Du bist der Größte!« Ich sah in sein Gesicht und wusste, dass er mir diesen Sieg von Herzen gönnte. Aber als ich zehn Minuten später von der Siegerehrung zurückkam, saß er gedankenverloren in einer Ecke und war tieftraurig. Bjarne erwies sich in den nächsten Tagen als wahrer Champion. Vermutlich tat es ihm jeden Tag aufs Neue weh, aber wir hatten die Rollen getauscht: Jetzt war er der Helfer, und ich war sein Kapitän.

Als Nächster kam Eule und rettete wieder einmal mein Leben. Wenn er mir nichts zu trinken gebracht hätte, wäre ich vermutlich verdurstet. Eule sah mir zu, wie ich eine ganze Flasche Wasser in einem Zug leerte, und schwieg. Direkt nach dem Rennen sagt er nie etwas. »Willst du mir nicht gratulieren?«, provozierte ich ihn. »Wozu denn?«, gab er zurück. »Ist noch weit nach Paris.« Er drückte mich kurz an sich und schickte mich zur Siegerehrung.

Was für ein Augenblick! Erst wurde ich für den Etappensieg geehrt, dann bekam ich das Gelbe Trikot des Führenden in der Gesamtwertung übergestreift. Gab es etwas Größeres? Ich konnte noch keinen klaren Gedanken fassen. Erst viel später würde ich mitbekommen, dass der Jubel in meiner Heimat derweil grenzenlos war Der erste Deutsche seit 19 Jahren im legendären Maillot Jaune! Am nächsten Tag würden die Zeitungen jubeln: »Ullrich der Erste ist neuer König der Tour«, »Salut l'empereur – Salut dem Kaiser« und »Ullrich war mehr als ein Radrennfahrer. Wir stellen uns die Frage: Wird Ullrich siegen oder wird er haushoch gewinnen?« Als ich jetzt auf der Bühne stand, interessierte mich allerdings eine ganz andere Frage: Küsse ich nun erst rechts und dann links? Oder umgekehrt?

Was hätte ich dafür gegeben, diesen Sieg in Ruhe genießen zu können. Am liebsten wäre ich auf mein Zimmer gegangen, hätte mich lange von Eule massieren lassen und eine Stunde mit Gaby telefoniert. Aber was tat ich? Doping-Kontrolle, Fernseh-, Hörfunk-, Zeitungsinterviews. Dann klingelte laufend das

Telefon. Freunde, Kollegen, Journalisten waren dran. Alle freuten sich mit mir, aber ich wollte das gar nicht hören. Was war da bloß passiert? Während einer kurzen Massage rief ich schnell meine Mutter und meine Brüder an. Am besten jedoch tat mir das Gespräch mit Gaby. Sie kannte mich so gut. »Du darfst dich ruhig freuen«, ermunterte sie mich. »Es ist doch großartig, das Gelbe Trikot zu tragen.«

»Ich freu mich ja. Aber es macht mir fast ein bisschen Angst, was hier jetzt abgeht. Das ist unheimlich.«

»Tja, mein Lieber. Jetzt bist du richtig berühmt. Was bist du auch so schnell gefahren!« Es tat gut, ihr Lachen zu hören. »Übrigens, in Merdingen ist heute Nachmittag gleich eine spontane Party gefeiert worden.« Gaby mochte den Trubel nicht besonders, der jedes Jahr zur Tour in unserem kleinen, idyllischen Dorf ausbrach. »Wahrscheinlich rücken morgen wieder die Reporter an.« Bereits im Vorjahr hatten die Journalisten manchmal stundenlang vor unserem Haus gewartet, um Gaby abzupassen. »Mir graut schon vor den Interviews«, stöhnte sie. Ich stellte mir vor, wie sie die Augen verdrehte.

»Siehst du, so hat jeder seine Probleme mit dem Trubel«, seufzte ich, und wir mussten beide lachen.

Es war 22 Uhr, als ich endlich zum Essen kam. Die anderen Jungs waren längst auf ihren Zimmern. Ich setzte mich an den großen Mannschaftstisch und sammelte die Reste ein, und ich konnte von Glück reden, dass in der Küche noch einmal der Herd angeworfen wurde. Kurz vor Mitternacht fiel ich todmüde ins Bett. Jens Heppner schlief schon tief und fest. Mein letzter Blick fiel auf den Stuhl neben mir. Über der Lehne hing das Gelbe Trikot. Die Nummer für den nächsten Tag hatte ich schon angeheftet.

*

Die Tour de France im Gelben Trikot zu fahren ist purer Stress. Erst jetzt wurde mir bewusst, wie großartig Bjarne 1996 mit dieser Situation umgegangen war, so selbstsicher und gelassen. Mir wollte das leider nicht recht gelingen. Oft schlief ich schlecht und war dann am Morgen nicht sonderlich erholt. Vor der Mannschaft versuchte ich meine Unsicherheit und Aufregung so gut wie möglich zu verbergen. Ich glaube, einige wissen bis heute nicht, wie nervös ich damals war. Physisch war ich wohl der Stärkste im Feld, aber dieser ganze Rummel machte mich verrückt. Im Umgang mit den Medien war ich vollkommen ungeübt. Ich fühlte mich durch die Euphorie, die ich an jeder Ecke spürte, total überfordert. Abgesehen davon hatte ich durch das zusätzliche Pflichtprogramm mit Siegerehrung, Doping-Kontrolle und Interviews jeden Tag bestimmt zwei Stunden weniger Zeit für mich als die anderen Fahrer.

Nach jeder Etappe sehnte ich stets den Augenblick herbei, in dem ich mich auf Eules Massagepritsche fallen lassen konnte. Mein Pfleger schloss dann die Tür ab, und ich war nur noch von einer himmlischen Ruhe umgeben. Eule beeilte sich, bei der Massage schleunigst mit der einen Seite fertig zu werden. Sonst musste er mich nämlich zum Umdrehen aufwecken, so schnell schlief ich ein.

Jeden Abend kam Rudy Pevenage zu mir. Die Sportliche Leitung hatte sich die Aufgaben aufgeteilt: Walter Godefroot kümmerte sich um die allgemeine Organisation und stand der Presse zur Verfügung, Rudy ging von Zimmer zu Zimmer und war für die Fahrer da. Wir beredeten, wie der Tag gelaufen war, und schauten uns den Streckenplan der nächsten Etappe an. Rudy sammelte alle Meinungen ein, und Walter und er entwickelten daraus die Mannschaftstaktik für den kommenden Tag.

Rudy Pevenage stammt aus Geraardsbergen, wo die berühmte Mauer der Flandern-Rundfahrt steht. Früher war er selbst Rennfahrer, 1980 trug er neun Tage lang das Gelbe Trikot bei der Tour de France. Rudy hat hervorragende Kontakte in der Radsportszene, kann sich in sechs Sprachen verständigen, kennt alle Fahrer und Veranstalter und knüpft im Hintergrund die Fäden. An diesen Abenden, an denen wir beide zusammensaßen und den nächsten Schritt unseres Tour-Abenteuers planten, kamen wir uns auch persönlich näher. Es entstand eine Freundschaft, die uns in den kommenden Jahren durch dick und dünn gehen ließ.

*

Tag für Tag musste ich mir das Gelbe Trikot neu verdienen. Was ich im vorigen Jahr schon bei Bjarne erlebt hatte, erfuhr ich nun am eigenen Leib: Es war leichter, das Maillot Jaune zu erobern, als es zu behalten. Ein besonders hartes Stück Arbeit war die 12. Etappe, ein 55 Kilometer langes Zeitfahren in St. Etienne. Der Kurs verlangte uns Rennfahrern jede Menge körperlicher und taktischer Qualitäten ab. Nach einem flachen Anfangsstück begann der Anstieg auf den Col de Croix de Chabouret bis in eine Höhe von 1.200 Metern. Danach ging es bergab ins Ziel. Ich entschied mich, zunächst auf mein Spezialrad zu verzichten, und wählte für den ersten Teil das leichte Rad, das ich in den Bergen benutzte. Beim Zeitfahren kommt es darauf an, dass man seinen Körper kennt. Man muss genau wissen, was man ihm zumuten kann, um die optimale Leistung zu erreichen. Ich horchte also in mich hinein, prüfte meinen Puls, meinen Atem und das Gefühl in meinen Beinen. Rhythmisch und gleichmäßig fuhr ich den Berg hinauf. Oben angekommen, sprang ich vom Rad. Hinter mir quietschten die Bremsen meines Begleitfahrzeugs. Walter Godefroot und unser Mechaniker stürzten aus dem Wagen und rissen meine Zeitfahrmaschine vom Dach. Wir hatten uns zu diesem Radwechsel entschlossen, weil wir uns bei der Abfahrt einen Zeitvorteil davon versprachen. »Eine Minute und vierzig Sekunden vor Pantani und Virenque«, schrie mir Walter noch zu. Ich sprang auf, ließ mich ein Stück anschieben und raste weiter. Unser Plan schien aufzugehen.

Eigentlich wollte ich nicht bis an meine Grenzen gehen, weil am nächsten Tag die extrem schweren Etappen in den Alpen beginnen sollten. Aber dann erblickte ich den Pulk der

Motorräder und Autos, die den drei Minuten vor mir gestarteten Richard Virenque begleiteten. Meter für Meter holte ich auf, immer den Mann im weißen Trikot mit den roten Punkten vor Augen. Virenque, der Kämpfer, wehrte sich aus Leibeskräften. Aber es nützte ihm nichts – kurz vor dem Ziel schoss ich an ihm vorbei. Das Einzigartige an diesem Ergebnis war, dass Virenque sogar noch Zweiter wurde, mit drei Minuten und acht Sekunden Rückstand. Die Journalisten hatten wieder ihre Schlagzeilen: Kein Anquetil, kein Merckx, kein Indurain hatte jemals so klar ein Zeitfahren gewonnen.

Bei aller Freude über meinen zweiten Etappensieg war ich mir nicht so sicher, ob es besonders klug gewesen war, sich einen Tag vor Alpe d'Huez derart zu erschöpfen. Prompt entwischte mir auf der ersten Alpenetappe der Italiener Marco Pantani. Die Leichtigkeit, mit der er die Berge hochflog, war wirklich beneidenswert. Dabei war es nie das Bergtrikot, das ihn interessierte, er wollte den Ruhm spektakulärer Etappensiege. Pantani war der letzte »Scalattore«, wie die Italiener die Spezialisten steiler Anstiege nennen, die ein Feld auseinander reißen, wenn sie urplötzlich antreten. Sein geringes Körpergewicht von gerade einmal 56 Kilogramm verschaffte ihm am Berg natürlich enorme Vorteile, weil dort jedes Gramm, das man mit sich herumschleppt, doppelt zählt. Wegen seiner Glatze und seines verwegenen Aussehens hieß er »Pirat« und wegen seiner Segelohren »Elefantino«. Doch ganz gleich, wie man ihn nannte, er war immer ein starker, ernst zu nehmender Gegner.

Pantani gewann die Etappe nach Alpe d'Huez, aber meinen Vorsprung vor Virenque konnte ich noch einmal um vierzig Sekunden vergrößern. Pantani und Virenque – das waren die beiden Rennfahrer, die mir auf dem Weg nach Paris mit ihren außergewöhnlichen Fähigkeiten in den Bergen, mit ihrer ungebrochenen Angriffslust und ihrem Kampfgeist bis zum letzten Anstieg das Leben schwer machen würden.

Richard Virenque lag mittlerweile mit mehr als sechs Minuten Rückstand hinter mir auf dem zweiten Platz, aber noch wollte der Franzose sich nicht geschlagen geben. Für die 14. Etappe war ein letzter großer Angriff des Festina-Teams geplant. Der Weg nach Courchevel führte über den 2.000 Meter hohen Col de la Madeleine, einen Gipfel der höchsten Kategorie. Schon nach einem Viertel der Strecke hatte ich den Anschluss zu Virenque und seinen Leuten verloren. Irgendwann fand ich mich allein auf der Straße wieder – vor mir die Ausreißer, hinter mir die Verfolger, dazwischen ich. An diesem Tag zeigte sich, wie wertvoll Bjarne für mich war. Er war gut in Form, kam von hinten herangefahren und übernahm sofort die Führungsarbeit. »Alles klar bei dir?«, fragte er.

»Weißt du, wie weit sie vorne weg sind?«, rief ich.

Er schüttelte den Kopf. »Häng dich ran, ich bring dich wieder hin.« Bjarne legte ein höllisches Tempo vor. Inzwischen wussten wir, dass Virenque etwa eineinhalb Minuten Vorsprung hatte. Bei uns war noch der Spanier Escartin, der damals zu den besten Bergfahrern gehörte. Mit vereinten Kräften machten wir uns an die Aufholjagd. In den Bergen hilft der Windschatten, den ein anderer Fahrer geben kann, längst nicht so stark wie auf einem flachen Stück. Das Entscheidende ist vielmehr, dass man nicht allein fährt. Da ist jemand, der einen aufmuntern kann, wenn man den Mut verliert, der das Tempo vorgibt, dem man »nur« folgen muss, und der einen zur Not auch einmal richtig zusammenstaucht, wenn man sich hängen lassen will. Es ist schwer zu beschreiben, was ich empfand, als Bjarne all das für mich tat. »Den schnappen wir uns, oder?«, rief er mir zu. »Was denkst du denn«, stieß ich zwischen den Zähnen hervor.

Richard Virenque war ein schwerer Gegner. Er sah immer fantastisch aus und war unverschämt gut gelaunt, selten sah man ihm die Strapazen des Rennens an. Seine Stärke lag eindeutig in den Bergen. Dort konnte er wieder und wieder attackieren und seine Gegner regelrecht zermürben. Er war ein Fahrer mit einem großen Kämpferherzen. Die Franzosen verehrten und liebten ihn abgöttisch. Am letzten Anstieg sahen wir ihn endlich vor uns. Bjarne war jetzt so erschöpft, dass er sich zu mir umdrehte und rief: »So, mein Alter, ab jetzt musst du alleine weiter. Ich ruh mich mal ein bisschen aus.« Ausruhen am Berg, der hatte Nerven. »Danke!«, schrie ich und raste Virenque hinterher, der schon wieder auf und davon wollte, aber Bjarne und ich hatten uns doch nicht die ganze Mühe gemacht, damit Virenque mir jetzt entwischte! Gemeinsam fuhren wir die letzten Kilometer bis Courchevel. Auf der Zielgeraden ließ ich ihm dann den Vortritt. Es gibt unter uns Fahrern ein ungeschriebenes Gesetz, eine Art Ehrenkodex: Wenn ich das Gelbe Trikot trage und ein Gegner die Führungsarbeit alleine geleistet hat, dann gebührt ihm der Etappensieg. Aber vielleicht hätte Virenque auch gewonnen, wenn ich mit ihm gesprintet wäre. Auf jeden Fall hatte sich dieser großartige Kämpfer den Sieg wirklich verdient.

Die Belastungen einer Bergetappe wie der nach Courchevel waren besonders hoch, und die Verpflichtungen, die ich als Mann in Gelb hatte, gingen nicht spurlos an mir vorüber. Manchmal nahm die physische Erschöpfung schon fast skurrile Formen an: Ich ging ins Hotel, ließ mir meine Zimmernummer sagen, stieg in den Fahrstuhl und hatte sie schon wieder vergessen. Jemand grüßte mich auf dem Hotelflur, und erst zehn Meter später grüßte ich zurück. Ich sah mir gemeinsam mit Heppe einen Film an und wusste schon nach fünf Minuten nicht mehr, wie er angefangen hatte.

*

Die Alpen lagen hinter uns, aber noch musste ich sechs Tage bis Paris überstehen. Es war einfach unglaublich, wie viele deutsche Fans an der Strecke standen, als wir die Vogesen erreichten und uns Colmar näherten. Nirgendwo hatten wir bisher so viele Fahnen und Spruchbänder mit dem Namen unseres Teams gesehen. Obwohl wir uns in Frankreich befanden, sah es fast wie ein Heimspiel für uns aus. Wir fuhren in meinem Trainingsrevier, denn nur dreißig Kilometer von Colmar entfernt liegt Merdingen. Ich hätte zu Hause bei Gaby schlafen können.

Als ich nach der Etappe in Colmar die Bühne für die Siegerehrung betrat, stand plötzlich meine Mutter neben mir. Seit Weihnachten hatten wir uns nicht gesehen, und nun war sie zusammen mit Peter Sager extra aus Rostock angereist. Der ganze weite Weg, nur für diesen Augenblick! Ein Fernsehreporter hatte ihr geholfen, in den abgesperrten Bereich für die Siegerehrung zu kommen. Vor all den Kameras und Fotografen fiel sie mir um den Hals und stammelte vor Glück. Ich war so überrascht, dass ich sie zuerst gar nicht erkannte.

Auch Gaby hatte ihr Versprechen gehalten und war nach Colmar gekommen. Wie gerne hätte ich ein paar Stunden in Ruhe mit ihr verbracht. Aber erst am Abend hatten wir ganze zehn ungestörte Minuten miteinander, mehr war nicht möglich. »Weißt du eigentlich, was du in Deutschland ausgelöst hast?«, fragte mich Gaby.

»Keine Ahnung, was ist los?«

Sie erzählte, dass die Zeitungen voll wären mit Berichten über mich und die Mannschaft, und im Fernsehen gäbe es jeden Tag Sondersendungen. »Und in Merdingen herrscht sowieso Ausnahmezustand«, kicherte sie. »Erich ist völlig aus dem Häuschen.« Erich Keller übertrug jede Tour-Etappe auf einer Großleinwand in seinem Gasthof, und der begeisterte Hobbyradfahrer war gerade dabei, einen »Fanclub Jan Ullrich« zu gründen und eine Busreise nach Paris zu organisieren.

»Ich hoffe, sie kommen nicht vergeblich«, sagte ich.

»Jetzt rede mal keinen Unsinn, ruh dich ein bisschen aus und gib dein Bestes, mein Held.«

Gaby ahnte nicht, dass ihr Held das härteste Stück Arbeit noch vor sich hatte.

Ich wurde immer nervöser und bekam zu allem Überfluss auch noch eine Bronchitis. Es war schon spät, als ich Rudy anrief: »Mir geht es gar nicht gut, Rudy, ich habe Probleme beim Atmen.«

»O je!«, hörte ich Rudy. »Na ja, wenigstens hast du keine Magenprobleme, die hat nämlich Bjarne.« Rudy Pevenage spürte, dass sich seine Mannschaft in einer kritischen Situation befand. Seit drei Tagen wurde mein Zustand zusehends schlechter. Am letzten Berg in den Alpen hatte ich Virenque schon zweihundert Meter davonziehen lassen müssen. Erst bei der Abfahrt holte ich ihn wieder ein. Ich bekam einfach nicht genügend Luft beim Atmen, auch Dr. Heinrich konnte mir nicht helfen. Er bemühte sich rund um die Uhr, mich wieder fit zu machen.

Am nächsten Tag stand eine Etappe über die Vogesen auf dem Programm, zwar nicht mehr mit so mächtigen Bergen wie in den Alpen oder den Pyrenäen, aber mit einigen giftigen Steigungen. Rudy beriet sich mit Walter Godefroot und griff zum Telefon. Kurz nach Mitternacht rief er Fausto Pinarello in Italien an. Fausto war der Chef des gleichnamigen Familienbetriebes, der unsere Rennräder herstellte. Er hatte beste Verbindungen zu einem anderen Team, das ebenfalls mit Pinarello-Rädern fuhr. Also vermittelte er den Kontakt zu José-Miguel Echavarri, dem Banesto-Teamchef. Mitten in der Nacht wurde eine »Koalition für einen Tag« geschlossen: Unser Interesse war, mein Gelbes Trikot zu verteidigen, Banesto hatte den dritten Platz für seinen Kapitän Abraham Olano ins Auge gefasst. Moderner Radsport ist Geben und Nehmen: Wir würden uns gegenseitig helfen, das Feld zusammenzuhalten.

Ich kannte die Passstraßen über den Grand Ballon und den Ballon d'Alsace ziemlich gut, aber das beruhigte mich nicht sehr, denn ich war müde. Die mittelschweren Etappen sind am schwersten zu kontrollieren. Hier wagen nicht nur die besten Kletterer zu attackieren, sondern auch andere Fahrer, sodass immer wieder Ausreißergruppen entstehen. Einmal ging Virenque mit, und es bildete sich eine Spitzengruppe, die außerordentlich gut kooperierte. Schnell wuchs unser Rückstand. Obwohl es für mein Gelbes Trikot nicht wirklich gefährlich wurde, konnten wir das nicht auf uns sitzen lassen.

An meiner Seite fuhren noch Udo, Heppe und Bjarne. Es kostete uns viel Kraft, die Gruppe um Virenque wieder einzufangen, aber wir schafften es.

Ich fuhr wie benebelt und bekam kaum noch mit, was um mich herum passierte. Am Grand Ballon standen meine Brüder Thomas und Stefan, die mit ihren Rennrädern den Berg hinaufgefahren waren. Sie hatten ihre Rennschuhe weggeworfen und rannten auf Strümpfen bestimmt fünfzig Meter neben mir her: »Los, Jani, fahr! Du schaffst es! Hau rein, Alter!« Ich aber hatte den berühmten Tunnelblick, voll konzentriert auf die Straße, das Rennen und meine Gegner. Am Abend beschwerten sich meine Brüder dann, dass ich sie nicht gegrüßt hätte. Ich war erstaunt. Wieso grüßen? Ich hatte sie schlichtweg nicht bemerkt.

Am letzten Berg fuhren wir in einer Gruppe von 25 Leuten, darunter mein ruheloser Widersacher Virenque mit einigen seiner Festina-Helfer. Aus dem Team Telekom war nur noch Udo Bölts an meiner Seite. Mühsam versuchte ich Udos Hinterrad zu halten. Mehr als einmal musste ich ihn bitten, langsamer zu fahren. Irgendwann in diesen Minuten fielen die Worte, die legendär werden sollten und heute zum Sprachgebrauch jedes Hobbyradlers gehören. Udo merkte, dass ich immer schwächer wurde, und schrie mich an: »Quäl dich, du Sau!« Ich schwöre: So wenig, wie ich meine Brüder bemerkt hatte, so wenig hörte ich diese Worte. Aber egal, Udo hatte Recht. An diesem Tag lernte ich, was es bedeutet, sich zu quälen. Eine gute Phase hat fast jeder Rennfahrer in den drei Wochen Tour de France. Aber das allein reicht nicht. Die Entscheidung fällt auf den Etappen, auf denen man sich schwach fühlt. Das gilt für mich genauso wie für alle anderen Fahrer. Am Ende verlor ich an diesem Tag nicht eine einzige Sekunde. Die Quälerei hatte sich also gelohnt.

Abends im Hotel warf ich mich erschöpft aufs Bett. »Mensch, Heppe, wenn ich das hier überstanden habe, mache ich drei Kreuze«, stöhnte ich. Jens Heppner war allerdings die völlig falsche Adresse, wenn ich mir etwas Aufmunterung und Bedauern erhofft hatte.

»Den anderen geht es doch schlechter. Reiß dich zusammen!«, sagte er nur. Er kannte kein Mitleid, und das war auch gut so. Heppe war mit seiner großen Erfahrung, seinem trockenen Humor und seinem unkomplizierten Wesen genau der richtige Zimmerpartner für mich. Als ihm während dieser Tour ein Hund ins Rad lief und er stürzte, hörte ich von ihm kein Wort des Klagens. Schade, ich hätte mich gern ein bisschen bedauern lassen. Aber ich musste mich wohl oder übel zusammennehmen.

Meine Form hatte spürbar nachgelassen. Am besten ist es, wenn man die Flachetappen der ersten Tour-Woche noch zum Formaufbau nutzt. Das war mir 1996 perfekt gelungen, da wurde ich gegen Ende immer stärker. 1997 ging diese Planung nicht hundertprozentig auf. Deshalb wunderte ich mich selbst, zu welchen Ergebnissen ich noch in der Lage war. Es gab wirklich keinen Grund zu Jammern.

Beim Zeitfahren in Disneyland am vorletzten Tag reichte meine Kraft immerhin noch für den zweiten Platz. Es gewann der Spanier Olano. Er fuhr genau wie ich auf einem hochmodernen Zeitfahrrad von Pinarello, das Espada, auf Deutsch »das Schwert«, genannt wurde. Ich musste an 1989 denken, als ich mit Korffi und den anderen Jungs im Berliner Internat saß und heimlich das entscheidende Zeitfahren im Fernsehen verfolgt hatte. Damals bewunderte ich Greg Lemond für seinen Mut zu innovativer Technik. Nun war ich selbst voller Begeisterung mit so einer Wundermaschine unterwegs. Bjarne Riis allerdings war stinksauer. Nachdem er gleich zweimal einen Defekt hatte, schmiss er das Wunderrad, mit dem auch er fuhr, wütend in den Straßengraben. Dass er am Ende trotzdem noch Neunter wurde, zeigte einmal mehr seine große Klasse. Mein Vorsprung wuchs noch einmal an, auf neun Minuten und neun Sekunden. Nun konnte ich mir wirklich sicher sein, die Tour zu gewinnen.

Die Schlussetappe nach Paris ist stets ein großes Spektakel. Alle Fahrer sind froh, die harte Tour überstanden zu haben, und wollen nur noch ausrollen. Die Würfel sind gefallen, denn es wäre ein großer Frevel, auf dieser Strecke noch einmal anzugreifen. Ich nahm pausenlos Glückwünsche entgegen, und am Auto des Tour-Direktors wurde Champagner ausgeschenkt. Erik Zabel, Richard Virenque und ich posierten für die Fotografen in unseren Farben der Saison: grün, weiß-rot und gelb.

Wenn man dann nach drei Wochen schließlich auf die Champs-Elysées einbiegt, ist das wohl für jeden Fahrer immer wieder ein unbeschreibliches, unvergessliches Erlebnis: die historische Kulisse, Hunderttausende von Zuschauern und das Gefühl eines großen Sieges, das einen erfasst. Gerade auf diesen letzten Kilometern spürt man: Jeder, der Paris erreicht, ist ein Sieger, egal ob als 139. oder als Erster.

Wenn man aber im Gelben Trikot die letzten Runden dreht, ist es natürlich noch ein bisschen schöner. Dabei hatte ich überhaupt keine Muße, mich meinen Gefühlen hinzugeben. Unruhig schaute ich ständig auf mein Vorderrad, auf mein Hinterrad und wieder auf mein Vorderrad, schließlich war mir im vorigen Jahr in Paris kurz nach dem Zielstrich eine Speiche gebrochen. Doch als ich schließlich oben auf dem Podium stand, fiel die ganze Anspannung der letzten Wochen von mir ab. Ich atmete tief durch, genoss meinen Erfolg – und richtete mich für eine Weile auf dem Siegerpodest ein: Die Wertung als bester Jungprofi für die Fahrer unter 23 Jahren gewann ich mit 45 Minuten Vorsprung, dann wurde mein Team Telekom als beste Mannschaft ausgezeichnet, und schließlich stand ich als Sieger der Tour de France 1997 zwischen Virenque und Pantani, diesen beiden außergewöhnlichen Kletterern. Die Hymne erklang, ich schloss die Augen und war einfach glücklich. Minuten später nahm ich Gaby in die Arme. Wir sagten nichts und hielten uns so fest wir konnten.

*

Am Abend meines Sieges gab es in der Telekom-Niederlassung in Paris einen Empfang und danach ein Essen im kleinen Kreis der Freunde und Familienmitglieder. Ich war noch einmal aufgeregt, denn ich wollte, wie Bjarne es im vorigen Jahr getan hatte, der Mannschaft einige Worte sagen. Nun bin ich kein großer Redner, aber es war mir ein großes Bedürfnis, meinem Team zu danken. Gaby drückte unter dem Tisch meine Hand. Du hast die Tour de France gewonnen, da wirst du das jetzt auch noch hinkriegen, hieß das. Da saßen sie: Rolf Aldag, Christian Henn und Jens Heppner, meine Helfer in allen Lebenslagen, Giovanni Lombardi und Erik Zabel, die drei Sprints gewonnen hatten, Udo Bölts und Georg Totschnig, meine treuen Begleiter in den Bergen. Und Bjarne Riis, der große Champion, der mein wichtigster Helfer gewesen war. Bereits nach dem Zeitfahren am Abend zuvor war ich im Hotel von Tür zu Tür gegangen. Deshalb sagte ich jetzt nur: »Jungs, ich bin tief beeindruckt, wie ihr für mich geschuftet habt. Ohne euch hätte ich es nie bis hierher geschafft. Ihr seid das beste Team der Welt.«

Und ich konnte noch etwas verkünden. Heppe war der Buchhalter der Mannschaft gewesen und hatte jeden Abend unsere Prämien zusammengerechnet. Es lagen 3,7 Millionen Francs im Topf, also knapp 1,25 Millionen DM. Normalerweise wird unser Prämientopf durch zehn geteilt, neun Teile für die Fahrer und ein zehnter Teil für die Pfleger und Mechaniker. Ich verzichtete auf meinen Anteil zugunsten des Teams. »Das ist mein kleiner Dank an Euch.« Üblich ist das nicht, aber ich wusste nicht, wie ich den Jungs sonst hätte danken sollen.

*

Ich hatte kein Gefühl für die historische Dimension meines Triumphes. Natürlich wusste ich, dass es in 94 Jahren Tour de France vor mir keinem deutschen Fahrer gelungen war, dieses Rennen zu gewinnen. Das erste Mal ist immer etwas ganz Besonderes, es ist nicht wiederholbar, es bleibt für alle Zeiten die

Premiere. Aber die Vergleiche mit Max Schmelings Box-Sieg in der Schwergewichts-Weltmeisterschaft, mit Boris Beckers erstem Wimbledon-Erfolg oder mit Michael Schumachers erstem Titel in der Formel 1 fand ich dann doch etwas übertrieben.

Ich wollte kein Held sein. Zurück in Deutschland bekam ich jedoch schnell eine Ahnung davon, was mein Sieg ausgelöst hatte. Unser Empfang in Bonn wurde live im Fernsehen übertragen, zehntausende Fans standen auf dem Rathausplatz und jubelten. Bjarne raunte mir zu: »Genieß die Zeit, Jan. Es wird auch einmal anders kommen.« Er wusste, wovon er sprach. Schon im nächsten Jahr sollte ich erleben, was er damit meinte.

Zunächst aber war die Begeisterung grenzenlos. Ich fuhr Rennen in Bühl, Hamburg, Schwerin und Berlin, und nie zuvor hatte ich so viele Menschen bei deutschen Radrennen gesehen. Überall wurden Riesenpartys gefeiert, es war einfach großartig. Doch noch immer begriff ich nicht wirklich, was ich so Weltbewegendes für den Radsport in Deutschland getan haben sollte. Das geschah erst viel später.

Die Fachleute übertrafen sich inzwischen mit Vermutungen darüber, wie oft ich wohl die Tour gewinnen würde. Der *Spiegel* ermittelte im Oktober 1997 in einer Umfrage, wer »der größte deutsche Sportler aller Zeiten« sei. Ich gewann mit 16 Prozent vor Beckenbauer, Schumacher, Schmeling und Becker.

Siebte Etappe:

Die Leiden

Das Jahr 1998 begann ich mit einem neuen persönlichen Rekord: Ich war so schwer wie noch nie. Mein Übergewicht war das Ergebnis ausgelassener und erlebnisreicher Monate, die ich mir nach dem Sieg des schwersten Radrennens der Welt gegönnt hatte.

»Wetten, dass …«, »Menschen 97«, »Die Harald-Schmidt-Show« – es gab kaum eine Fernsehsendung, zu der man mich in dieser Zeit nicht einlud. Ich wurde zum »Sportler des Jahres« und zum »Weltradsportler des Jahres« gewählt, und gemeinsam mit dem Team Telekom bekam ich den »Bambi« verliehen. Man feierte das Merdinger »Jan-Ullrich-Fest«, und die Hamburger »Promi-Dahlie« erhielt meinen Namen; selbstverständlich hatte sie eine gelbe Blüte.

Gleichzeitig begann sich die Werbewirtschaft für mich zu interessieren. Die Marke »Jan Ullrich« stand für jung, dynamisch, erfolgreich. Uhren, Nudeln und Mineralwasser ließen sich offenbar besser verkaufen, wenn ich sie empfahl. Ich schloss Verträge über Summen ab, die für mich so gigantisch waren, dass ich es nicht glauben konnte. Nie wieder in deinem ganzen Leben wirst du dir um Geld Sorgen machen müssen, dachte ich. Kein schlechtes Gefühl für jemanden, der nicht einmal 25 Jahre alt war.

Eine schillernde Welt öffnete sich für mich, in die ich neugierig eintrat. Bisher hatte ich mich fast ausschließlich im Kreis von Radsportlern bewegt, nun lernte ich ständig neue Leute kennen. Berühmte, großartige, reiche oder einfach nur originelle Leute. Thomas Gottschalk, Boris Becker, Udo Lindenberg – Menschen eben, die ich bisher nur aus dem Fernsehen oder aus Illustrierten kannte. Ich war selbst ein »Promi« geworden. Verrückt!

Im Winter bekam ich einen Anruf von Jens Heppner: »Wir wollen ins Zillertal zum Skifahren, kommst du mit?« »Klar, ich bin dabei«, antwortete ich sofort. Es gab nur ein Problem. Ich hatte noch nie auf Abfahrtsskiern gestanden. Sofort rief ich Otto Wiedemann an, meinen Freund von Adidas. Otto lebte in der Nähe von Kitzbühel. »Ich brauche dringend einen Kurs ›Vom blutigen Anfänger zum Pisten-Gott in drei Tagen‹!«, flehte ich ihn an. »Glaubst du, du kannst mir helfen?« Otto lachte: »Ich werde sehen, was sich machen lässt.« Wir fuhren auf den Hintertuxer Gletscher in den österreichischen Alpen. Otto erklärte mir die Sache mit Bergski und Talski und dass man die beiden besser nicht verwechseln sollte. Er zeigte mir den Schneepflug, den ich aber peinlich fand und erst gar nicht in mein Repertoire aufnahm. Und er legte viel Wert auf eine ordentliche Körperhaltung. »Immer schön ins Tal blicken und nicht zum Hang drehen!«, rief er mir über die Piste hinweg zu. Irgendwann wurde mir der Unterricht zu langweilig. »Ich will endlich richtig fahren«, maulte ich. Otto war einverstanden. »Wenn du dir das zutraust.« Das wollte ich hören. Ich donnerte die Hänge hinunter, als hätte ich nie etwas anderes getan, Angst hatte ich jedenfalls keine. Na gut, Technik im Prinzip auch nicht, und ich werde kaum der Eleganteste gewesen sein, aber als Heppe und die anderen anreisten, war ich immerhin ein ganz passabler Skifahrer.

Ich ließ es mir also gut gehen. An hartes Training dachte ich damals nicht. Die nächsten Rennen schienen mir endlos weit weg zu sein. Dabei wusste ich es eigentlich besser: Ein guter Sommer wird im Winter gemacht, wie wir Rennfahrer sagen.

Jürgen Kindervater traf sich mit mir und redete mir ins Gewissen. »Du solltest dir überlegen, was du willst. Aber du hast nur die Wahl zwischen zwei Möglichkeiten. Entweder du bringst es zu einem Beckenbauer. Das heißt, du wirst auch über deine Leistungssportler-Karriere hinaus zu einer außerordentlichen Persönlichkeit. Oder aber du wirst ein abgetakelter Ex-Sportler, der irgendwann feststellen muss, dass er sein Talent verschleudert hat. Anonym und unbekannt kannst du jedenfalls nicht mehr werden. Du stehst ab sofort im Rampenlicht, egal, was du tust. Für immer.«

Dass er Recht hatte, sollte ich nur allzu bald merken. Meine fröhliche Zeit als Tour-Held hatte Spuren hinterlassen. Von Form konnte keine Rede sein, und ich war zu dick. Nun war das kein neues Phänomen, auch vor meinem Tour-Sieg hatte ich im Winter zu viel gewogen. Selbst zu meinen Hamburger Zeiten verlor ich nach dem Ende der Saison schnell mein Idealgewicht, weil ich mich beim Naschen einfach nicht zügeln konnte. In der Trainingszeit war das kein Problem – der Körper baute die Fette und Kohlenhydrate gleich wieder ab. Aber in einer Ruhephase setzte es gnadenlos an bei mir. Ich habe anscheinend neben dem Talent zum schnellen Radfahren auch das zum schnellen Zunehmen.

Aber diesmal war es besonders schlimm. Ich kam überhaupt nicht in Schwung und geriet in einen teuflischen Kreislauf: Ich wog zu viel und wollte mit aller Macht abnehmen. Praktisch von einem Tag auf den anderen stellte ich meine Ernährung komplett um. Vor allem führte ich nur noch einen Bruchteil der Energiemenge zu, die ich mir gerade noch gegönnt hatte. Manchmal hungerte ich regelrecht. Mein Körper wurde nun nicht mehr ausreichend mit Mineralien und Vitaminen versorgt, was zwangsläufig Auswirkungen auf mein Immunsystem hatte – ich wurde anfälliger für Krankheiten, gerade im Frühjahr, wenn die Luft ohnehin voll ist mit gemeinen Viren. Wurde ich dann krank, lag ich frustriert zu Hause im Bett, futterte haufenweise Schokolade und nahm prompt noch mehr zu.

Nach einer Weile hielt ich es nicht mehr aus, hungerte, begann zu schnell mit dem Training, wurde wieder krank und so weiter und so fort. Ein Teufelskreis eben.

Peter Becker, der mich nun schon seit elf Jahren kannte, machte sich Sorgen und rief mich an. »Sag mal, was machst du da eigentlich? Ich denke, du bist ein Profi!«

»Ich kann nicht das ganze Jahr immer nur trainieren«, versuchte ich mich zu rechtfertigen. »Mein Leben besteht noch aus anderen Dingen als Radfahren.«

»Das ist ja auch in Ordnung. Meinetwegen kannst du in die Disko gehen, Ski fahren und oder sonstwas machen – alles kein Problem. Allerdings nur, wenn du dabei dein Training nicht vergisst. Und du kannst dir meinetwegen sogar den Bauch vollhauen. Viel Training, viel Essen. Aber wenn du bloß fünfzig Kilometer am Tag fährst, ist das natürlich nicht drin.«

Ich schwieg.

»Alles, was ich dir eben gesagt habe, weißt du auch selbst«, sagte mein Trainer. »Aber wenn du das nicht wahrhaben willst, dann wirst du bald richtige Probleme kriegen.«

Natürlich hatte Peter Recht. Allein meine Krankheitsgeschichte war die Bestätigung dafür, dass es so nicht weitergehen konnte: Im November hatte ich eine starke Erkältung. Im Dezember bekam ich eine schmerzhafte Gehörgangsentzündung. Im Januar lag ich mit Fieber im Bett und brach mein erstes Rennen, die Mallorca-Rundfahrt, entkräftet ab. Im März plagte mich eine Allergie, die Rundfahrt Tirreno-Adriatico beendete ich bereits auf der 1. Etappe. Im April schließlich war wieder einmal eine Bronchitis fällig, so dass ich bei der Baskenland-Rundfahrt nach nur drei Etappen ausstieg. Ein furioser Jahresbeginn für einen, der die Tour de France gewonnen und seinen guten Ruf zu verlieren hatte.

Als ob ich nicht schon genug Probleme gehabt hätte, durfte ich jetzt genau das erfahren, was Jürgen Kindervater mir prophezeit hatte: Ich war eine öffentliche Person, und zwar das ganze Jahr über. Die Berichterstattung über mein Körpergewicht nahm mehr Raum ein, als alle Radsportresultate des Frühjahrs zusammengenommen. Hohn und Spott diktierten die Schlagzeilen: »Wo kommen plötzlich die Pfunde her?«, »Der deutsche Radriese gab schon wieder auf«, »Der radelnde Rollmops«, »Ullrich: Tour in Gefahr?« Es wurde spekuliert, ob ich meinen Kapitänsstatus im Team Telekom nicht schon auf der Waage verschenkt hätte und der Chef auf der Straße wieder Bjarne Riis sein sollte. Selbst im Ausland wurde mein Fall äußerst aufmerksam verfolgt und entsprechend kommentiert. »Peso pesado« – »Schwere Last« stand in der spanischen Zeitung *Marca,* daneben mein Bild, das nur zu deutlich zeigte, was damit gemeint war. »Ullrich indigne« – »Ullrich unwürdig« schrieb die *L'Equipe* in Frankreich auf ihrer Titelseite. Ich konnte mir nicht jeden Zeitungsbericht zu Herzen nehmen, die meisten las ich nicht einmal, aber dass ich ausgerechnet bei den Franzosen als unwürdig galt, das traf mich sehr. War es wirklich so weit gekommen? War ich eines Tour-de-France-Siegers nicht würdig?

*

Ich musste anfangen zu arbeiten. Peter Becker kam nach Merdingen, und wieder einmal machten wir gemeinsam die Straßen des Schwarzwalds unsicher. Schon nach kurzer Zeit konnte ich es morgens gar nicht erwarten, aufs Rad zu steigen. Keine Spur mehr von der lähmenden Trägheit, die mich befallen hatte. Aber auch keine Spur von meinem hektischen Aktionismus, der mir eher geschadet als genutzt hatte. Peter legte das Programm für die nächsten Wochen fest, das wir Stück für Stück abarbeiteten. In dieser Phase ging es darum, die Grundlagenausdauer zu trainieren, die spezifische Muskulatur für die Rennen zu bilden und die ideale Haltung auf dem Rad zu finden. Für den Laien klingt das vielleicht merkwürdig. »Jetzt fährt der seit fast zwanzig Jahren Rad und weiß immer noch nicht, wie er sich richtig hinsetzen soll?« Aber bei jedem neuen Rad, bei jeder körperlichen Veränderung und bei jedem neuen Radschuh muss der perfekte Sitz neu eingestellt werden.

Ich sehnte mich nach dem Punkt, an dem nach wochenlangem Training die Fettdepots im Körper angegriffen wurden. Dann konnte man praktisch zusehen, wie ich abnahm. Wenn der »Verbrennungsmotor« einmal angeworfen war, war er kaum wieder anzuhalten. Sogar über Nacht wurde ich leichter, und meine Form verbesserte sich kontinuierlich. Ich hatte Glück, dass die Tour wegen der Fußball-Weltmeisterschaft in Frankreich eine Woche später anfing als sonst. Kurz vor Beginn des Rennens wog ich nur noch 71 Kilo. Das war sogar weniger als im Jahr zuvor, aber es war mir immer noch nicht leicht genug. Ich dachte, wenn ich noch einmal drei oder vier Kilogramm abnehmen würde, dann könnte mich in den Bergen keiner abhängen. Dass ich mich in einen gefährlichen Abmagerungswahn hineingesteigert hatte, bemerkte ich nicht. In Freiburg fuhr ich meinen obligatorischen Test. Er fiel etwas schlechter aus als 1997, aber das war nicht weiter schlimm. Wieder einmal schien gerade noch rechtzeitig alles gut gegangen zu sein.

*

Es sollte eine denkwürdige Tour werden. Aber leider nicht deshalb, weil sie wie jedes Jahr durch die schönsten Gegenden Frankreichs führte. Nicht deshalb, weil tapfere Männer unbezwingbar scheinende Berge überquerten und über sich hinauswuchsen. Und schon gar nicht deshalb, weil ich so rank und schlank am Start in Dublin erschien. Denkwürdig war die Tour aus ganz anderen Gründen.

Am Anfang aber schien alles zu sein wie immer. Die Tour lief an, und nach einer Woche konnte unser Team wirklich zufrieden sein. Heppe hatte eine Etappe gewonnen, Erik war einen Tag in Gelb gefahren, und ich verbesserte meine Form weiter. Zum ersten Duell der Favoriten kam es beim Zeitfahren von Correze. Abraham Olano, Laurent Jalabert, der Russe Jewgeni

Berzin und ich trafen auf die beiden jungen, ehrgeizigen US-Amerikaner Bobby Julich und Tyler Hamilton. Mit meinem neuen Pinarello-Zeitfahrrad siegte ich vor Hamilton und eroberte das Gelbe Trikot. Ein schöner Erfolg, doch es wollte sich keine rechte Freude einstellen. Denn am Morgen hatte das Team Festina nicht an den Start gehen dürfen. Virenque, Zülle und Brochard – keiner von ihnen war mehr dabei.

Bereits vor Beginn der Tour war das Gerücht aufgetaucht, man hätte einen Pfleger des Festina-Teams an der Grenze verhaftet und in seinem Auto Unmengen von Doping-Ampullen gefunden. Dieses Gerücht bekam nun neue Nahrung. Sportlicher Leiter und Mannschaftsarzt hatten in Vernehmungen der Polizei gestanden, dass ihre Fahrer systematisch gedopt waren. Die Rennleitung schloss daraufhin das gesamte Festina-Team von der Tour aus. Das hatte es noch nie gegeben!

Obwohl es fast unmöglich war, versuchte ich, die Festina-Affäre nicht zu sehr an mich heranzulassen. Ich wollte vermeiden, dass es mir wie im letzten Jahr erging, als mich der Trubel um meine Person unglaublich nervös gemacht hatte. Du konzentrierst dich einzig und allein auf das Rennen, alles andere interessiert dich nicht, hatte ich mir fest vorgenommen. Da wusste ich allerdings noch nicht, dass dies keine normale Tour werden würde.

Die nächsten vier Tage jedoch verliefen erstaunlich ruhig. Das Team Festina war zwar nicht mehr dabei, aber alle anderen Mannschaften fuhren weiter. Wir standen kurz vor der ersten Bergankunft der Tour in Plateau de Beille in den Pyrenäen. Sportlich gesehen war bis dahin alles zu unserer größten Zufriedenheit verlaufen, als ich 16 Kilometer vor dem Ziel, ausgerechnet am Beginn des Anstiegs, ich einen Defekt hatte. Wir riefen über Funk unseren Teamwagen, und ich musste wohl oder übel das Feld an mir vorbeiziehen lassen. Wenig später bemerkte uns Walter Godefroot am Straßenrand. »Schnell, ein neues Rad!«, schrie ich. Dann kämpfte ich mich durch das ganze lang gezogene Fahrerfeld wieder nach vorn. Es war furchtbar mühsam, im Slalom um die anderen herumzufahren. Obwohl alle meine Leute auf mich gewartet hatten, geriet ich in Panik. Was, wenn vorn einer angreift? Etwa Pantani, der exzellente Kletterer? Zwar gibt es ein ungeschriebenes Gesetz, das Pech eines Favoriten nicht auszunutzen, aber nicht jeder fühlt sich daran gebunden. Weiter, weiter!, hämmerte ich mir unablässig ein. Leider verlor ich bei der wilden Hatz meine Helfer, aber ich wollte unbedingt den Anschluss zur Spitze finden. Endlich erblickte ich die Spitzengruppe, und Pantani war tatsächlich noch dabei. Er hatte sich also an den Ehrenkodex gehalten. Doch kaum sah er mich herankeuchen, drehte er sich noch einmal zu mir um, als würde er »Arrivederci« sagen wollen, und weg war er.

Marco Pantani war im vorigen Jahr einer meiner ärgsten Widersacher gewesen. Wenn er am Berg antrat, musste man auf alles gefasst sein. Anfang Juni hatte er den Giro d'Italia gewonnen und in seiner Heimat einen Freudentaumel ohnegleichen ausgelöst. Die Straße in Cesenatico, in der er wohnte, war von begeisterten Fans rosa gestrichen worden – wie das Rosa Trikot, das für den Giro das Gleiche ist wie das Gelbe Trikot für die Tour. Wir wussten also, was für ein starker Gegner Pantani war, allerdings waren wir uns sicher, dass der Italiener nach dem Sieg bei einer solch schweren Rundfahrt eigentlich gar nicht mehr in Form sein konnte. Niemandem seit dem großen Indurain war ein Doppelsieg bei der Frankreich- und der Italien-Rundfahrt gelungen.

Die ersten Tage der Tour schienen unsere Einschätzung zu bestätigen. Pantani wirkte müde und lustlos. Den Prolog hatte er als 181. von 189 Fahrern beendet, mit einem Rückstand von 48 Sekunden auf den Sieger. Bei einer Strecke von nur 5,6 Kilometern waren das Welten. Als ich im Ziel dieser Pyrenäenetappe eine Minute und vierzig Sekunden auf Pantani verloren hatte, war ich deshalb nicht sehr beunruhigt, denn noch lag er mehr als drei Minuten hinter mir.

*

Die Tour de France ist der härteste Sportwettkampf der Welt. Drei Wochen lang sind wir täglich rund 200 Kilometer unterwegs, überqueren die höchsten Berge, trotzen Wind und Wetter und legen über 3.500 Kilometer mit einem Durchschnittstempo von mehr als vierzig Stundenkilometern zurück. Während etwa ein ambitionierter Tennisspieler in seinem Match pro Stunde 1.500 Kalorien verbrennt, verbrauchen wir bei schweren Bergetappen täglich bis zu 12.000 Kalorien. Niemand behauptet, dass diese Leistung ohne Hilfsmittel möglich wäre. Es ist üblich, mit einer Reihe erlaubter Methoden die Energiereserven zwischen den Etappen wieder aufzufüllen, etwa mit Nahrungsergänzungsmitteln, Vitamin- und Mineralkonzentraten, Infusionen und Sauerstoffzelten. Diese Methoden werden auch in anderen Ausdauersportarten angewandt, und sie sind meiner Meinung nach völlig ausreichend, ein Rennen wie die Tour durchzustehen. Es ist im Radsport kompletter Unsinn, mangelndes Talent oder zu wenig Training mittels Doping ausgleichen zu wollen. Das funktioniert nicht. Und: Für mich ist ein Profi nicht nur ein Sportler, der hart trainiert und seine Taktik und Technik weiterentwickelt, sondern genauso jemand, der Fairplay und Moral achtet. Doping ist für mich daher verwerflich, denn man das bedeutet schlicht und einfach Betrug.

*

Nach der Pyrenäenetappe folgte ein Ruhetag. Ein »Ruhetag« ist weniger ruhig, als man glaubt. Meist besteht er aus einem Transfer zum nächsten Etappenort, Training, Interviews und jeder Menge weiterer unverzichtbarer Aktivitäten. Auch dieser Ruhetag hatte mit Ruhe nicht viel zu tun, allerdings noch aus einem anderen Grund: Es sickerte durch, wie das Festina-Team nach seinem Ausschluss durch die Tour-Leitung von der Polizei behandelt worden war. Von stundenlangen Verhören war die Rede, die Fahrer hätten sich nackt ausziehen müssen und anderes mehr. Das sorgte für große Empörung, die sich bald entladen sollte.

Am nächsten Tag schrieben die Zeitungen über den Doping-Skandal bei der Tour de France. Die Stimmung am Start der Etappe nach Cap d'Agde war sehr angespannt. Einige Fahrer fühlten sich so ungerecht behandelt, dass sie eine Streikbewegung organisierten. Ihr Wortführer war der Franzose Laurent Jalabert vom spanischen Once-Team. »Weil der Sport sekundär geworden ist und wir wie Vieh behandelt werden, haben wir entschieden, keine Rennen zu fahren«, verkündete Jalabert. Eine erstaunlich leidenschaftliche Reaktion, der sich vor allem andere spanische und italienische Teams anschlossen. Die Startzeit verstrich, ohne dass sich das Feld in Bewegung setzte. Die Telekom-Mannschaft gehörte nicht zu den durchsuchten Teams und wurde von der Protestaktion völlig überrascht.

Ich trug das Gelbe Trikot, und deshalb hatte mein Wort in der Diskussion der Rennfahrer viel Gewicht. Mehrere Sprecher anderer Teams kamen zu mir und fragten mich, ob ich weiterfahren würde. Ich wusste es nicht und überlegte, welchen Sinn es noch hatte, unter diesen Umständen die Rundfahrt fortzusetzen. Den Spaß an der Tour hatte ich zwar verloren, aber im Gelben Trikot das Rennen durch die Hintertür zu verlassen, kam für mich auch nicht in Frage. Nachdem sich die Sportlichen Leiter mit großer Mehrheit für die Teilnahme am Rennen entschieden hatten, rollten die Mannschaften mit mehr als achtzig Minuten Verspätung gemächlich los. Schon nach ein paar Kilometern fuhr ausgerechnet der große Streikführer Laurent Jalabert eine Attacke nach der anderen. Das Team Telekom, das wegen seiner fairen Fahrweise im Feld zuvor stets sehr geschätzt wurde, musste sich jetzt noch häufiger als zuvor der Angriffe anderer Mannschaften erwehren. Wohl auch deshalb, weil wir uns so klar positioniert hatten. »Wir haben mit Doping absolut nichts zu tun«, hatten wir als Team erklärt. Offenbar war das gerade kein besonders populärer Slogan.

Die Medien stürzten sich auf das Thema Doping, als wäre

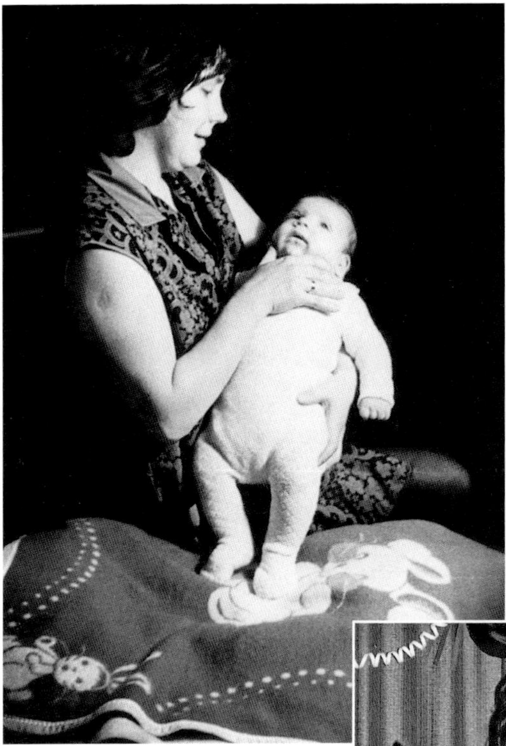

Weihnachten 1973: Meine Mutter mit ihrem Sonntagskind im Arm.

Als großer Häuptling beim Fasching im Kindergarten.

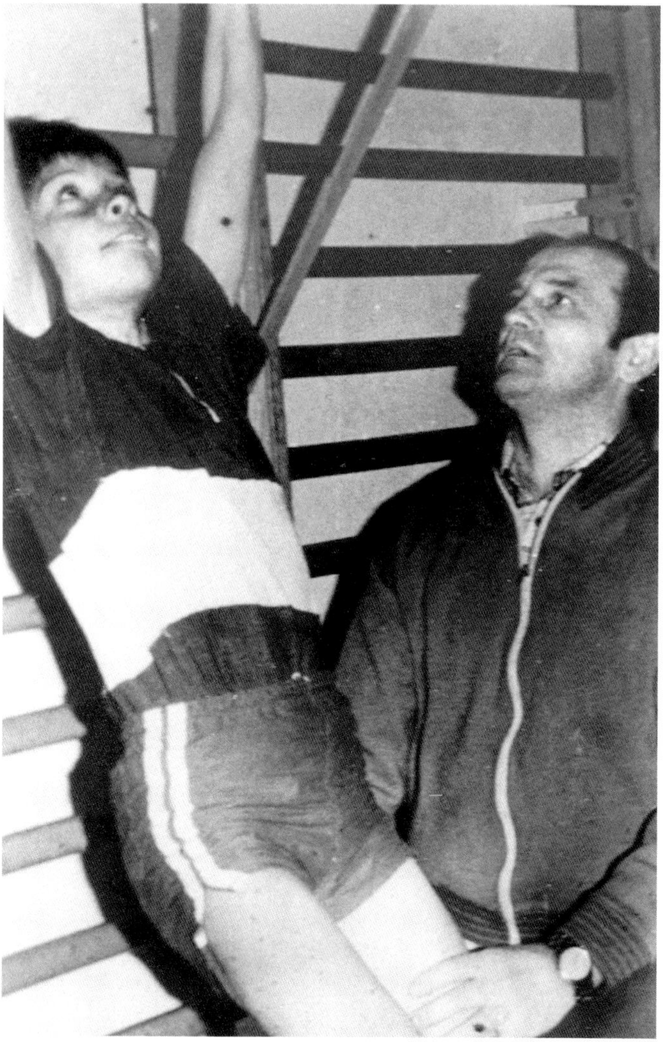

Mit Peter Sager beim Wintertraining.

Kurz vor dem Gewinn der Kreismeisterschaft. Ich bin der Zweite von rechts.

Erfolgstrainer Peter Sager mit seinen beiden Meisterschülern Korff und Ullrich.

Als Radfahrer zu Fuß, das kann nur Radcross sein.

In meinem letzten Amateurjahr im Trikot der RG Hamburg.

Mein ganzer Stolz: ein gebrauchter dunkelblauer Golf II GTI.

Wolfgang Strohband und Peter Becker bestreiten bis heute, das Porträt auf dem Transparent gemalt zu haben.

Hahn im Korb mit Oma,
Gaby und Mom.

Mom ist mein größter Fan.

Gaby mit ihrem Olympiasieger in Sydney.

Die Frau meines Lebens.

Zwischen den Kletterern Virenque (links) und Pantani steht der Gipfelstürmer.

Tour-Sieg: Wer ist ergriffener, meine Mutter oder ich?

Les Deux Alpes 1998:
Kälte, Eisregen, Hunger, Defekt – Ich verlor neun Minuten und die Tour.

Sydney 2000: Auf beiden Augen medaillenblind.

Keine Panik auf der Titanic: ganz cool und lässig mit meinem Freund Udo Lindenberg.

Mit Rudy Pevenage gehe ich durch dick und dünn.

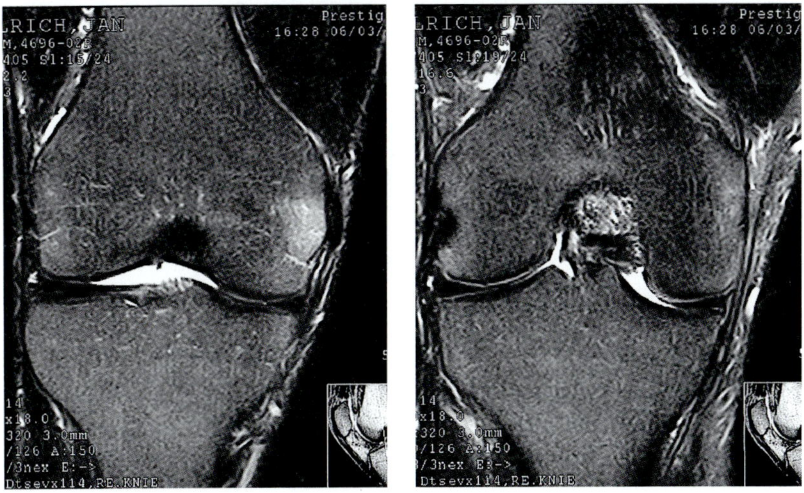

Mein krankes Knie, die helle Stelle rechts ist die Entzündung.

Schwer wie eine Bergetappe – die Pressekonferenz nach meinem Tablettenskandal.

Ein ganz spezielles Autogramm stand am Anfang meines Comebacks.

Mit meinem Freund Otto Wiedemann bei der Einhaltung der Helmpflicht.

Gelernt ist gelernt – Reifenwechsel in der kanadischen Wildnis.

Der Sturz von Armstrong entschied die Tour 2003: Ich wartete, und er gewann.

Mein Sturz beim Zeitfahren brachte mich um den Etappensieg.

Die kleine und der große Ullrich.

Sarah als kritische Beobachterin ihres Vaters.

Meine Familie, wie stolz das klingt.

ihnen die Tour zu langweilig geworden. Ich trug zwar das Gelbe Trikot, wurde aber vor allem nach der neuen Wunderdroge EPO befragt. In den Mannschaftssitzungen unterhielten wir uns weniger über die Taktik des nächsten Tages als über die neuesten Gerüchte. Wir waren uns nicht einig, welchen sportlichen Wert diese Tour überhaupt noch hatte. Außerdem spürten wir, dass es uns viel schwerer fiel, das Feld zu kontrollieren, als in den beiden Jahren zuvor. So lagen auch bei uns die Nerven blank. Udo, Heppe und Bjarne schrien sich im Rennen gegenseitig an. »Fahr du auch mal mit, Mann!« gehörte noch zu den freundlicheren Aufforderungen. Das war sonst nie vorgekommen. Udo Bölts und Christian Henn waren so frustriert, dass sie sogar abreisen wollten. Und ich? Ich trug das großartigste Trikot der Welt und fragte mich wozu. Um als Sieger der legendären Doping-Tour in die Annalen der Geschichte einzugehen? Aber das Rennen ging weiter. Und wir blieben alle dabei.

*

Am 2.645 Meter hohen Galibier steht nicht zufällig das Denkmal für Henry Desgrange, den Vater der Tour de France. An diesem Bergmassiv spielten sich immer wieder Dramen ab, hier wurden viele einzigartige Kapitel der Radsportgeschichte geschrieben. Am 27. Juli 1998 sollte ein neues hinzukommen. Schon am Start hatte ich einen Riesenhunger. Noch immer führte ich weniger Energie zu, als ich verbrauchte, um so leicht wie möglich zu sein. Als der erste Anstieg zum Col de Croix de Fer, einem Berg der höchsten Kategorie, begann, fühlte ich mich müde. Das fängt ja gut an, dachte ich. Schnell aß ich einen Powerriegel und trank einen Elektrolyt-Drink, um mich zu stärken. Normalerweise reicht das für einen ganzen Berg von zwanzig Kilometern Länge, aber schon nach drei Kilometern bekam ich wieder Hunger. Oben war meine komplette Tagesration aufgegessen. Mein Körper hatte offenbar keine Reserven mehr. Trotzdem fühlte ich mich noch ganz gut, als wir den Galibier erreichten. Unser Team hatte das Rennen unter Kontrolle, vor allem Udo und Bjarne wichen nicht von meiner Seite. Die Passstraße zählt zu den höchsten Europas. Der Anstieg zieht sich über 35 Kilometer hin, auf halber Strecke liegt der Col du Telegraph – eine gewaltige Schinderei sagen die einen, eine prächtige Herausforderung sagen die anderen. Ich war mir nicht ganz sicher, zu welcher Gruppe ich mich rechnen sollte.

Acht Kilometer unterhalb der Passhöhe griff Luc Leblanc, der Weltmeister von 1994, als Erster an. Der Spanier Fernando Escartin und der Holländer Michael Boogerd sprangen mit, und weg waren die drei. Ich muss hinterher, schoss es mir durch den Kopf. In den Bergen entstehen schnell erhebliche Rückstände, die oft nur schwer wieder aufzuholen sind. Leblanc war immerhin Fünfter und Escartin Neunter der Gesamtwertung. Wie Recht ich hatte, sollte ich an diesem Tag so schmerzhaft erfahren wie nie zuvor in meinem Leben. Ich fuhr den beiden hinterher, so schnell ich konnte, und verlor wieder einmal meine Helfer. Wie immer blieb ich im Sattel sitzen, auch an den steilsten Stellen des Anstiegs. Niemand kam auf die Idee, dass ich heute noch in ernsthafte Schwierigkeiten geraten würde, denn mein in Berlin erlernter und erprobter Fahrstil sieht einfach zu elegant und souverän aus. Pantani jedenfalls half mir keinen Meter bei der Verfolgung der drei Ausreißer. So blieb mir nichts anderes übrig, als sie allein wieder einzufangen.

Pantani hatte auf diese Weise wertvolle Kraft gespart und wartete nur auf eine günstige Gelegenheit, seinerseits anzugreifen. Wie ein Raubtier lag er auf der Lauer. Fünfeinhalb Kilometer vor dem Pass sah er seine Chance gekommen, und mit seinem unwiderstehlichen Antritt stob er davon. Ich hatte mich bei der Verfolgungsjagd auf Leblanc und Escartin völlig verausgabt und war zu erschöpft, ihm nachzusetzen. Ruhig bleiben und nicht den Rhythmus verlieren, beschwor ich mich.

Zehn Kilometer vor dem Pass hatte ich zum letzten Mal etwas gegessen. Es wäre an der Zeit gewesen, sich noch einmal zu stärken, aber ich hatte jetzt wirklich andere Sorgen. Es war heute schon den ganzen Tag über unangenehm kalt gewesen, aber jetzt setzte auch noch Eisregen ein. Innerhalb weniger Minuten war ich bis auf die Haut durchnässt. Die Temperatur sank auf etwa sieben Grad, es war einfach grauenvoll. Jeder, der weiß, dass ich schon bei zwanzig Grad anfange zu frösteln, kann sich vielleicht vorstellen, wie ich mich fühlte. Spätestens oben auf dem Galibier hätte ich unbedingt meine Regenjacke anziehen müssen, aber dort gab es nur ein kleines Plateau. Ohne Flachstück begann sofort die Abfahrt. Ach was, dachte ich, nass bin ich sowieso. Was soll's. Das war ein katastrophaler Fehler, denn die Jacke hätte wenigstens den eisigen Wind abgehalten, der mir bei der rasenden Abfahrt bis in die Knochen drang. Später erfuhr ich, dass Pantani klugerweise angehalten hatte, um sich seine Jacke überzuziehen. Mein Rückstand auf den Italiener betrug zu diesem Zeitpunkt zwei Minuten und fünfzig Sekunden.

Die Abfahrt war vierzig Kilometer lang und extrem rutschig. Ich legte mich fast auf meinen Rahmen und hatte ein geradezu halsbrecherisches Tempo drauf. Weil ich mich so auf das Lenken konzentrieren musste, kam ich auch jetzt nicht zum Essen – ja ich dachte nicht einmal daran. Dass man sich rechtzeitig mit neuer Energie versorgen muss, weiß jeder Jugendfahrer. Aber all mein Wissen und all meine Erfahrung waren wie weggeblasen. Du musst Pantini einfangen, war alles, was ich denken konnte. Mein Körper, der durch den radikalen Gewichtsverlust vor und während der Tour ohnehin geschwächt war, hatte nichts mehr zuzusetzen. Die Fahrer um mich herum machten Gymnastik bei der Abfahrt, um sich ein bisschen aufzuwärmen. Meine Hände waren inzwischen so klamm, dass ich kaum noch steuern konnte. Ich zitterte dermaßen vor Kälte, dass ich dachte, mein Rahmen sei gebrochen, so sehr wackelte er.

Als wir endlich in der Ebene angelangt waren, geschah die nächste Katastrophe: Ich hatte einen Platten. Bei strömendem Regen musste ich anhalten und auf unser Teamfahrzeug warten. Allmählich wurde ich fatalistisch. Was würde das nächste Unglück sein, das sich mir in den Weg stellte? Ein Wirbelsturm? Ein Vulkanausbruch? Egal, dachte ich, ich fahre weiter, und wenn es das Letzte ist, was ich tue. Nach dem Radwechsel versuchte ich, meinen immer größer werdenden Rückstand zu verkürzen. Doch ich fühlte mich leer und ausgepumpt und mir war immer noch furchtbar kalt. Bis zum Beginn der Serpentinen nach Les Deux Alpes hatte ich mit Müh und Not die Gruppe der Verfolger von Pantani erreicht. Doch kaum begann der Anstieg, fiel ich zurück. Es waren jetzt noch knapp neun Kilometer bis zum Etappenziel, und die Steigung ging selten über zehn Prozent hinaus, aber weder die Aussicht auf das nahe Ende der Qualen noch das Wissen darum, schon weitaus schwerere Berge bezwungen zu haben, gaben mir Kraft. Ich schaltete und schaltete, bis es nicht mehr weiter ging und ich beim kleinsten Gang angelangt war. Ein Fahrer nach dem anderen überholte mich. Wenn ich dachte, schlimmer könne es nicht mehr werden, irrte ich mich gewaltig. Ich hatte einen »Hungerast«, und das, was ich bisher zu spüren bekommen hatte, war erst der Anfang.

Bei einem Hungerast sind die Zuckerspeicher im Körper restlos leer. Das Gehirn, das auf Zucker als Energiespender angewiesen ist, beginnt zu rebellieren. So war es auch bei mir. Ich hatte nicht die geringste Kraft zum Treten und sah alles nur noch verschwommen. Mir war schwindlig und übel. Bjarne und Udo, die schon über vier Minuten hinter mir gelegen hatten, erreichten mich. Sie sahen mich mitleidig an, helfen konnten sie mir nicht. Sie erzählten mir später, ich hätte einen ganz eigenartigen, völlig entrückten, unheimlichen Blick gehabt. Wie ich letztlich den Berg hochgekommen bin, weiß ich nicht mehr. Auf jeden Fall muss es wie in Zeitlupe geschehen sein.

Knapp neun Minuten nach Marco Pantani kam ich als 25. ins Ziel, an meiner Seite Bjarne und Udo. Drei Minuten Vorsprung hatten sich in fast sechs Minuten Rückstand verwandelt. In der Gesamtwertung fiel ich auf den vierten Platz zurück. Auch Bobby Julich und Fernando Escartin lagen jetzt vor mir. All das bekam ich aber erst später mit. Vorerst konnte ich nicht einmal mehr die Füße aus den Pedalen ausklicken, geschweige denn den Reißverschluss meines Trikots schließen. Auf meinem Rad schoben mich Eule und Matthias Schumann die fünfhundert Meter bis zum Hotel. Ich war so schwach, dass ich den Weg allein niemals geschafft hätte. Als ich dann auf mein Zimmer ging, musste Eule mich stützen, sonst wäre ich vermutlich einfach umgefallen und liegen geblieben. Ich bewegte mich wie in Trance und bekam nicht viel mit von dem, was um mich herum geschah. Eule hatte schon eine Badewanne vorbereitet, ich ließ mich in das heiße Wasser sinken und schloss die Augen. Und langsam, ganz langsam kehrten meine Lebensgeister zurück. Plötzlich wusste ich, was mir fehlte: Ich hatte Hunger. Mir war, als hätte ich wochenlang nichts gegessen. Aber vor Schwäche zitterte ich so sehr, dass ich nicht alleine essen konnte, Eule musste mich füttern. Mitten in der dampfenden Wanne schlang ich drei Teller mit Müsli und Eiweißpulver und sechs Bananen hinunter. Jetzt ging es mir wieder besser.

Eine Stunde später lag ich immer noch im Wasser, als unser Pressesprecher an die Tür klopfte. »Also, Jan, du müsstest erst zum Interview bei der ARD und dann in die Runde mit den Pressejournalisten«, versuchte mir Matthias vorsichtig meine Abendgestaltung beizubringen. »Okay, kein Problem«, sagte ich. Matthias und Eule sahen sich erstaunt an. Sie hatten ja mit vielem gerechnet, aber mit so einer verständnisvollen Reaktion ganz bestimmt nicht. Doch was hätte ich machen sollen? Ich erinnerte mich an Miguel Indurain und seinen Schwächeanfall 1996, als er es versäumt hatte zu trinken. Damals war ich tief beeindruckt davon gewesen, wie würdevoll er mit seiner Niederlage umging. Also stellte auch ich mich den Reportern und beantwortete ihre Fragen. Natürlich war ich maßlos enttäuscht, aber merkwürdigerweise fühlte ich mich auch erleichtert. Die Last des Gelben Trikots war ich erst einmal los.

Bis zu diesem Tag hatte ich während der gesamten Tour nie ein Dessert gegessen. An diesem Abend ließ ich mir gleich drei Portionen bringen. Ich schlug mir so den Bauch voll, dass ich drei Magentabletten nehmen musste und lange nicht einschlafen konnte.

Was für ein Tag! Ein Alptraum aus Hunger, Kälte, Regen, Defekt und taktischen Fehlern – wirklich ein bisschen viel auf einmal. Am erstaunlichsten fand ich im Nachhinein, dass ich nicht aufgegeben hatte. Vielleicht war ich einfach zu schwach gewesen, um vom Rad zu steigen.

Mir fiel ein, dass ich meine Mutter noch gar nicht angerufen hatte. Das Telefonat war sehr kurz. »Mom, ich wollte nur sagen, ich lebe noch«, mehr kriegte ich nicht heraus. Meine Mutter hatte die Etappe ganz allein in ihrem Garten im Fernsehen verfolgt. Als sie sah, wie ihr Junge sich quälte, war sie in Tränen ausgebrochen. Jetzt wollte sie mir Mut machen. »Schlaf dich mal richtig aus«, riet sie mir. »Morgen sieht bestimmt alles wieder besser aus.« »Ich werde es versuchen«, versprach ich ihr.

Es war merkwürdig. Eigentlich hätte ich immer noch wie zerschlagen sein müssen, aber bis auf die Tatsache, dass ich mich überfressen hatte, ging es mir eigentlich ganz gut. Wie sollte es nun weitergehen, überlegte ich. Aufgeben kam nicht in Frage. Auf den Tag genau vor einem Jahr hatte ich die Tour gewonnen. Vielleicht war ja noch nicht alles verloren. Bestimmt rechnete niemand damit, dass ich noch einmal angriff. Das war meine große Chance, ich musste es wenigstens versuchen. Ich nahm das Telefon und rief Gaby an: »Frag bitte nichts«, bat ich sie. »Ich will dir nur eines sagen. Das war heute noch nicht mein letztes Wort. Du darfst morgen auf keinen

Fall die Etappe verpassen. Versprichst du mir das?« »Ich liebe dich«, sagte Gaby und legte auf.

*

Als hätte es nie Eisregen und bittere Kälte gegeben, begrüßte mich am nächsten Morgen die Sonne. Aber ich traute dem Frieden nicht. Ich hatte nach dem Erlebnis am Galibier solch eine Angst vor Erfrierungen, dass ich meinen ganzen Körper mit Wärmepflastern beklebte, unterm Knie, auf dem Rücken, überall. Und natürlich nahm ich einen Riesenbeutel Verpflegung mit.

Die Schmach vom vorigen Tag wollte ich also nicht auf mir sitzen lassen, doch an die große Glocke hatte ich das nicht gehängt. Sollten nur alle denken, ich wäre am Boden zerstört. Die würden sich noch wundern.

An den ersten beiden Hügeln der Etappe nach Albertville fühlte ich mich allerdings wirklich noch schlapp und fürchtete, ich könnte nicht einmal mit dem Hauptfeld mithalten. Aber von Berg zu Berg ging es besser. Ich spürte, wie meine Kräfte zurückkehrten. Als wir am Col de la Madeleine angelangt waren, fuhr ich eine Weile neben Bobby Julich, der jetzt Zweiter der Gesamtwertung war, und seinem Helfer Armin Meier. »Fahr nicht so schnell!«, rief Julich außer Atem. Wer so etwas ruft, hat Probleme, dachte ich bei mir. An der steilsten Stelle griff ich an. Ich fuhr zweihundert Meter am Anschlag und drehte mich um. Vom Amerikaner war nichts mehr zu sehen, aber, wie sollte es anders sein, Pantani war mir gefolgt. Es wäre ja auch zu schön gewesen, wenn ich ihn hätte abschütteln können. Gemeinsam erreichten wir den Gipfel. Begeisterte Zuschauer feuerten uns an, das Geschrei war ohrenbetäubend. Gaby erzählte mir später, dass sie völlig fassungslos vor unserem Fernseher gekniet und immer wieder geflüstert hätte: »Ich hab's gewusst, ich hab's gewusst. Du zeigst es ihnen.« Dabei liefen ihr die Tränen übers Gesicht.

Bei der Abfahrt vom Col de la Madeleine versuchte ich

Pantani klar zu machen, dass er sich an der Führungsarbeit beteiligen solle – vergeblich. So fuhr ich die letzten 15 Kilometer nach Albertville allein von vorn. Ich war stark genug, auch das noch zu schaffen. Im Sprint gewann ich die Etappe. Es war vor allem ein Sieg über mich selbst. Ich hatte bewiesen, dass eine schwere Niederlage mich nicht umwirft.

Durch diesen Sieg hatte ich mein Selbstvertrauen wiedergefunden und beschloss, noch einmal alles auf eine Karte zu setzen. Die einzige Chance dafür war der letzte Ritt durch die Alpen nach Aix-les-Bains. Am Morgen bei der Mannschaftsbesprechung bat ich das Team um Unterstützung. Auf dem Programm standen ein letztes Mal zwei Berge der ersten Kategorie. Am Mont Revard würde ich Pantani angreifen. Es war ein verwegener Plan, aber ich wollte es unbedingt probieren.

Mein Traum vom mutigen Angriff platzte, noch bevor das Rennen begann. Schon am Morgen erfuhren wir von neuen Vernehmungen einiger Fahrer. Die französische Polizei war dabei nicht gerade zimperlich vorgegangen, hatte Rennfahrer noch unter der Dusche verhaftet und sie nichts essen lassen. Die Empörung bei den betroffenen Teams kannte keine Grenzen. Nun baten sie die anderen Mannschaften um Unterstützung für ihren geplanten Protest. Der Spitzenreiter sollte entscheiden, und Marco Pantani stimmte zu. Nach wenigen Kilometern hielt das Feld an, und zum zweiten Mal bei dieser Tour de France wurde gestreikt. Laurent Jalabert und seine Teamkollegen von der Once-Mannschaft brachten ihre Räder zu den Begleitwagen und beendeten die Tour. Weitere Teams folgten ihnen. Ich war enttäuscht von Fahrern wie Jalabert und Leblanc, die sportlich wieder einmal an ihren eigenen Ansprüchen gescheitert waren. Deswegen fiel es ihnen vermutlich auch nicht sehr schwer, das Rennen zu verlassen. Andere kämpften um das Überleben der Tour. Allen voran Bjarne Riis, der zum Sprecher der Fahrer bestimmt worden war. Er verlangte vom Tour-Direktor Leblanc, dass wir Rennfahrer nicht weiter wie Verbrecher behandelt werden durften. Stundenlang wurde heftig diskutiert.

Mit drei Stunden Verspätung erreichten wir das Ziel, die Etappe wurde annulliert. Meine letzte Chance, doch noch zu gewinnen, war dahin. Am Abend war völlig unklar, wie es mit der Tour de France weitergehen würde und ob sie überhaupt eine Zukunft hatte.

Wie ein Krebsgeschwür fraß das Doping meinen Sport in diesen Tagen auf. Alle Vorwürfe und Verdächtigungen, die so oft pauschal gegen uns Radprofis erhoben wurden, fanden in dieser Tour ihre Bestätigung: Pfleger, die ganze Mannschaften mit Medikamenten versorgten. Fahrer, die als Dealer auftraten. Ärzte, die ausgefeilte Doping-Programme entwickelten und anwendeten. Die Tour de France stand am Abgrund.

Für unser Team war das besonders bitter, denn wir waren sauber. Alle unsere deutschen Rennfahrer waren den üblichen Weg gegangen: Jugend – Junioren – Amateure – Profis, und immer hatten sie dabei unter ärztlicher Aufsicht gestanden. Es wäre aufgefallen, wenn einer von uns von einem Jahr auf das andere einen enormen Leistungssprung gemacht hätte. Ich selbst musste alle sechs bis acht Wochen nach Freiburg zur Blutuntersuchung, und wir wurden außerdem unangemeldet vom Radsport-Weltverband und vom NOK Deutschland kontrolliert. Das Netz war so engmaschig, dass ich Jahre später sogar während der Rehabilitation nach einer Operation kontrolliert werden würde. Dabei sollten mir dann zwei Disko-Pillen zum Verhängnis werden. Das ist zwar eine andere Geschichte, aber sie verdeutlicht, wie ernst man es in Deutschland mit der Doping-Kontrolle nahm und nimmt. Alle meine Verträge mit der Telekom und anderen Sponsoren enthielten zudem strenge Doping-Klauseln. Ich würde augenblicklich meine sportliche und finanzielle Existenz zerstören, wenn man mich des Dopings überführte. Dazu kommen noch die nicht unbeträchtlichen gesundheitlichen Risiken und der Betrug an den Konkurrenten. Deshalb war es für mich immer vollkommen undenkbar, mich auf das gefährliche Spiel mit dem Doping einzulassen.

Die Tour ging weiter, sie ging sogar zu Ende. Am vorletzten Tag gewann ich noch das Zeitfahren. Drei Etappensiege, der zweite Platz hinter Pantani – rein sportlich gesehen konnte ich zufrieden sein. Aber die Ankunft in Paris war bei weitem nicht nur von Freude und Stolz begleitet. 93 von 189 Fahrern erreichten das Ziel nicht. Die meisten von ihnen waren nicht mehr dabei, weil sie wegen des Doping-Skandals ausgeschlossen, zurückbeordert oder sogar festgenommen worden waren. Eine niederschmetternde Bilanz.

Der größte Doping-Skandal der Tour-Geschichte hatte all die großartigen sportlichen Leistungen überschattet. Ich war ärgerlich und traurig, dass Zweifel an der Sauberkeit einzelner Radsportler so verallgemeinert wurden. Es wurde kein Unterschied mehr zwischen Schuldigen und Unschuldigen gemacht. Ich persönlich möchte meinem Körper alles abverlangen, was er hergibt. Nicht mehr und nicht weniger. Und das darf auch scharf kontrolliert werden. Aber wenn mir keine Einnahme unerlaubter Mittel nachzuweisen ist, dann möchte ich, dass das auch akzeptiert wird. Als wir nach Deutschland zurückkamen, konnten wir in den Zeitungen ganzseitige Anzeigen der Telekom lesen: »Saubere Leistung, danke Jungs!«

*

An einem Sonntag im April 1999 rief ich Rudy Pevenage an. Er freute sich: »Schön, dass du dich mal meldest.«

Die Freude würde ihm gleich vergehen. »Rudy, wir müssen reden«, sagte ich. Mein engster sportlicher Berater hatte keine Ahnung, was jetzt auf ihn zukam. »Ich höre auf.«

»Wie, du hörst auf?«, fragte er. »Was meinst du damit?«

»Ich höre mit dem Radsport auf, das meine ich.« Am anderen Ende der Leitung war es still. »Rudy, bist du noch da?« Da war er schon, aber sprachlos.

Ich hatte die Nase gestrichen voll. Auch diesmal war ich nicht besser über den Winter gekommen. Dabei war ich im Dezember noch in Kalifornien gewesen und hatte wunderbar trainiert. Aber gleich danach geriet ich wieder in jenen grässlichen Teufelskreis aus Übergewicht, Krankheiten und Überbelastung. Eigenartigerweise begannen die Gewichtsprobleme jetzt nicht mehr in der Weihnachtszeit, sondern im Januar. Vielleicht dachte ich: Du musst nur die fetten Weihnachtsbraten meiden, dann hast du es geschafft. Hatte ich aber natürlich nicht. Auf jeden Fall war mir eines klar geworden: Wenn einer die Schuld an der Misere trug, konnte das nur ich sein. Ich war wieder an mir selbst gescheitert, denn ich war noch schwerer als vor einem Jahr. Ein neuer Rekord, der mich traurig und hoffnungslos machte. In dieser Stimmung hatte ich Rudy angerufen. »Du hast Recht«, antwortete er. »Wir müssen reden.«

Drei Tage später traf ich mich mit Walter Godefroot, Rudy Pevenage und Wolfgang Strohband. Ich hatte mich wieder etwas beruhigt und hörte mir die Vorschläge der Runde an.

Es entstand die Idee vom »Babysitter-System«, ein Rund-um-die-Uhr-System der Betreuung, Kontrolle und Motivation. Dazu gehörten meine Sportlichen Leiter, Ärzte, Manager, Pressesprecher und Pfleger. Wir stellten einen genauen Plan auf, wie mein Gewicht sinken und meine Form steigen sollte. Das Ziel war, pro Woche ein Kilogramm Nettogewicht zu verlieren, also nicht Muskulatur oder Wasser im Körper zu reduzieren, sondern Fett. Dieses System, das mich umgab, war perfekt. Aber die Entscheidung, ob es funktionierte, würde im Zentrum des Systems fallen, nämlich bei mir.

Ich wollte versuchen, auf meinem üblichen Weg über die Tour de Suisse rechtzeitig in Form zu kommen. Vorher fuhr ich Anfang Juni noch die Deutschland-Tour. Es war wichtig, dass ich als Tour-Zweiter in meiner Heimat an den Start ging. Alles andere wäre eine große Enttäuschung für Zuschauer und Fans gewesen. Ausgerechnet hier passierte dieser dumme Sturz auf der 3. Etappe von Goslar nach Bielefeld. Ich fuhr direkt hinter Udo Bölts, als ich einen Moment lang unaufmerksam war. Mein Vorderrad berührte sein Hinterrad, ich kippte zur Seite und schlug mit Schulter und Kopf auf die Straße. Mit Gehirnerschütterung, Abschürfungen und einer Knieverletzung wurde ich ins Krankenhaus gebracht. Am meisten tat mir Leid, dass mein Sturz auch für Rolf Aldag zum Verhängnis wurde. Er fuhr im Trikot des Spitzenreiters, als er über mich stürzte und sich den Arm brach. Rolf fuhr die Etappe noch zu Ende, musste das Rennen aber aufgeben. Zwei Tage später begann ich wieder mit dem Training, aber schon nach zwei Stunden auf dem Rad bekam ich solche Kopfschmerzen, dass ich nicht mehr weiterfahren konnte. Ich machte Pausen und begann erneut. Immer mit dem gleichen Ergebnis.

In diesen Tagen erschien im *Spiegel* eine groß angekündigte Doping-Story über das Team Telekom. Die Respektlosigkeit und Häme, mit der darin über unsere Mannschaft berichtet wurde, ärgerten mich maßlos. Ich lud meine Wut bei Gaby ab: »Ich versuche mühsam, mich in Form zu bringen, und dann werde ich ungerechtfertigterweise beschuldigt und man haut ständig auf mich ein!« In dem Artikel stand in der Tat nichts, was irgendwie Substanz gehabt hätte. »Was soll das alles noch«, schimpfte ich. »Ich habe wirklich keine Lust mehr.« Gaby zeigte volles Verständnis. »Okay«, sagte sie, »dann such dir etwas, womit du dich in Zukunft beschäftigen willst. Vergiss aber bitte nicht, dass du nichts anderes gelernt hast als Rad zu fahren.« Das saß. Aber meine Freundin wusste genau, dass es nichts bringen würde, jetzt auch noch Druck auf mich auszuüben. Irgendwann würde ich schon selbst darauf kommen, dass ich ohne meinen Sport nicht leben kann, hoffte sie.

Wieder rief ich Rudy an: »Ich schaffe es nicht mehr«, sagte ich und wollte den Tour-Start absagen.

Doch Rudy überredete mich, wenigstens noch an den Start der Tour de Suisse zu gehen: »Komm, du probierst es. Wir werden sehen, wie es geht«, meinte er. »Es hat doch immer noch hingehauen.«

»Das ist mein Text, Rudy«, knurrte ich. Aber diesmal überzeugte mich meine eigene Weisheit nicht. Auf der 1. Etappe stieg ich dann tatsächlich aus. Ich war mir sicher, dass ich in meiner gegenwärtigen Verfassung bei der Tour de France nicht einmal bis Paris kommen würde, geschweige denn eine akzeptable Platzierung schaffen könnte. Was brauchte ich da noch eine Tour de Suisse zur Vorbereitung. Ich war fertig.

In einem Fernsehinterview in der ARD-Sportschau verkündete ich wenige Tage später: »Es tut mir Leid, dass ich meinen Start bei der Tour absagen muss. Ich bin sehr bedrückt, die Tour war mein Saisonziel. Aber mein Knie spielt nicht mit.« Das stimmte zwar, war aber noch nicht alles: Ich hatte einfach keine Lust mehr auf den Radsport. Alles, was damit zu tun hatte, erschien mir nur noch düster und bedrückend. Ich hatte die ewige Schinderei satt, die mein Leben bestimmte. Seit ich neun war, dachte ich an nichts anderes als ans Radfahren. Nach mehr als 16 Jahren brauchte ich dringend eine Pause.

Nach der Absage fühlte ich mich wie befreit von einer Last. Und kaum war der Druck weg, ernährte ich mich plötzlich ganz normal, naschte keine süßen Sachen und achtete auf mein Gewicht. Ich genoss meine neue Freiheit. Ich besuchte ein Formel-1-Rennen, ging mit meinem Freund Mike Baldinger Motocross fahren und schwamm viel. Mit Tobias Steinhauser und Mike Kluge, einem früheren Weltmeister im Radcross, machte ich ein paar Tage Urlaub in Österreich. Wollte Steini mich zum Mountainbiken überreden, ging ich lieber auf den Golfplatz. Danach fuhr ich mit Gaby nach Italien, um Bjarne Riis und seine Freundin Anne zu besuchen. Wir blieben fünf Tage in ihrem Haus in der Toscana, tranken ausgezeichneten Wein und ließen es uns gut gehen. »Ich verstehe deinen Frust«, sagte Bjarne, der in Dänemark mit Doping-Verdächtigungen seine eigenen Erfahrungen gemacht hatte. »Aber das kann doch noch nicht dein letztes Wort gewesen sein. Dafür bist du einfach zu gut.« Bjarne riet mir zu einer längeren Pause, dann würde die Lust am Radfahren von ganz alleine zurückkommen.

*

Bald darauf wollte meine Sportliche Leitung wissen, wie ich denn meine Zukunft inzwischen sehen würde. Anfang August wurde ich nach Brüssel gerufen. Jetzt gibt's Ärger, dachte ich, aber der Empfang war überaus freundlich und verständnisvoll. »Du hast bei uns ja noch einen Arbeitsvertrag. Wir würden gerne erfahren, wie es mit dir weitergeht«, begann Walter Godefroot. »Und du solltest wissen, dass wir dich unbedingt im Team behalten wollen. Zu unveränderten Konditionen.«

»Ich will ja auch wieder Rad fahren«, sagte ich zögernd. »Ich weiß nur nicht genau, ab wann.«

»Wir haben nichts dagegen, wenn du das ganze Jahr aussetzen möchtest. Aber klüger wäre es schon, als Vorbereitung auf die nächste Saison die Spanien-Rundfahrt zu fahren. Überlege es dir in Ruhe.«

Ich fuhr nach Hause und war verwirrt. An die Vuelta hatte ich keine besonders schönen Erinnerungen. Sie war 1995 meine erste Rundfahrt bei den Profis gewesen und ich hatte sie wegen unerträglicher Zahnschmerzen vorzeitig aufgeben müssen. Außerdem wollte ich doch eine Pause machen. Aber der Gedanke, dieses Jahr doch noch nicht abzuschreiben, gefiel mir immer besser. Ich würde noch fünf Wochen haben, mich in Schwung zu bringen. Mich packte der Ehrgeiz.

So reiste ich nach Murcia in Spanien zum Start der Vuelta. Meine Mannschaft bestand aus einer Reihe guter Freunde: mein alter Hamburger Kumpel Ralf Grabsch, mein Merdinger Landsmann Dirk Baldinger, Andreas Klöden und Danilo Hondo, mit denen ich mich ebenfalls ausgezeichnet verstand, sowie Rolf Aldag und Jörg Jaksche. Außerdem waren noch die beiden Italiener Giovanni Lombardi und Giuseppe Guerini dabei. Das Team war eines der sympathischsten, das ich je erlebt habe. Aber würde es auch in der Lage sein, hart zu arbeiten?

Am Start waren mit den Spaniern Olano, Heras und Gonzalez de Galdeano, dem Franzosen Jalabert und dem Belgier Vandenbroucke einige sehr gute Rennfahrer, die es auf den Sieg der Rundfahrt abgesehen hatten. Ich erwartete nicht, lange mit ihnen mithalten zu können, denn es standen 25 Bergwertungen der beiden höchsten Kategorien auf dem Streckenplan. Ich saß schließlich erst seit ein paar Wochen wieder auf dem Rad und wollte mich lediglich testen. Deshalb wunderte ich mich selbst am meisten, als ich die 5. Etappe vor Abraham Olano gewann. Er übernahm dadurch das Goldtrikot und ich fuhr plötzlich und unerwartet in der Spitze mit. Für mich war überraschend, dass ich nach einem Monat Training schon wieder in der Lage war, bei einer schweren Rundfahrt den Kampf mit den besten spanischen Kletterern aufzunehmen. Aber die vielen Trainingskilometer im Frühjahr hatten in meinem Körper ihre Spuren hinterlassen, sie waren die Basis für meinen erstaunlich schnellen Formaufbau.

Eine Woche später erreichten wir Andorra. Dort war ich 1997 während der Tour de France spektakulär ins Gelbe Trikot gefahren. Ein äußerst sympathischer Ort. Zwei Drittel der Rundfahrt waren jetzt vorbei. Der Zeitpunkt, für den ich insgeheim meine Abreise geplant hatte, war längst verstrichen. Von Tag zu Tag kam ich besser in Schwung. Die spanische Bergwelt, die mir damals bei meinem ersten Start so erbarmungslos erschienen war, sah ich nun mit ganz anderen Augen. Hohe, schroffe Felsen erhoben sich gegen den blauen Himmel, sonnenverbrannte Ebenen erstreckten sich bis zum Horizont und ich wusste wieder, was für ein Privileg es war, den ganzen Tag Rad fahren zu dürfen. Was für ein Traumberuf! War es nicht schrecklich undankbar von mir gewesen, daran zu zweifeln?

Abends hatte ich einen wunderschönen Grund, Gaby anzurufen. »Stell dir vor, ich fahre im Goldtrikot«, berichtete ich glücklich. »Und rate mal, wo wir heute angekommen sind?«

»Ich weiß, wo du bist«, sagte sie. »Du hältst es vielleicht nicht für möglich, aber ich interessiere mich tatsächlich für Radsport. Du bist in Andorra, wie '97.«

»Aber erwarte bloß nicht, dass ich vorne bleibe«, beschwor ich sie. »Die Mannschaft ist gar nicht darauf vorbereitet, so hart für mich zu arbeiten.«

»Ach, weißt du«, meinte Gaby, »wenn du in Andorra vorne warst, hat es dir bisher immer Glück gebracht.«

Das war lieb gemeint, aber vielleicht ein bisschen sehr optimistisch. Doch als hätten die Jungs meinen Einwand gehört, steigerten sie sich dermaßen, dass ich gar nicht anders konnte, als alles zu geben. Ralf Grabsch und Dirk Baldinger sagen bis heute, dass die Vuelta 1999 das schönste Rennen ihres Lebens gewesen sei, weil sie für mich fahren durften.

Vor dem letzten Zeitfahren lag ich 31 Sekunden vor dem jungen Spanier Igor Gonzalez de Galdeano. Ich hatte keine Ahnung, ob er ein guter Zeitfahrer war. Deshalb ging ich mit voller Kraft in das Rennen über 46 Kilometer. Den Kampf gegen die Uhr habe ich schon immer ganz besonders geliebt. Viele brauchen den Gegner direkt vor Augen, um sich motivieren zu können, aber da ich ohnehin vor allem gegen mich selbst fahre, finde ich diese Art des Rennens extrem reizvoll. Ich höre in mich hinein, rufe meine Reserven ab und versuche, so gleichmäßig wie möglich zu treten. Rudy informierte mich per Funk über die Abstände, aber irgendwann hörte er damit auf. Ich führte zu klar. Wie damals, als ich bei meinem Tour-Sieg den Franzosen Virenque überholte, konnte ich diesmal an dem drei Minuten vor mir gestarteten Spanier vorbeifahren. Ich gewann die Etappe –, und ich gewann die Rundfahrt. Am Ende hatte ich mehr als vier Minuten Vorsprung.

Was war geschehen? Am Start wäre ich zufrieden gewesen, zehn Tage Vuelta zu überstehen. Im Ziel hatte ich meine zweite große Rundfahrt gewonnen. Aber fast noch wichtiger war: Ich hatte wieder Spaß am Radfahren.

Jetzt war ich so richtig in Fahrt. In dieser ausgelassenen Stimmung fuhr ich auch noch zur Weltmeisterschaft nach Italien.

Ich ging in Treviso im Zeitfahren über fünfzig Kilometer an den Start. Endlich wollte ich meine Rechnung mit Christopher Boardman begleichen, der mich bei der WM 1994 und beim Tour-Prolog 1997 besiegt hatte. Er war für mich der große Favorit, sodass ich mir seine Zwischenzeiten durchgeben ließ. Ich lag immer vorn. 8,6 Kilometer: 5 Sekunden, 27 Kilometer: 51 Sekunden, 42 Kilometer: 48 Sekunden. Zweiter wurde übrigens völlig überraschend nicht Boardman, sondern der Schwede Michael Andersson. Zum zweiten Mal in meiner Karriere bekam ich das Regenbogentrikot des Weltmeisters übergestreift.

Am Abend richtete unser Rad-Ausstatter Pinarello in seinem Firmensitz einen Empfang aus. Ich saß an einem Tisch mit Miguel Indurain. Wie bei Bjame Riis beeindruckten mich seine Ausstrahlung und Gelassenheit. Vielleicht mussten so die großen Rennfahrer sein? Wie auch immer, in diesem Moment war ich glücklich. Nach einem völlig verkorksten Sommer hatte ich noch einen goldenen Herbst erlebt.

*

Das sportliche Happy-End der Saison wurde schließlich noch gekrönt durch den Einzug in unser neues Haus. Anderthalb Jahre zuvor hatten Gaby und ich beschlossen, uns am Ortsrand von Merdingen ein Grundstück zu kaufen und dort ein Haus zu bauen. Für Gaby stand ohnehin fest, dass sie nicht aus Merdingen weggehen würde. Sie hatte nie woanders gelebt. Auch ich fühlte mich hier seit fünf Jahren so wohl, dass ich mir sehr gut vorstellen konnte, hier zu bleiben. »Wenn ein Haus, dann ein Traumhaus«, sagte ich zu Gaby.

»Gut. Und wie sieht dein Traumhaus aus?«, fragte sie.

Ich hatte eine Idee. »Lass uns auf einen Zettel schreiben, was wir uns für unser Traumhaus wünschen. Immer abwechselnd.«

Gaby war einverstanden. Sie fing an und schrieb das erste Wort auf: »Wintergarten«.

Ich war dran: »Kamin, damit mir nie kalt wird.«

Gaby: »Offene Wohnküche«.

Danach ich: »Gästezimmer mit Bad«.

»Fitnessräume mit Sauna im Keller«, schrieb Gaby.

»Hätte auch von mir sein können«, sagte ich und notierte: »Kinderzimmer.« Gaby sah mich erstaunt an. »Nur so, für alle Fälle, damit wir nicht anbauen müssen«, fügte ich schnell hinzu.

Es wurde eine längere Liste, die wir unserem Architekten gaben. Wir ließen das Haus ganz nach unseren Wünschen bauen. 300 Quadratmeter, das war viel Platz für uns, für unsere Freunde und für das Wintertraining. Es war das Zuhause, das ich mir immer gewünscht hatte.

Achte Etappe:

Das Duell

»Straßen runter rasen
schnell wie ein Orkan
wie die unerreichbar
vorne fahrn.«

Udo Lindenberg hatte »Gegen den Wind« für das Team Telekom geschrieben, und nun, im Januar 2000, kam der alte Rocker in unser Trainingslager nach Mallorca. Er stellte uns den Titel vor und versuchte, ihn uns beizubringen. Ich war seit langem ein Udo-Fan, und es freute mich, dass Udo Lindenberg so lässig und humorvoll war wie ich ihn mir immer vorgestellt hatte. Er führte uns abends nach Palma aus, und wir hatten sehr viel Spaß. »Meine längste Radtour war zwanzig Meter lang: von einer Theke bis zur nächsten«, versuchte er uns einzureden, aber das stimmte gar nicht. Als Junge hatte der kleine Udo an Schülerrennen teilgenommen, und auch heute kennt er sich richtig gut im Radsport aus.

Besonders schätze ich an Udo, dass er so authentisch ist. Er zieht »sein Ding« durch, egal, was die Leute über ihn reden. Mittlerweile sind wir Freunde geworden. Wenn ich in Hamburg bin, dann treffen wir uns. »He, Janiboy, startest du diesmal bei meiner Deutschland-Tour?«, fragt er jedesmal, aber leider habe ich es noch nie geschafft, eines seiner Konzerte zu besuchen.

Vom »Udo feat. Team Telekom«-Song sind keine Platzierungen in den Charts bekannt. Das muss an unserem Gesang gelegen haben, denn der Text ist durchaus zutreffend:

»Kannst du auch mal abschmiern
kann jedem mal passiern
nur nicht wieder aufstehen
heißt alles zu verlieren.«

*

In der neuen Saison wollte ich gleich zweimal gewinnen: bei der Tour de France und bei den Olympischen Spielen in Sydney. Im Frühjahr fand in Baden-Baden eine »Vollversammlung« meines Beraterteams statt. Die Sportlichen Leiter Godefroot, Pevenage und Kummer, mein Trainer Becker, die Ärzte Dr. Heinrich und Dr. Schmid, mein Manager Strohband und ich setzten uns zusammen. Um die Fehler der Vorjahre zu vermeiden, mussten folgende Fragen beantwortet werden: Welche Rennen sollte ich fahren? Welches Trainingsprogramm sollte ich umsetzen? Welche Trainingspartner sollten mich begleiten? Welche Betreuer sollten in Merdingen bei mir sein? Ich war einverstanden damit, dass an mein Trainingsrad ein SRM-Gerät montiert wurde. Das ist ein besonderer Rad-Computer, der Streckenlänge, Geschwindigkeiten, Puls und Kraftaufwand speichert. Ich wurde zum »gläsernen Athleten«.

In dieser Zeit trainierte ich häufig mit Andreas Klöden, den ich seit meiner Schulzeit in Berlin kannte. Anfangs wohnte er oft in unserem Gästezimmer im neuen Haus, doch bald zog er mit seiner Familie nach Merdingen. Klödi, der zwei Jahre jünger ist als ich, wurde zu einem sehr guten Freund. Wir verstanden uns selbst nach der langen Radsaison noch so gut, dass wir mehrmals zusammen in den Urlaub flogen.

Mein neuer Trainingspartner gewann in diesem Frühjahr zunächst das bedeutende Etappenrennen Paris–Nizza und später dann die Baskenland-Rundfahrt. Ich freute mich sehr für ihn, und wir träumten davon, im Juli gemeinsam die Tour zu fahren.

*

Aber die Tour 2000 verlief nicht so, wie ich es mir erhofft hatte. Zwar wurde ich wieder Zweiter, doch ich war nicht in der Lage, Lance Armstrong ein ernsthafter Gegner zu sein.

Armstrongs Lebensgeschichte ist beeindruckend. Er besiegte den Krebs und gewann nur zwei Jahre später das härteste Radrennen der Welt. Ich hatte ihn früher noch als bulligen, kräftigen Fahrer erlebt. Wir waren beide 1993 bei den Weltmeisterschaften erfolgreich gewesen, er hatte bei den Profis und ich bei den Amateuren gewonnen. Nach seiner Krankheit war er schlank und leicht geworden und flog jetzt förmlich die Berge hoch, an denen er früher oft den Anschluss verloren hatte. Er ist heute ein komplett anderer Rennfahrertyp.

Nachdem Lance die Tour im vorigen Jahr gewonnen hatte und ich nicht am Start gewesen war, fieberten alle unserem Duell entgegen. Die Medien heizten die Stimmung an: der willensstarke Perfektionist gegen das begnadete Talent. Doch es sah so aus, als wäre der Zweikampf schnell entschieden. Schon auf der ersten Pyrenäenetappe nach Lourdes-Hautacam verlor ich mehr als drei Minuten, während Armstrong das Gelbe Trikot eroberte. Auf dem Mont Ventoux, dem »kahlen Berg« in der Provence, verlor ich weitere Zeit. Vor den Alpen hatte ich schon knapp fünf Minuten Rückstand auf Lance Armstrong. War das überhaupt noch aufzuholen?

Ich erlebte Armstrong als einen hochkonzentrierten, verbissen kämpfenden, seine Leute unablässig antreibenden Kapitän des US-Postal-Teams. Er wollte unbedingt dieses »deutsche Wunderkind« besiegen. Ich war es, der ihn am stärksten motivierte. Ich bin da anders. Ich bin motiviert, weil ich erfolgreich sein möchte, und dabei will ich in erster Linie mich selbst besiegen. Die Lebensleistung des Lance Armstrong respektierte ich sehr, aber ich möchte nicht wie er sein.

Weil wir so grundverschieden sind, wird es wohl nie ein engeres Verhältnis zwischen uns geben. Wir haben uns bisher auch noch nie länger miteinander unterhalten, über ein bisschen Smalltalk sind unsere Gespräche nicht hinausgegangen. Aber das stört mich nicht weiter und Lance vermutlich auch nicht. Wenn wir uns am Morgen vor dem Start der nächsten Etappe begegnen, grüßen wir freundlich, setzen uns aufs Rad und kämpfen weiter. Solange wir Gegner im Wettkampf sind, wird sich daran nicht viel ändern. Das schließt aber nicht aus, dass wir später einmal, wenn wir keine Radprofis mehr sind, gemeinsam ein Bier trinken gehen oder ein gutes Glas Wein. Genug Gesprächsstoff hätten wir jedenfalls.

Erst in den Alpen wurde meine Form besser. Auf der 15. Etappe mussten wir noch einmal fünf Berge überqueren. Richard Virenque, Roberto Heras, ein kleiner Superkletterer aus Spanien, und ich griffen an. Es war ein schönes Gefühl, das Gelbe Trikot wenigstens einmal hinter mir zu lassen. Die Etappe verlor ich, weil ich kein zu großes Risiko eingehen mochte. Oben auf dem letzten Pass wartete ich auf unseren Mannschaftswagen. Die Betreuer waren völlig überrascht. »Ich brauche ein Rad«, schrie ich. Meine Bremsklötze waren durch die vielen langen Abfahrten so abgenutzt, dass ich auf Nummer sicher gehen wollte. Virenque verteidigte zwanzig Sekunden Vorsprung bis ins Ziel, ich wurde Zweiter. Wir hatten Armstrong anderthalb Minuten abgenommen.

Daraus schöpfte ich Mut für die nächsten Tage, zumal die Tour einen Abstecher nach Deutschland machte. In Rheinfelden kamen wir über die Grenze nach Südbaden und erreichten das Etappenziel Freiburg. Es war wunderbar, die vielen Zuschauer an der Strecke zu sehen. Das Rennen hätte an diesem Tag eigentlich »Deutschland-Tour« heißen müssen. Fahrer aus anderen Mannschaften kamen zu uns und meinten, so etwas hätten sie noch nie erlebt. Wir deutschen Rennfahrer waren sehr stolz darauf, wie euphorisch, fantasievoll und begeistert unsere Landsleute die Tour de France empfingen. Noch Monate später konnte ich meinen Namen auf der Straße lesen, wenn ich auf meinen Trainingsstrecken unterwegs war.

Am nächsten Morgen führte das Zeitfahren von Freiburg nach Mulhouse fast an meiner Haustür vorbei. Es waren dreißig Grad im Schatten, perfektes Jan-Ullrich-Wetter also, und es war meine letzte Chance, eine Etappe zu gewinnen. Gaby hatte mir genau beschrieben, wo ich sie sehen könnte. In Tiengen am Tuniberg, nur fünf Kilometer von Merdingen entfernt, wollte sie mit Freunden an der Strecke stehen. Aber in den Menschenmassen fand ich sie beim besten Willen nicht. Ich hatte allerdings auch nicht die Muße, mich umzuschauen, denn ich kämpfte mit aller Kraft um den Etappensieg. Bei der ersten Zwischenzeit nach zwanzig Kilometern rief Rudy mir über Funk zu: »Jan, fünf Sekunden zurück. Gib alles!« Noch einmal erhöhte ich das Tempo. Ich sah den jungen Spanier Joseba Beloki vor mir, der in der Gesamtwertung unmittelbar hinter mir lag. Drei Minuten nahm ich ihm ab. Aber Armstrong war einfach nicht zu schlagen, er fuhr ein Durchschnittstempo von fast 54 Stundenkilometern. Es war das zweitschnellste Zeitfahren der Tour-Geschichte nach jenem dramatischen Finale zwischen Greg Lemond und Laurent Fignon am Ende der 89er Tour.

Wieder einmal erreichte ich Paris als Zweiter. Ich brannte darauf, das nächste Duell mit Armstrong aufzunehmen.

*

Die Gelegenheit dazu sollte sich bald ergeben. Zwei Monate nach der Tour trafen wir uns am anderen Ende der Welt in Sydney wieder. Es waren meine ersten Olympischen Spiele. Alle Vorbilder meiner Kindheit hatten olympische Medaillen gewonnen, nun wollte ich es ihnen gleichtun.

Ich arbeitete mit Peter Becker und Andreas Klöden ein spezielles Trainingsprogramm ab: zehn Kilometer lange Intervalle mit schnellen Einlagen, Serien von Sprints und Moto-Training. Beim Moto-Training fährt man einem Moped hinterher, ähnlich wie bei den Steher-Rennen auf der Bahn. Der Sinn dieser speziellen Form des Trainings ist, mit besonders hohen Trittfrequenzen zu fahren und die Muskulatur locker und geschmeidig zu machen. Mein Tempomacher war Erich Keller, unser radsportbegeisterter Wirt vom Gasthof Keller und Vorsitzende des ersten Jan-Ullrich-Fanclubs in Merdingen. Erich freute sich riesig, dass er mir auf diese Weise helfen konnte. Wir trainierten nur noch fünf bis sechs Stunden täglich, aber dafür sehr intensiv. Ich wollte kraftvoll und spritzig sein für die zu erwartenden kurzen Anstiege und Sprints. Dafür musste ich ausreichend Kraft in den Beinen haben und baute kontinuierlich meine Muskelmasse auf. Bei Eintagesrennen gibt es keine Berge mit Anstiegen über zwanzig Kilometer Länge, an denen jedes Gramm zählt. Es machte also nichts, wenn ich etwas schwerer wurde. Bei der Tour ist das anders, da ist mein Körpergewicht extrem niedrig. Es liegt dann am untersten Limit und lässt sich auf diesem Niveau höchstens fünf Wochen halten.

Wir nutzten die Meisterschaft von Zürich, die wegen der Streckenführung und des Profils mein Lieblingsrennen in der Weltcup-Serie ist, als Test. Ich kam eine Minute vor Armstrong ins Ziel und wurde Zweiter hinter dem Schweizer Dufaux. Hätte ich beim Sprint der Spitzengruppe nicht einen zu großen Gang aufgelegt, wäre sogar ein Sieg möglich gewesen. Danach fuhr ich zur Spanien-Rundfahrt, wo ich schließlich meinen Sieg vom Vorjahr zu verteidigen hatte. Aber ich unterwarf alles einer perfekten Vorbereitung auf das olympische Rennen. Nach zehn Tagen lag ich zwar aussichtsreich auf dem vierten Platz, aber als ich merkte, dass meine Form etwas nachließ und ich müde wurde, fuhr ich nach Hause, um in Merdingen zu trainieren.

In Australien schlugen wir unser Trainingscamp in der Nähe von Brisbane auf. Mario Kummer betreute die deutsche Mannschaft: Rolf Aldag, Andreas Klöden, Erik Zabel und mich vom Team Telekom sowie Jens Voigt, der normalerweise für ein französisches Team fuhr. Mit uns trainierte Alexander Winokurow, der für Kasachstan an den Start gehen würde. Wino hatte uns gefragt, ob das möglich wäre, und weil er zum Team Telekom gehörte und wir ihn sehr mochten, hatten wir nichts dagegen.

Im Olympischen Dorf wohnten wir in einem Haus mit den Sprinterinnen und Hürdenläuferinnen der Leichtathletik-Mannschaft, die schon schrecklich aufgeregt waren. Wir Radprofis waren dagegen viel lockerer und konnten die Atmosphäre im Dorf so richtig genießen.

Am Vorabend des Straßenrennens traf ich mich mit Erik. Es war keine einfache Situation für uns, denn wir hatten ein Problem zu lösen: Beide wollten wir das Rennen gewinnen. Das Profil der Strecke war so, dass wir uns auch beide etwas ausrechnen konnten. Es hing vom Rennverlauf ab, ob die Sprinter eine Chance erhalten würden oder ob es doch einer Gruppe gelänge auszureißen. Diesmal konnte die Sportliche Leitung das Problem nicht durch eine Anweisung lösen, wir mussten es schon untereinander klären. »Wenn wir bis zur letzten Runde alle zusammen sind, dann fahren wir für dich, Ete. Dann ziehe ich dir den Spurt an«, schlug ich Erik vor. »Aber vorher nehme ich mir die Freiheit und werde selbst meine Chance suchen.« »Okay«, sagte Erik. »Versuchen wir es.«

Am nächsten Morgen wäre ich am liebsten im Bett geblieben. Es regnete in Strömen. Im Bus fragte ich Andreas Klöden: »Kannst du dem Fahrer nicht ein paar Australien-Dollar geben, damit er uns zum Flughafen und nicht zur Rennstrecke fährt?«

»Ach Jan«, sagte Klödi bedauernd. »Ich habe mir heute zum Rennen leider kein Kleingeld eingesteckt.«

»Ist doch großer Mist bei dem Wetter«, fluchte ich.

Im Startbereich warteten wir in einem Zelt, bis es losging. Wir gaben ein ungewohntes Bild ab in unseren Nationaltrikots, denn das ganze Jahr über fahren wir als Profis bei internationalen Mannschaften, in denen die Nationalität keine

Rolle spielt. Nur bei Weltmeisterschaften und Olympischen Spielen ist das anders.

Unser Mannschaftsarzt Dr. Lothar Heinrich kam herein und rief: »Jungs, draußen scheint die Sonne!« Wir hielten das für einen nicht sonderlich originellen Aufmunterungsversuch. »Hahaha«, sagte ich. »Für dich scheint vielleicht die Sonne, bei mir regnet es.« Aber pünktlich zum Start riss tatsächlich die Wolkendecke auf, und meine Stimmung verbesserte sich mit jedem Sonnenstrahl. Ich gebe zu, dass ich, was das Wetter betrifft, mittlerweile ziemlich abergläubisch bin, denn bei schönem Wetter fahre ich ja am besten.

Das Straßenrennen war ein Rundkurs von 240 Kilometern Länge. Zum zweiten Mal erst durften Profis an Olympischen Spielen teilnehmen. Ein erstklassiges Feld war am Start: die Tour-Sieger Armstrong, Pantani und Ullrich. Die Weltmeister Olano, Camenzind, Brochard und Freire. Die Weltcup-Sieger Bartoli, Bettini und Jalabert. Und für den Fall eines Massensprints Zabel und weitere hervorragende Sprinter aus anderen Teams.

Es gab zwischen Fahrern und Sportchef keine normale Funkverbindung, wie sie bei Profirennen üblich ist. Mario Kummer saß zwar im Auto, konnte aber nur im Start-Ziel-Bereich Kontakt mit uns aufnehmen. Deshalb hatten wir Rudy Pevenage mit einem Fernseher, den wir extra für das Rennen gekauft hatten, auf einem Parkplatz an der Strecken platziert. Auch er erreichte uns nur über Funk, wenn wir unmittelbar in seiner Nähe waren. Olaf Ludwig und Walter Godefroot standen an einer Videowand in der Nähe des Ziels. Damit hatten wir den Rundkurs halbwegs mit Informanten abgedeckt. Zumindest dachten wir das.

Das Rennen begann, und unser schönes Informationssystem brach sofort zusammen. Denn die Australier übertrugen im Fernsehen nicht Radsport, worauf wir uns verlassen hatten, sondern einen Wettkampf, der uns bei unserer Strategie und Taktik leider kein bisschen weiterhalf. Sowohl unser Fernseher als auch die riesige Videowand zeigten – Fechten! Unsere weit verstreuten Informanten konnten das Rennen also gar nicht sehen. Trotz dieser unerwarteten Widrigkeiten gelang es uns irgendwie, die Übersicht zu behalten. Jens Voigt und Rolf Aldag hatten in verschiedenen Spitzengruppen ein Auge darauf, dass niemand zu weit weg fuhr.

Fünf Runden vor Schluss löste sich eine größere Gruppe mit 17 Fahrern. Armstrong war dabei, Jalabert, die Italiener Bettini und Bartoli, außerdem Jens Voigt, Klödi und ich. Aber es waren zu viele »Anscheißer« darunter. So nennen wir Fahrer, die sich beim Tempomachen vornehm zurückhalten und sich lieber im Feld verstecken, um dann von der Arbeit der anderen zu profitieren. Die mussten wir möglichst schnell loswerden. Ich erinnerte mich an den Rat von Olaf Ludwig, der 1988 selbst Olympiasieger geworden war: »Warte nicht zu lange, Jan. Wenn du eine Chance siehst, dann fahr einfach los.«

Zwei Runden vor Schluss startete ich meinen Angriff. Eine Runde später wäre ich verabredungsgemäß zu Eriks Helfer geworden. Nach einer Linkskurve ging es bergab zum Bronte Beach, ich fuhr mit dem größten Gang durch eine Senke und sprintete den ungefähr 1.500 Meter langen Anstieg zum Centennial Park hinauf. Etwa zur Hälfte schaltete ich runter, dann trat ich weiter. Nach der nächsten Kurve drehte ich mich um und sah Klödi und Wino etwa dreißig Meter hinter mir. Ich wartete auf sie, und wir rasten zu dritt weiter. Jetzt war ich richtig in Fahrt. Als wir die Spitze des Berges erreicht hatten, beschleunigte ich noch einmal, aber Wino hatte Probleme zu folgen. Ich überlegte, was ich machen sollte. In diesem Moment war Wino zwar Kasache und ich Deutscher, aber das ganze Jahr über fuhren wir in einer Mannschaft. Wir waren Freunde, das konnte ich doch nicht einfach vergessen – ich wollte diese Flucht mit ihm gemeinsam durchziehen. Ganz abgesehen davon hatten wir als Trio einfach bessere Chancen, von den anderen nicht wieder eingefangen zu werden. Wir mussten zusammenarbeiten, wenn wir vorn bleiben wollten. Ich wartete einen Moment, und kaum hatte Wino zu Klödi und mir aufgeschlossen, hetzten wir gemeinsam weiter.

Plötzlich hörten wir Mario Kummers aufgeregte Stimme: »Hinter euch sind nur die Italiener Bartoli und Bettini, Abstand acht Sekunden! Ihr fahrt 47 Stundenkilometer. Macht weiter so, dann können die bald nicht mehr.« Das war die entscheidende Phase des Rennens. Alle Kraft, die wir hatten, legten wir in diesen Angriff. Später erzählten uns andere Fahrer, dass Armstrong hinten im Feld laut fluchte, als er unsere Flucht bemerkte hatte. Auch er wollte hier unbedingt gewinnen, zumal ein Olympiasieg in den USA noch immer weitaus mehr wert war als ein Sieg bei der Tour de France.

Wir kamen an Olaf Ludwig vorbei. Der meldete sofort per Funk an Rudy Pevenage und Lothar Heinrich: »Drei Spitzenreiter: Klöden, Ullrich, Winokurow.« Lothar wollte das nicht glauben: »Sehr witzig!« Wenig später rasten wir auch an ihm vorbei. Unser Vorsprung vergrößerte sich. Es wurde Zeit, mir eine Taktik zu überlegen, denn ich wollte unbedingt Olympiasieger werden. Ich überlegte, wie ich es am klügsten anstellen könnte. Die anderen beiden hatten bei meinem Antritt am Berg gemerkt, dass ich der Stärkste von uns dreien war. Auf der letzten Runde mussten wir diesen Anstieg noch einmal passieren, und wenn ich dort angreifen würde, hätte ich gute Aussichten, es allein bis ins Ziel zu schaffen. Aber eine weitaus bessere Chance würden wir natürlich haben, wenn wir als Spitzengruppe kooperierten. »Wino, der Sieg geht heute über mich«, sagte ich deshalb ohne falsche Bescheidenheit. »Entweder ich hänge euch am nächsten Berg ab und fahre allein weiter. Dann riskieren wir aber, dass die anderen von hinten noch einmal rankommen. Oder wir arbeiten zusammen, aber ich gewinne. Bist du dabei?«

Andreas rief: »Jan, nimm uns mit. Wir fahren zu dritt bis ins Ziel.«

Da antwortete auch Wino: »Okay, wir bleiben zusammen. Wir sind zu dritt.«

Wir donnerten los wie bei einem Mannschaftszeitfahren und fuhren anderthalb Minuten Vorsprung heraus. Es war wunderbar. Rudy Pevenage stand an der Strecke und starrte auf die Videowand. Inzwischen hatten die Australier freundlicherweise auf unser Radrennen umgeschaltet. Als Rudy uns drei sah, traute er kaum seinen Augen. Einige Tage vorher hatte Alexander Winokurow ihn gefragt, ob er ihm für die kasachische Nationalmannschaft Funkgeräte besorgen könnte. »Gut«, war Rudys Antwort gewesen. »Aber nur, wenn ihr mir eure Frequenz sagt.« Deshalb konnte er nun sowohl Klödi und mich als auch Wino ansprechen. Ein Belgier kommunizierte nun mit zwei Deutschen und einem Kasachen über das olympische Finale. »Wino, habt ihr euch auf eine Taktik geeinigt?«, fragte er. »Ja«, sagte Wino. »Es ist alles klar.«

Währenddessen rannten Gaby und die Frauen der anderen deutschen Fahrer durch Sydney. Sie hatten genau eine Runde Zeit, von dem Berg, an dem sie uns eben noch in Führung liegend gesehen hatten, ins Ziel zu gelangen. Sie wollten uns dort gebührend empfangen, doch leider war kurz vor dem Ziel Endstation. Dieser Bereich war hermetisch abgeriegelt.

Vier Kilometer vor dem Ziel trat ich an, und Wino und Klödi folgten mir nicht. Wie bei meinem ersten Meistertitel, damals als 14-jähriger Schüler, erreichte ich das Ziel allein. Etwas Schöneres gibt es nicht – man kann seinen Erfolg so unglaublich intensiv genießen. Schon fünfhundert Meter vor dem Ziel richtete ich mich auf. Ich sah, wie die deutschen Fans ihre Fahnen schwenkten. Ich sah, wie Eule und Olaf Ludwig hinter dem Ziel Freudensprünge vollführten. Ich sah das Ziel. Ich war Olympiasieger!

Wenige Sekunden nach mir besiegte Wino Klödi im Spurt und gewann die erste Olympiamedaille für sein Heimatland. Wir drei lagen uns noch in den Armen, als anderthalb Minuten später die Gruppe mit Armstrong und Jalabert das Ziel erreichte. »Wenn ich Lance geschockt habe, ist es gut«, sagte ich in der Pressekonferenz. »Wenn nicht, ist es auch egal.«

*

Drei Tage später sahen wir uns beim Zeitfahren wieder. Ich richtete mich erneut auf ein Duell mit Lance Armstrong ein, gegen den ich bis zu diesem Tag noch kein Zeitfahren gewonnen hatte. Die Strecke war mit 47 Kilometern nicht besonders lang und bestand aus sechs Runden.

Nach der ersten Runde hörte ich Mario Kummer per Funk: »Läuft gut, Ulle, du hast eine Sekunde.« Nach der zweiten Runde lag ich zwei Sekunden zurück, nach der dritten nur noch eine. Nach der vierten Runde jubelte Mario: »Jan, du liegst zwei Sekunden vor Armstrong.« Ich legte richtig los. Das Gefühl, in diesem Fernduell einen kleinen Vorsprung zu haben, trieb mich weiter an. Der Wind frischte auf, und er blies uns vor allem auf der Zielgeraden mächtig entgegen. Ich trug ein Visier am Rennhelm, das mir durch den Gegenwind auf die Nase drückte. »13 Sekunden! Super, Ulle«, meldete sich Mario begeistert vor Beginn der letzten Runde. Ich holte die letzten Reserven aus meinem Körper heraus.

Wer sollte mir noch in die Quere kommen? Die Zeiten des Russen Wjatscheslaw Jekimow kannte ich nicht. Er hatte zu den ersten Startern gehört und war schon seit mehr als einer Stunde im Ziel. Vor der letzten Runde lag er hinter mir, und als ich auf die Zielgerade kam, war ich mir sicher zu gewinnen. Aber dann schlug das Wetter um, und ich fuhr wie gegen eine Wand, so sehr blies mir der Wind ins Gesicht. Bei einer besonders heftigen Böe flog mein Visier weg. Im Ziel war ich 26 Sekunden schneller als Lance Armstrong, doch gewonnen hatte ich nicht. Es war mir zwar gelungen, Armstrong zu schlagen, aber die Bestzeit von Jekimow hatte ich um acht Sekunden verpasst. Mein zweiter Olympiasieg war vom Winde verweht worden. Zuerst ärgerte ich mich ein bisschen, denn unter normalen Bedingungen hätte ich den Wettbewerb ganz sicher gewonnen. Aber dann dachte ich: Vielleicht sollte ich nicht zu viel verlangen vom Glück. Ich hatte ja meine Goldmedaille.

*

Beim Rückblick auf die Saison diskutierte ich mit Peter Becker und Rudy Pevenage über die unterschiedlichen Fahrstile, die Armstrong und ich bevorzugen. Es stimmt schon, dass man mit einer höheren Trittfrequenz überraschender und explosiver angreifen kann. Das macht Armstrong perfekt. Aber es gibt auch Fahrer, zu denen ein athletischer Fahrstil besser passt und die damit erfolgreich sind. Zu denen gehöre ich.

Dabei stand für mich fest, dass ich mich von der Diskussion um den »perfekten Radstil« nicht verrückt machen lassen wollte. Es ist doch so: Der beste Rennfahrer einer Epoche ist immer auch stilistisch sofort das Nonplusultra. Als Indurain und ich die Tour gewonnen hatten, galt es als perfekt, mit außergewöhnlich großen Gängen zu fahren und auch bei den steilsten Anstiegen im Sattel sitzen zu bleiben. Als dann später Armstrong auftauchte, hieß es, auf eine hohe Trittfrequenz komme es an, also in der Anzahl der Pedalumdrehungen pro Minute. In der Tat fährt Lance eine so hohe Trittfrequenz wie kein Zweiter. Das war nicht immer so, denn vor seiner Krebserkrankung fuhr er viel kraftvoller und schwerfälliger und wurde damit immerhin auch Profi-Weltmeister. Nach der Krankheit aber musste er seine Muskulatur neu aufbauen, und dabei veränderte er auch seinen Fahrstil und seine Frequenz. Nun ist er auf diese Weise außerordentlich erfolgreich.

Peter Beckers Motto war: »Das eine tun und das andere nicht lassen.« Das bedeutete: bei den eigenen Stärken ansetzen und trotzdem schauen, ob sich nicht noch etwas verbessern ließe. Wir testeten im Training zunächst, ob es für mich sinnvoll wäre, es zumindest so ähnlich wie Armstrong zu machen. Team Telekom verpflichtete im Herbst Kevin Linvingston vom US-Postal-Team, der ein guter Freund Armstrongs gewesen war, bevor sie sich zerstritten hatten. Ziel war es, mit Kevins Hilfe Lance' Fahrstil besser simulieren zu können. Ich fuhr im Schwarzwald viele Stunden hinter Kevin her: Er mit der Lance-Frequenz vorneweg, ich folgte im »Gleichschritt«. Aber das funktionierte nicht, mein Puls schoss sofort rapide in die Höhe. Bei dieser Art zu fahren war ich viel zu schnell erschöpft.

Danach versuchte Peter Becker, mich von einer Kombination beider Fahrstile zu überzeugen. »Wenn man auch mal im Stehen fährt, ist man variabler«, meinte er. »Du stützt das Gewicht vorne auf dem Lenker ab, schiebst das Becken nach vorne und aktivierst Muskelgruppen, die normalerweise gar nicht daran beteiligt sind.« Es würde schon genügen, drei- bis fünfhundert Meter so zu fahren und sich dann wieder hinzusetzen. Armstrong würde ja auch nicht zehn Kilometer mit hoher Frequenz im Stehen fahren.

Mich überzeugte das nicht. Lance Armstrong tritt am Berg zwischen neunzig und hundertmal pro Minute in die Pedale. Bei mir sind es rund zwanzig Umdrehungen weniger. Bei kleineren Gängen und häufigeren Pedalumdrehungen benötigt man vor allem Kondition, bei großen Gängen viel Kraft. Jeder Fahrer muss für sich den richtigen Weg finden, denn entscheidend ist letztlich, wer am schnellsten den Berg hinauffährt. Und dafür wiederum ist die Durchschnittsgeschwindigkeit ausschlaggebend. Wenn ich also einem überraschenden Antritt solcher Fahrer wie Armstrong oder Virenque nicht folgen kann, muss ich das, um zu gewinnen, mit einer höheren Grundgeschwindigkeit ausgleichen. Ich fahre mit großen Gängen und viel Kraft in gleichmäßigem Tempo die Berge hinauf. Und hoffe, dass mir die explosiven Ausreißer irgendwann wieder »entgegenkommen«, dann nämlich, wenn ihnen die Puste ausgeht.

Ich war mir sicher, dass ich Armstrong mit meinen Stärken schlagen konnte, wenn ich nur richtig in Form war. Wozu musste ich dann auf seinen Fahrstil umsteigen? Und auch mit einem Kompromiss aus unseren beiden Methoden konnte ich nichts anfangen.

*

Anfang Juni 2001 in San Remo. Ich saß gerade beim Abendessen, als ich plötzlich die Polizisten sah. Sie waren überall, wahrscheinlich hatten sie das Hotel umstellt. »Die sind wegen Pantani hier«, sagte einer am Nebentisch. Marco Pantani, der großartige Kletterer, der mich bei der Tour 1998 besiegen konnte, war mittlerweile in verschiedene Doping-Affären verwickelt. Die Polizeibeamten hatten es aber nicht allein auf Pantani abgesehen, vielmehr meinten sie uns alle.

Eigentlich wollte ich an diesem Tag früh ins Bett gehen, denn am nächsten Tag stand eine der schwersten Etappen des Giro d'Italia auf dem Programm. Ich war zum ersten Mal in meiner Karriere bei der Italien-Rundfahrt am Start, weil ich einen neuen Weg ausprobieren wollte, nämlich schon vor der Tour de France eine große Rundfahrt zu fahren. Leider wurde ich gleich nach dem Prolog krank und musste Antibiotika schlucken. Ich verlor viel Zeit und belegte nur zwei dritte Plätze. Die letzten vier Tage wollte ich nun dazu nutzen, meine Form weiter zu verbessern. Aber dann kamen die Carabinieri.

Wir wurden unter Polizeibegleitung auf unsere Zimmer gebracht. Alle Ausgänge des Hotels waren besetzt, niemand kam mehr rein oder raus. Zwei Beamte begannen mein Zimmer zu durchsuchen. In einem Pappkarton machten sie einen Fund, der sie offenbar sehr beeindruckte: ein Inhalationsgerät, eine riesengroße Spritze und eine gelbe Flüssigkeit. Sofort holten sie zwei weitere Beamte in mein Zimmer, um ihnen stolz ihre Entdeckung zu zeigen.

Rudy Pevenage, der Italienisch spricht, kam ins Zimmer und erklärte den Polizisten, dass es sich um Geräte und Medikamente für völlig harmlose Inhalationen handelte, die ich jeden Abend machte, weil ich krank war. Aber die Carabinieri legten jetzt erst richtig los. Das ganze Zimmer wurde auf den

Kopf gestellt. Jedes einzelne Medikament, das sie fanden, wurde notiert und beschlagnahmt. Dazu gehörten Vitamintabletten, das Antibiotikum und zwei Cortison-Präparate. Ich wollte ihnen erklären, dass ich eine schwere Erkältung hatte und diese Medikamente brauchte, aber das interessierte sie nicht. Ich wollte ihnen meinen Gesundheitspass zeigen, in dem seit 1996 die Erlaubnis für die Cortison-Präparate stand, weil ich unter Belastung asthmatische Beschwerden bekam, aber den wollten sie gar nicht sehen.

Erst nach vier Stunden verließen die Beamten mein Zimmer wieder. Am nächsten Morgen erfuhr ich, dass vor allem bei einigen italienischen Fahrern nur einmal kurz die Koffer geöffnet worden waren. Ich hatte ein reines Gewissen und nichts zu befürchten, weil ich mich an die Regeln des Radsport-Weltverbandes UCI gehalten hatte. Doch ich ärgerte mich maßlos. Noch nie war ich wie ein Verbrecher behandelt worden, aber offenbar nahm sich die Polizei das Recht dazu heraus. Wie es aussah, konnte der Ruf der Profi-Radsportler kaum noch schlechter werden. In den Jahren zuvor hatte es immer wieder Vorfälle gegeben, die den Eindruck verstärkten, dass wir nicht aus eigener Kraft in der Lage wären, unseren Sport sauber zu halten. Also rückten Staatsanwälte, Polizisten, Mediziner und Journalisten an, um den schwarzen Schafen auf die Spur zu kommen. Dabei wurde allerdings nicht mehr differenziert, und es galt keine Unschuldsvermutung mehr. Jeder Einzelfall wurde zu einer Generalanklage gegen meinen Sport. Das ist nicht gerecht und nicht fair, jedenfalls erbringe ich meine Leistungen ausschließlich mit erlaubten und sauberen Methoden.

Ich hatte die Doping-Razzia beim Giro längst vergessen, als ich von einem italienischen Gericht vorgeladen wurde. Es ging um das Cortison, das in meiner Waschtasche gefunden worden war. Ich konnte alle erforderlichen Atteste vorlegen, und der Radsport-Weltverband UCI schrieb an die italienischen Behörden, dass alles korrekt wäre. Trotzdem gab es immer wieder eine umfangreiche Berichterstattung über den »Fall Jan Ullrich«, zuerst in Italien und später auch in Deutschland. Und ausgerechnet immer dann, wenn die Akte von einem Staatsanwalt an den nächsten weitergereicht wurde, stand zwei Tage später ein ausführlicher Bericht in der *Gazetta dello Sport*, der wichtigsten italienischen Sportzeitung. Fast zwei Jahre zog sich das so hin, bis das Verfahren eingestellt wurde. Natürlich ohne Ergebnis, denn es gab keinen Grund für eine Anklage.

*

Ich war 27 Jahre alt, als ich in Dünkirchen zum fünften Mal an den Start der Tour de France ging. In diesem Alter hatte Miguel Indurain zum ersten Mal dieses Rennen gewonnen, die Hoffnung war also durchaus berechtigt, dass meine besten Jahre noch vor mir lagen. Aber natürlich konnte ich mich darauf nicht so einfach verlassen. Es schadete bestimmt nichts, dem Glück etwas nachzuhelfen. Wie immer gab mir Gaby zum Abschied ein vierblättriges Kleeblatt und einen »Christopherus« – das ist der Schutzheilige der Reisenden – mit auf den Weg. Ich bin zwar nicht religiös, aber ich glaube an Glücksbringer. Auch deshalb trug ich das Trikot des Deutschen Meisters, genau wie 1997, als ich die Tour gewonnen hatte. Ich war jetzt dreimal Zweiter der Tour geworden, und dabei konnte es ruhig bleiben. Es gab also genügend handfeste und nicht ganz so handfeste Gründe, daran zu glauben, dass ich in diesem Jahr das Gelbe Trikot nach Paris tragen könnte.

Die erste schwere Bergetappe führte über 209 Kilometer nach Alpe d'Huez. Der zweite Teil der Strecke gehörte zum Anspruchsvollsten, was die Tour de France zu bieten hat: Mit dem Col de la Madeleine und dem Col du Glandon zunächst zwei Berge der höchsten Kategorie, und als ob das nicht schon genug der Quälerei gewesen wäre, folgte dann der legendäre Anstieg nach Alpe d'Huez. Die Situation im Klassement war unübersichtlich. Zwei Tage zuvor war es einer Spitzengruppe, die nur mit Außenseitern besetzt war, gelungen, bei Dauerregen und Kälte mehr als dreißig Minuten Vorsprung ins Ziel zu retten. Von den Mannschaften der Favoriten war keine bereit gewesen, die kräftezehrende Verfolgung aufzunehmen. So fand ich mich vor den Alpen auf dem ungewohnten 26. Platz der Gesamtwertung wieder, allerdings nur 27 Sekunden hinter Lance Armstrong.

Wir mussten also das Feld ein bisschen sortieren. Zum einen hieß das, die vor mir liegenden Außenseiter zu überholen, zum anderen, dabei die Favoriten nicht aus den Augen zu verlieren. Ich wollte sie zwingen, ihre Karten auf den Tisch zu legen. »Ich möchte, dass wir heute angreifen«, erklärte ich deshalb am Morgen den Jungs vom Team Telekom. Ich hatte eine starke Mannschaft an meiner Seite: mit Udo Bölts, Jens Heppner, Erik Zabel und Steffen Wesemann erfahrene Wegbegleiter, dazu Giuseppe Guerini, Alexander Winokurow und Kevin Livingston für die Berge. Und zum ersten Mal war mein Merdinger Nachbar und Freund Andreas Klöden mit dabei. Ich erläuterte meinen Angriffsplan. Wenn wir nach neun Flachetappen in den ersten schweren Pass hineinhämmerten, dann würden einige Fahrer Probleme bekommen. Genau das wollte ich erreichen. Auf Armstrong hatte ich es dabei gar nicht abgesehen. Ich rechnete damit, mit ihm gemeinsam den letzten Anstieg nach Alpe d'Huez zu erreichen. Dann mussten wir Mann gegen Mann ausmachen, wer der Stärkere war. Aber Joseba Beloki, den Dritten des Vorjahres, Igor Gonzalez de Galdeano, meinen Gegner von der Spanien-Rundfahrt 1999, und Laurent Jalabert, den angriffslustigen Franzosen, wollte ich von Beginn an auf eine harte Probe stellen. »Fahrt so schnell in den Berg rein, dass es hinten keine Drängelei gibt«, gab ich die Devise vor.

Die Zusammenarbeit zwischen mir als Kapitän, dem Sportlichen Leiter und meinem Team funktionierte etwa so: Die Ansage kam zunächst von Rudy aus dem Auto: »Fahrt schneller!« Dann gab ich meinen Kommentar dazu. Wenn ich einverstanden war, sagte ich nur: »Okay!« War ich anderer Meinung, lehnte ich ab. Im Endeffekt wurde getan, was ich als Kapitän sagte. Normalerweise.

An diesem Tag aber war meine Mannschaft kaum zu bremsen. In der Ebene machte Heppe Tempo. Jens Heppner hatte auf meinen besonderen Wunsch hin noch einmal einen Platz im Team gefunden. Als der Anstieg begann, übernahm sofort Udo die Führungsarbeit. Er fuhr 23 Stundenkilometer, was bei der beträchtlichen Steigung sehr zügig war. Das ist doch viel zu schnell, dachte ich. Es lagen noch hundert Kilometer vor uns. Ich staunte besonders über Andreas Klöden, der an diesem Tag den ersten Zwanzig-Kilometer-Berg seiner Karriere fuhr. Aber ich unternahm nichts, weil unser mörderisches Tempo bereits Wirkung zeigte. Armstrong hatte nicht weniger als vier seiner Helfer verloren. Und auch er selbst sah nicht besonders gut aus, fuhr am Ende der Gruppe, setzte eine Leidensmiene auf und rief immer wieder aufgeregt ins sein Mikrofon. Heppe fuhr zu Rudy ans Auto: »Armstrong ist nicht gut drauf.« Rudy hatte das längst bemerkt, denn Lance war mehrmals zu seinem Sportlichen Leiter Johann Bruyneel gekommen, der in der Kolonne der Teamfahrzeuge direkt vor unserem Auto fuhr, und hatte wild mit ihm gestikuliert. »Lance spielt den Schwachen«, hörte ich Rudy über Funk. »Aber solange er nicht abreißen lässt, solltest du nicht denken, dass er wirklich einen schlechten Tag hat.« Ich begriff erst später, was er mit dieser Bemerkung gemeint hatte.

Unsere Taktik hatten wir auf alle meine Gegner ausgerichtet, nicht nur auf einen, aber meine Leute waren nicht diszipliniert genug. Sie wollten sich selber übertreffen, vor allem Klödi und Kevin fuhren sich wie in einen Rausch. Stundenlang zog die Telekom-Lokomotive den langen Zug durch die Alpen. Natürlich kostete das unnötig Kraft. Der vorletzte Berg war der Col du Glandon. Ich hatte noch Wino, Klödi und Kevin an meiner Seite, Armstrong nur noch den Kolumbianer Rubiera. Wino fiel zurück, doch als er neben dem Mannschaftswagen fuhr, rief er: »Gebt mir Trinkflaschen, die bringe ich noch vor.« Er belud sich mit fünf oder sechs Flaschen, aber die Lücke von 250 Metern bis zu unserer Gruppe konnte er nicht mehr schließen. Wütend feuerte Wino die vollen Trinkflaschen gegen die Felswand neben der Straße. Erst nach einer Weile bekam ich das Drama hinter mir mit. Ich wurde lauter: »Was soll das hier?«, schrie ich. »Wir müssen nicht so schnell fahren.« Auch Rudy meldete sich: »Nicht überreißen mit dem Tempo.«

Ich wollte, dass alle zusammen den Anstieg von Alpe d'Huez erreichen und dieser Plan ging auf. Keinem war es gelungen, uns zu entwischen. Nun musste das direkte Duell zwischen Armstrong und mir entscheiden, wer der Beste war. Ich rechnete mir einige Chancen aus. Wir erreichten Bourg d'Oisans, einen kleinen Ort, in dem die Straße nach Alpe d'Huez abzweigt. 21 Serpentinen lagen noch vor uns, jede Kurve nummeriert und nach einem Sieger früherer Jahre benannt. Seit den 50er Jahren hat dieser Berg einen legendären Ruf. Fausto Coppi, Bernard Hinault, Marco Pantani – die besten Kletterer verschiedener Rennfahrer-Generationen hatten hier gesiegt. Uns erwartete der Höllenlärm von hunderttausend Fans, die aus ganz Europa angereist waren.

Wir fuhren an der Spitze der Gruppe in den Anstieg, aber urplötzlich trat Armstrong an. Tack, tack, tack, mit höchster Trittfrequenz. Wenn Lance angreift, schleudert er sich wie mit einem Katapult nach vorne. Er drehte sich um, als wenn er uns zum Abschied grüßen wollte. Außerdem wollte Lance sehen, ob ihm jemand folgte. Doch da kam keiner. Auch ich nicht.

Aber die anderen Fahrer befanden sich in noch größeren Schwierigkeiten. Ich sah, dass Beloki Probleme hatte, mein Tempo zu halten, der starke Franzose Moreau und die beiden Spanier Sevilla und Gonzalez de Galdeano lagen noch weiter zurück. So schlecht bin ich also doch nicht, beruhigte ich mich.

»Eine Minute Rückstand, fahr dein Tempo weiter«, hörte ich Rudy über Funk. Ich hatte mich wieder etwas erholt und versuchte eine gleichmäßig hohe Geschwindigkeit zu halten. Nach Alpe d'Huez fährt man von unten bis oben durch ein dichtes Spalier tobender und schreiender Fans. Sie springen erst im letzten Augenblick zur Seite, um den Fahrern Platz zu machen. Ich fuhr wie gegen eine Wand, die sich öffnete, kurz bevor ich gegen sie zu prallen drohte. Hände berührten meinen Rücken, Wasser wurde mir ins Gesicht gespritzt, ich aber trat und trat. Es gelang mir, den Rückstand auf Armstrong bei einer Minute und zwanzig Sekunden zu halten. Ich wurde Zweiter der Etappe und schob mich in der Gesamtwertung 19 Plätze nach vorne. Aber gegen Lance Armstrong hatte ich an diesem Tag keine Chance.

Armstrong stellte die Geschichte hinterher so dar, als wären wir auf seinen genialen Bluff hereingefallen und hätten nur wegen seiner Leidensmiene dieses Wahnsinnstempo angeschlagen. Das ist Unsinn. Wir wollten durch unseren Angriff eine ganze Reihe von Konkurrenten distanzieren, zu denen nun einmal auch der US-Amerikaner gehörte. Seine zugegebenermaßen nicht schlecht gelungene Schauspieleinlage hatten wir nicht ernst genommen, denn Rudy Pevenage war, als er am Morgen unser Funkgerät eingestellt hatte, auf die Frequenz des US-Postal-Teams gestoßen. Auf diese Weise konnten wir den Funkverkehr von Armstrong mit seinem Sportlichen Leiter abhören, und so erfuhren wir auch, dass die US-Postal-Leute ihrerseits unseren Dialog mit der Team-Telekom-Führung belauschten. Wir waren also über Armstrongs wahre Motive jederzeit im Bilde.

Für die Etappe nach Saint-Lary Soulan hatten wir wieder einen Angriff auf das Gelbe Trikot geplant. Wino attackierte früh, am Anstieg fuhr ihm Kevin kurze Zeit später alleine hinterher. Mein Plan war, zwei Helfer vor mir zu haben. Ich wollte dann auf dem letzten Kilometer des Anstiegs zu ihnen aufschließen, damit sie mir noch einmal Schwung geben konnten. Gleichmäßig erhöhte ich das Tempo. Armstrong ließ sich nicht abhängen, aber Beloki konnte nur noch mit Müh und

Not dranbleiben. Es lagen noch drei schwere Berge vor uns, und Lance hatte schon alle seine Helfer verloren, während noch zwei meiner Leute an meiner Seite fuhren. Mein Plan war also aufgegangen.

Ich kannte die Strecke gut, denn wir hatten auf diesen Pyrenäen-Pässen im Frühjahr trainiert. Die neuen Berge einer Tour-Strecke fahre ich vorher immer ab. Armstrongs Methode, alle Berge Jahr für Jahr wieder hochzufahren, halte ich für übertrieben. Man kann zehnmal die Berge hinaufklettern und jeden Kieselstein kennen. Wenn man am entscheidenden Tag keine guten Beine hat, nützt einem das gar nichts. 1997 kannte ich keinen einzigen Berg und gewann trotzdem.

Die verhängnisvolle Kurve jedenfalls war ich vorher schon einmal gefahren. Ich wollte bei der Abfahrt keine Zeit verlieren und raste den Berg hinunter, als plötzlich die Bremsen kurz aussetzten. Ich konnte nicht mehr lenken, kam gerade noch haarscharf an einer Leitplanke vorbei und flog mit Schwung einen kleinen Abhang hinunter. Wer schon einmal bei höherer Geschwindigkeit gestürzt ist, kennt das Gefühl: Du weißt genau, was jetzt passiert, aber du kannst nichts dagegen tun. Mein Herz schlug bis zum Hals. Das war's, dachte ich, adieu, Tour de France. Aber es geschah ein kleines Wunder. Ich landete auf einer weichen Wiese mit hohen Gräsern und lag wie ein Käfer auf dem Rücken, das Fahrrad von mir gestreckt. Ich hatte offenbar einen sehr aufmerksamen Schutzengel gehabt. Meine Füße waren nach der Landung immer noch fest mit den Pedalen verbunden. Ich musste sie erst ausklicken, um aufstehen zu können. Mir fehlte überhaupt nichts, eine leichte Prellung vielleicht, nicht der Rede wert. So schnell ich konnte, krabbelte ich den Hang hinauf, reichte einem Zuschauer mein Rad, kletterte über die Leitplanke – und weiter ging die Fahrt. Mein Rad war ohne Kratzer geblieben. Kevin hatte auf mich gewartet. »Oh, my god!«, schrie er, immer noch entsetzt über meinen spektakulären Sturz. Wir jagten den anderen hinterher. Aber auch Armstrong hatte gewartet. Als wir ihn erreichten, erkundigte er sich, ob bei mir alles in Ordnung wäre. Es war eine faire Geste, diesen Sturz nicht für einen Angriff zu nutzten. Andererseits war es ihm aber vermutlich auch ganz lieb, dass wir den Rest der Strecke nun in einer größeren Gruppe in Angriff nahmen. Denn auf diese Weise erreichten auch Armstrongs Helfer wieder ihren Boss.

Jeden Tag hatte ich darauf gehofft, dass Armstrong wenigstens einmal schwach sein würde. Immer wieder hatte ich angegriffen und mein Team zu einem Höllentempo angetrieben, um ihn so hart wie möglich zu fordern. Aber Lance Armstrong konnte stets dagegenhalten, er war einfach nicht zu schlagen.

Als wir am Ende der letzten Bergetappe nebeneinander über die Ziellinie in Luz Ardiden rollten, reichte ich ihm spontan die Hand. Ich wollte mich bedanken für den fairen Kampf, den wir uns mit aller Härte und Entschlossenheit geliefert hatten, und ich wollte ihm gratulieren. Es stand fest: Ich würde zum vierten Mal Zweiter der Tour de France sein.

*

Im Herbst versuchte ich, mir einen anderen Traum zu erfüllen: Ich wollte Straßen-Weltmeister werden. Immer noch war Rudi Altig der letzte Deutsche, dem das gelungen war. Und das lag 35 Jahre zurück. In sehr guter Form reiste ich nach Portugal. In den Vorbereitungsrennen in Italien war ich mit Abstand der beste Fahrer gewesen und dreimal siegreich gegen alle starken Italiener geblieben. Das hätte ich mir wohl lieber verkneifen sollen, denn so hatten alle meine Gegner gesehen, wie schnell ich war.

Die erste Disziplin bei einer Weltmeisterschaft ist stets das Zeitfahren. Da meine ganze Konzentration jedoch dem folgenden Straßenrennen galt, ging ich sehr locker in den Wettbewerb. Ohne aerodynamischen Helm und ohne windschlüpfrige Überschuhe nahm ich den Kampf gegen die Uhr auf. Es sollte lediglich ein letzter Formtest werden. Nach zwei Dritteln der Strecke lag ich noch auf Platz vier. Doch dann packte mich der Ehrgeiz. Wenn ich schon einmal dabei war, dann könnte ich doch auch versuchen zu gewinnen. Tatsächlich fuhr ich noch einen Vorsprung von sieben Sekunden heraus und wurde zum zweiten Mal Zeitfahr-Weltmeister.

Damit war ich im Straßenrennen endgültig der große Favorit. Olaf Ludwig betreute als Teamchef die deutsche Nationalmannschaft. Wir gingen davon aus, dass auf dem schweren Rundkurs Sprinter wie Erik Zabel chancenlos wären und die Entscheidung an einem Berg fallen würde. Aber für einen Sieg benötigt man nicht nur viele Muskeln, beste Kondition und ein großes Kämpferherz. Ein Erfolg ist vielmehr nur möglich, wenn man auch die richtige Taktik hat und gerade bei einer Weltmeisterschaft zudem etwas Glück. »Ulle, wenn die richtige Runde kommt, und du hast ein gutes Gefühl«, riet mir Olaf, »dann schalte doch etwa zweihundert Meter später auf deinen größeren Gang, so bleibst du explosiver.«

Ich antwortete: »Ich fahre den Gang, den ich für richtig halte.«

»Okay«, sagte Olaf. »War bloß ein Tipp.« Ich war sehr selbstbewusst und glaubte, selbst am besten zu wissen, wie ich das Rennen fahren sollte.

Die Weltmeisterschaftsstrecke war 254 Kilometer lang. Wir bummelten los. Eine Runde nach der anderen verging, ohne dass sich eine Mannschaft fand, die ein bisschen Gas geben wollte. Vor allem von den Italienern war ich enttäuscht. Sie hatten so viele Klassefahrer am Start: Bettini, Bartoli, Casagrande und Simoni, jeder für sich stark genug, um Weltmeister zu werden. Aber sie waren untereinander zerstritten, und offenbar sah keiner die Notwendigkeit, sich für den anderen ins Zeug zu legen. Also taten auch die Italiener nichts für ein schnelleres Rennen.

Mir dagegen fehlten Helfer in der Mannschaft, die in der Lage gewesen wären, in sechs oder acht schnellen Runden das Tempo so hoch zu halten, dass das Feld immer kleiner wurde. Das wäre die ideale Taktik gewesen. Eine Aktion wie bei der

Tour de France, als wir an manchen Tagen über hundertfünfzig Kilometer an der Spitze fuhren, konnte ich von diesem Team aber nicht verlangen. Die meisten hatten eine lange Saison hinter sich und fühlten sich ausgebrannt. Das Feld bummelte also weiter.

Nur Matthias Kessler und Erik Zabel waren in meiner Nähe. Zumindest Matthias tat alles, um mich ein wenig zu unterstützen. Aber das reichte leider nicht. Kaum trat ich an, hingen alle an meinem Hinterrad, immer schön im Windschatten, um Kraft zu sparen, mit mir als Lokomotive vorneweg. Der Berg war einfach zu kurz und nicht steil genug, um sich entscheidend absetzen zu können.

Vor dem Rennen hätte ich nie erwartet, dass eine so große Gruppe mit 45 Fahrern gemeinsam in die letzte Runde gehen würde. Wie zwei Jahre zuvor, gewann auch diesmal der clevere Spanier Oscar Freire im Spurt. Ich konnte meine gute Form nicht zu einer Medaille machen und wurde 13 – obwohl das meine Lieblingszahl ist, hielt sich meine Freude sehr in Grenzen.

*

Die Ferien für Radprofis beginnen Ende Oktober. Klödi, seine Freundin Bettina, Gaby und ich flogen zunächst zu einem Kurztrip nach Singapur und dann weiter nach Bali in ein wunderschönes Hotel am Meer.

Wenn Gaby und ich in Urlaub gehen, suchen wir meist eine Kombination aus Entspannung und Aktivität. Der Erholung in Florida oder Kalifornien etwa folgt ein Ausflug in unsere Lieblingsstadt New York. Dort haben wir Freunde, gehen in Musicals oder Museen und ziehen durch die Clubs. Diese Stadt ist faszinierend, so gigantisch, laut und selbstbewusst. Nur eines kann ich mir dort überhaupt nicht vorstellen: Fahrrad zu fahren.

Ein Urlaub direkt nach Saisonende ist mit mir kein Vergnügen, zumindest am Anfang. Mein Körper ist daran gewöhnt, jeden Tag sechs bis sieben Stunden in Bewegung zu sein, erst langsam stellt er sich auf die ungewohnte Ruhe ein. Ich bin noch schrecklich aufgekratzt und mache alle nervös. Ich gehe tauchen, surfe, spiele Volleyball und – man glaubt es kaum – ich fahre sogar Rad. Gaby liest lieber ein Buch oder liegt in der Sonne, und dann hat sie so einen aufgeregten Heißsporn an ihrer Seite. Erst nach Wochen beginne ich, mich zu entspannen.

In unserem Bali-Urlaub hatten wir ein wenig Pech. Erst litt ich unter einer schmerzhaften Mittelohrentzündung, dann warf eine böse Lebensmittelvergiftung Gaby für einige Tage aus dem Rennen. Ich blieb trotzdem optimistisch. Dann habe ich meine übliche kleine Krankheit diesmal eben jetzt schon hinter mich gebracht, dachte ich. Das war gut, denn für 2002 hatte ich mir besonders viel vorgenommen.

Neunte Etappe:

Die Krise

Auf die neue Saison freute ich mich wie seit Jahren nicht mehr. Ich hatte mir fest vorgenommen, die Tour de France ein zweites Mal zu gewinnen. Diesmal wollte ich in der Vorbereitung wirklich diszipliniert sein. Ich hatte die Rennpause verkürzt und im Urlaub konsequent auf mein Gewicht geachtet, mehr noch, ich hatte sogar einen eigenen Koch verpflichtet. In unserem Haus in Merdingen waren neue Geräte im Kraftraum aufgestellt worden, die ich eifrig ausprobierte. Ich konnte kaum erwarten, dass es endlich losging. Meine ersten Ziele waren die schweren Weltcup-Rennen im April und der Giro d'Italia im Mai. Schon dort wollte ich mit an der Spitze fahren und meine Bestform nicht erst kurz vor der Tour de France erreichen.

Aber dann sollte diese Saison die schlimmste meines Lebens werden. Ich verlor einen nervenaufreibenden Kampf, den Kampf gegen die mysteriösen Schmerzen in meinem Knie. Ich machte unglaublich dumme Fehler, enttäuschte meine Familie und die Fans, und meine ganze Karriere stand kurz vor dem Abgrund.

*

Dabei begann alles wunderbar. Anfang Dezember kam ich gut gelaunt in Südafrika an, wo wir mit zehn Leuten unser Trainingscamp in Gordon's Bay eingerichtet hatten. Der kleine Küstenort liegt in einer Bucht direkt am Meer, fünzig Kilometer von Kapstadt entfernt, am Fuße der Hottentots-Holland-Bergkette. Ich hatte Dieter Ruthenberg angerufen, weil ich zum ersten Mal einen eigenen Masseur dabeihaben wollte. »Eule«, bat ich ihn, »ich brauche dich da unten. Bring dein Täubchen mit. Um die Kosten mach dir keine Sorgen, ich lade euch ein.« »Täubchen« war seit vierzig Jahren Eules Frau, und ich wusste, dass sie sich über so eine Reise riesig freuen würde.

Unsere Truppe mit Heppner, Klöden, Hondo und den anderen wohnte im Hotel »Villa Via«. Der italienische Sprint-Star Mario Cipollini hatte mit seinen Leuten die Zimmer auf der anderen Seite des Flurs bezogen. Anfang Dezember, wenn es in Deutschland besonders ungemütlich, kalt und regnerisch ist, beginnt hier gerade der Sommer. Es war nicht zu heiß, sondern schön warm und wunderbar mild. So ein »Winter«-Training ließ ich mir gefallen. Gleich am nächsten Morgen sollte es losgehen. Von Gordon's Bay aus kann man entweder ins Landesinnere fahren, wo man schnell in die Weinberge um Stellenbosch gerät. Dort gibt es einige schwere Anstiege. Oder man wählt die flache, aber windanfällige Strecke an der Küste Richtung Hermanus, wo man mit etwas Glück noch Wale sehen kann, die um diese Jahreszeit hier vorbeiziehen.

Jens Heppner und ich entschieden uns für die Küste. Normalerweise begann ich nach der Winterpause mit ein bis zwei Stunden Radtraining und steigerte die Belastung dann allmählich. Aber an diesem Tag konnte ich einfach nicht genug bekommen. Als Heppe umdrehen wollte, drängte ich ihn: »Ach komm, lass uns noch ein Stück weiter fahren.« Am Ende waren wir fast 120 Kilometer unterwegs und ich fühlte mich großartig in Schwung. Meinetwegen konnte es so weitergehen.

Am nächsten Tag allerdings spürte ich nach etwa drei Stunden Training plötzlich einen leichten Schmerz im rechten Knie.

Mit dem Knie eines Radrennfahrers ist das so eine Sache. Kein anderes Körperteil wird beim Fahren so stark belastet. Bei einer Etappe über zweihundert Kilometer etwa wird ein Kniegelenk rund 25.000 Mal gebeugt und gestreckt. Die ganze Kraft aus den Beinen wird über dieses empfindliche Gebilde aus Knochen, Knorpeln und Sehnen übertragen. Wenn das Knie sich meldet, ist das ein Zeichen, das man sehr ernst nehmen sollte.

Im Schüleralter hatte ich ein-, zweimal das Training unterbrechen müssen, weil mein Knie ein bisschen wehtat. Und bei der Deutschland-Tour 1999 stürzte ich aufs Knie – aber das war es dann auch schon. Auf mein Knie hatte ich mich bisher eigentlich immer verlassen können. Ich war also nicht sonderlich beunruhigt, fuhr aber langsamer und rollte mit kleinen Gängen zurück ins Hotel. Eule rätselte, was die Ursache für den Schmerz gewesen sein könnte. Er tippte auf die Schuhe. Ich hatte nämlich mit neuen Rennschuhen trainiert. Es macht sich mitunter schon bemerkbar, wenn sich die Position der Füße um wenige Millimeter verändert. Sobald der Schuh eingefahren ist, wird es besser, dachte ich. Wir maßen der Sache an diesem Tag deshalb keine große Bedeutung bei. »Das wird schon«, beruhigte mich Eule nach der Massage, »bist ja kein Mädchen.«

Am dritten Tag aber war der Schmerz vom ersten Kilometer an da, ein deutlicher, stechender Schmerz. »Das darf doch nicht wahr sein«, fluchte ich, biss die Zähne zusammen und fuhr weiter. Doch ich musste immer wieder vom Rad steigen und mich dehnen und strecken. Dann konnte ich für eine halbe Stunde weiterfahren. War die Belastung beim Trainingsstart zu groß gewesen? Oder hatte ich es vielleicht mit dem Krafttraining übertrieben? Ich fuhr zu einem Arzt in die nächste Stadt, nach Somerset West, und ließ mir eine schmerzstillende Spritze geben. Das war ein Fehler, denn jetzt war ich zwar schmerzfrei, hatte aber letztlich nur die Wirkung bekämpft und nicht die Ursache. An den folgenden Tagen trainierte ich ganz vorsichtig und fuhr mit möglichst kleinen, Kraft schonenden Gängen immer am Ende der Gruppe. Wenn es bergauf ging, ließ ich mich zurückfallen. Auf diese Art und Weise brachte ich es immerhin noch auf 2.000 Kilometer. Aber letztlich kam ich mehr schlecht als recht durch dieses erste Trainingslager, von dem ich mir so viel erhofft hatte.

Die Warnsignale, die mein Knie aussendete, versuchte ich zu ignorieren. Ich fuhr nicht einmal zu den Ärzten nach Freiburg, als ich Weihnachten wieder zu Hause war. Wir hatten noch mehr als sechs Monate Zeit bis zum Start der Tour de France.

Der Januar begann mit dem traditionellen Telekom-Trainingslager auf Mallorca. Um diese Zeit konnte ich mit den anderen noch nicht mithalten, die meisten Fahrer waren einfach schon besser drauf. Aber wenigstens konnte ich zwei Wochen lang beschwerdefrei trainieren, bis kurz vor Schluss die Schmerzen zurückkehrten. Ganz plötzlich, wie aus heiterem Himmel. Ich erhielt eine schmerzstillende, homöopathische Spritze, trainierte mit großer Zurückhaltung –, und in letzter Minute gaben mir die Ärzte grünes Licht für mein erstes Rennen des Jahres. In der vorletzten Januar-Woche flog ich nach Doha zum Start der Katar-Rundfahrt. So früh wie dieses Jahr war ich noch nie in eine Saison gestartet. Die Scheichs hatten zur Premiere einer Wüsten-Rundfahrt eingeladen, das durfte man sich doch nicht entgehen lassen. Ich nahm Gaby und Wolfgang Strohband mit. Wir wohnten im luxuriösen Sheraton-Hotel in Doha. Die ganze Zeit dreißig Grad und Sonne. Es wurde für uns alle ein rundum gelungener Ausflug.

Die fünf Etappen waren jeweils nur um die 120 Kilometer lang. Ich fuhr mit relativ wenig Kraftaufwand, dafür aber mit höherer Trittfrequenz, um meine Kondition zu verbessern und mein Gewicht zu verringern. Es waren einige sehr gute Rennfahrer am Start, etwa der Franzose Laurent Jalabert oder Johan Museeuw aus Belgien. Der Kurs war allerdings sehr flach und eher etwas für die Sprinter. Thorsten Wilhelms, ein bulliger Fahrer aus dem Team Coast, gewann zwei Etappen und die Rundfahrt. Ich erreichte viermal zeitgleich mit den Etappensiegern das Ziel, und obwohl es noch nicht allzu viel bedeutete, freute ich mich über meinen 14. Platz in der Gesamtwertung. Wie es aussah, lag ich wieder im Plan. Erst später wurde mir klar, dass die Etappen waren einfach zu kurz gewesen waren, sie taugten nicht als Beweis dafür, dass mein Knie wieder gesund und voll belastbar war.

Mein erstes Rennen in Europa sollte die Valencia-Rundfahrt sein, ein kleines Etappenrennen in Spanien, das einige Favoriten der Tour de France als Training nutzten. Bis dahin war noch ein Monat Zeit, also flog ich wieder nach Südafrika. Rudy Pevenage und Peter Becker begleiteten mich, sogar einen eigenen Koch nahm ich diesmal mit. Keine Gewichtsprobleme – das hatte ich mir geschworen. Ich war fest entschlossen, alles richtig zu machen. Aber kaum war ich drei Tage in Gordon's Bay, da ging es wieder los. Nach vier Stunden spürte ich erst einen leichten Schmerz, dann die Stiche. Ich stieg enttäuscht vom Rad und ließ mich im Auto zurückfahren.

In unserem Hotel wohnten auch die Mountainbiker vom T-Mobile-Team. Sie hatten eine Physiotherapeutin dabei, von der ich wahre Wunderdinge gehört hatte. Nachts um elf klopfte ich an ihre Zimmertür. »Ich habe Probleme mit dem Knie. Kannst du dir das mal ansehen?«, fragte ich. »Jetzt?«, fragte sie ungläubig zurück. »Ist das nicht ein bisschen spät?« Wir verabredeten uns für den nächsten Morgen.

Birgit Krohme ist eine zierliche Frau Anfang dreißig, mit langem, dunkelblondem Haar, der man ihre Kraft und ihre Energie nicht sofort ansieht. Sie ist eine sehr genaue Beobachterin, ihren Augen entgeht nichts: Sitzt man wirklich gerade? Läuft man aufrecht? Bewegt man sich synchron? Sie ist der Typ Mensch, zu dem man sofort Vertrauen hat – kompetent, energisch, uneitel. Damals ahnte ich noch nicht, dass Birgit eine der wichtigsten Begleiterinnen meines Comebacks werden würde. Sie hatte als Physiotherapeutin bereits Leichtathleten und Turner betreut, eine Spezialausbildung in den USA absolviert und war jetzt bei den Mountainbikern gelandet. Sie untersuchte mich drei Stunden lang und entdeckte einen kleinen Knorpelvorsprung am rechten Knie. Dort saß der Schmerz. Sie dehnte und verrenkte mich, prüfte mit einem Winkelmesser, wie weit sich meine Gelenke beugen ließen, und tastete meine Muskulatur ab. Ich gewann einen sehr guten Eindruck von ihren Fähigkeiten, aber wirklich helfen konnte sie mir nicht.

Ich fuhr wieder nach Somerset West in die Klinik, in der ich schon einmal gewesen war. Zuerst machten die Ärzte von meinem rechten Knie eine Computertomografie, ein so genanntes CTG. Bei dieser Untersuchungsmethode wird der Körper praktisch in einzelnen Schichten aufgenommen, sodass sich genauere Erkenntnisse gewinnen lassen als beim normalen Röntgen. Danach führten die Ärzte eine Kernspinnuntersuchung durch. Auch dies ist ein Schichtbildverfahren, nur diesmal nicht mit Röntgenstrahlen, sondern mit einem Magnetfeld. Sie entdeckten auf den Bildern ein Knochenmarksödem, in meinem Fall eine Entzündung am Knie zwischen Sehne und Knochen und am Knochenansatz.

Rudy Pevenage telefonierte mit unseren Team-Ärzten in Freiburg: »Es läuft hier nicht so gut. Jan kann schon wieder nicht trainieren.« Er gab das Telefon an Birgit Krohme weiter, die Dr. Heinrich zwanzig Minuten lang beschrieb, wie sie die Situation mit meinem Knie einschätzte. Wir entschieden, dass ich zur Behandlung nach Deutschland fliegen sollte. Meine Stimmung verschlechterte sich zusehends. Ich wollte trainieren. Ich wollte disziplinierter sein. Ich wollte keine Fehler mehr machen. Und was tat ich stattdessen? Ich verbrachte wichtige Trainingstage im Flieger.

In Freiburg wurde eine weitere Kernspinnuntersuchung vorgenommen. Auch Dr. Heinrich entdeckte die Entzündung: »Hier ist eine winzige Stelle, wo der Knochen gereizt ist«, zeigte er mir auf der Aufnahme. »Dafür kann es verschiedene

Gründe geben. Eine Prellung vielleicht, oder eine Überlastung.«

Zur Kontrolle wurde auch mein anderes Knie geröntgt. »Hier ist ein kleiner Knochenvorsprung, wo die Sehne ansetzt«, erklärten mir Lothar Heinrich und Andreas Schmid. »Diese Wölbung gibt es an beiden Beinen, sie ist fast seitengleich und wahrscheinlich angeboren.« Die Diagnose der Ärzte war, dass die Schmerzen aus einem Missverhältnis von Belastung und Belastbarkeit des Sehnenapparates und der Muskulatur am Knie entstanden. Oder anders ausgedrückt: Der Körper eines jeden Menschen ist in bestimmtem Maße belastbar. Der eine kann sich mehr zumuten, der andere weniger. Wer viel an seinem Körper arbeitet, kann diese Belastbarkeitsgrenze sehr weit nach hinten schieben. Aber ich hatte es damit wohl übertrieben. Zu dieser Meinung waren meine beiden Ärzte nach ausgiebiger Beratung und endlosen Telefonaten mit verschiedenen Spezialisten gekommen. Ich hatte meinem Körper zu viel zugemutet. »Du musst dir etwas Zeit geben«, mahnte mich Dr. Heinrich. »Das Knie braucht Ruhe, Jan. Du kannst nur trainieren, wenn du schmerzfrei bist. Ein paar Tage machst du besser gar nichts.«

Wir sagten den Start bei der Valencia-Rundfahrt ab. Es war die erste von vielen Absagen, die in diesem Jahr noch folgen würden. Ich flog wieder zurück nach Kapstadt. Aber anstatt mich auf die Radsaison vorzubereiten, legte ich mich erst einmal drei Tage auf der Terrasse in die Sonne und ging mit Peter Becker spazieren, bis die Schmerzen verschwunden waren. Danach begann ich allmählich wieder mit dem Training. Jeden Morgen wickelte mir Birgit Krohme eine Pflasterbinde um das rechte Knie, damit die Sehne entlastet wurde. Dann setzte ich mich vorsichtig auf mein Rad und rollte los wie ein untrainierter Hobbyfahrer. Ganz langsam, 27 Stundenkilometer, kleine Gänge. Immerhin gelang es mir auf diese nicht gerade großartige Weise, Strecken bis zu hundertfünfzig Kilometern ohne Beschwerden zurückzulegen. So kam ich durch den Februar und fasste neuen Mut. »Rudy, melde mich für die Murcia-Rundfahrt an«, bat ich unseren Sportlichen Leiter optimistisch. »Starten wir eben eine Woche später als geplant bei einem anderen Etappenrennen in Südspanien.« Mit diesem Zeitplan im Kopf flogen wir nach Hause. Es blieben immer noch vier Monate bis zur Tour, noch war nichts verloren.

Die Absage des nächsten Rennens kam schneller, als ich ahnen konnte. Anfang März saß ich schon wieder bei den Telekom-Ärzten in der Uni-Klinik Freiburg. »Was ist passiert?«, fragte Dr. Heinrich besorgt.

»Was passiert ist?«, fragte ich gereizt. »Nichts ist passiert, das ist es ja. Ich habe einfach nur einen einzigen Tag zu Hause trainiert. Total ungewöhnlich für einen, der die Tour gewinnen will, ich weiß.«

»Bleib ganz ruhig«, beschwichtigte mich Dr. Schmid. »Wir werden schon rausfinden, was da los ist.«

Schmid hatte gut reden. Normalerweise brachte mich nichts so schnell aus der Ruhe. Aber mein schöner Tour-Vorbereitungsplan geriet immer mehr ins Wanken und offenbar wusste keiner so richtig, woher diese verfluchten Schmerzen kamen.

Da konnte man schon ein bisschen unruhig werden. Ich hatte einfach nur die kurze Zeit bis zur Rundfahrt nutzen wollen, um noch ein paar Kilometer zu »machen« und Kondition zu tanken. Es war kalt gewesen, aber trocken und sonnig, und ich war auf meiner Hausstrecke rund um den Kaiserstuhl gefahren. Die kannte ich in- und auswendig, und ich hatte bewusst eine leichte Runde gewählt. Aber wahrscheinlich hätte ich auch den Kilimandscharo hinauffahren können, das Ergebnis wäre dasselbe gewesen… »Hast du dich zu sehr belastet?«, fragte Dr. Schmid. »Nein«, sagte ich müde. »Alles ganz ruhig, wie ihr gesagt habt. Aber nach einer Stunde hat das Knie trotzdem wieder wehgetan.« Die beiden Ärzte sahen sich besorgt an.

Um sicherzugehen, konsultierten Dr. Heinrich und Dr. Schmid gleich mehrere Spezialisten: Dr. Birnesser, einen Orthopäden aus der Uni-Klinik Freiburg, Dr. Gösele vom Schweizer Leichtathletik-Verband, Professor Seegesser, der unter anderem den 800-Meter-Olympiasieger Niels Schumann behandelt hatte, und Professor Laubenberger, einen Kernspinnspezialisten aus Offenburg. In einem waren sich alle einig: Es handelte sich offenbar nicht um ein Problem *im* Knie, sondern um eines *am* Knie. Das heißt, es musste eine Verletzung sein, die zwar den Knochen in Mitleidenschaft gezogen hatte, aber nicht direkt vom Knochen ausging.

Die Ärzte zogen die Notbremse. Wir sagten auch den Start bei der Murcia-Rundfahrt ab. Es half alles nichts, wir entschieden gemeinsam, dass ich meine Verletzung in einer stationären Rehabilitations-Klinik auskurieren sollte. »Reha« würde für mich das Reizwort des Jahres werden. Es bedeutete Gymnastik, Massagen und Behandlung statt Radrennen und Training. Meine Motivation erreichte zum ersten Mal den Nullpunkt. Die nächsten drei Wochen verbrachte ich auf meinen Wunsch in der Reha-Klinik Badenweiler im südlichen Schwarzwald. Besonders reizend war das tägliche »Wasserballett«. Ich strampelte beim Aqua-Jogging mit den Beinen im Wasser, genau wie die älteren Damen im Nachbarbecken. Unglaublich inspirierend! Ich bemühte mich, diszipliniert zu sein, aber mit meiner Geduld war es nicht weit her. Immer wieder musste mich der Physiotherapeut ermahnen, es nicht zu übertreiben. Er hatte ja Recht, doch während ich hier auf der Stelle trat, begann mir die Zeit davonzulaufen. Den ganzen März über konnte ich nicht trainieren.

*

Mein Umfeld im Team Telekom wurde allmählich nervös. Ein Krisengespräch wurde einberufen. Aus allen Himmelsrichtungen reisten die wichtigsten Leute meiner Mannschaft nach Freiburg: Walter Godefroot und Rudy Pevenage aus Belgien, Olaf Ludwig aus Bonn, Dr. Andreas Schmid und mein Manager Wolfgang Strohband waren ebenfalls dabei.

Wir sprachen über mein Rennprogramm. Ich träumte immer noch davon, beim Giro d'Italia zu starten, der in zwei Monaten beginnen sollte. Meine ehrgeizigen Pläne vom Jahresanfang hatte ich allerdings beerdigt, ich wollte das anspruchsvolle Rennen lediglich als verschärfte Trainingsmöglichkeit nutzen. Aber selbst das stand jetzt in den Sternen. Als Nächstes kam die Sprache auf meine Trainingsmethodik. Walter Godefroot meinte, dass ich das Krafttraining übertreiben würde. So tasteten sich die anderen langsam an die heiklen Themen heran und kamen schließlich auf mein Körpergewicht zu sprechen. Dr. Schmid legte lange Datenreihen vor, in denen mein Gewicht, mein Trainingspensum und mein Kraftaufwand erfasst waren. Er stellte fest, dass ich wieder zu schwer war und mit diesem Körpergewicht zu hart und mit zu hohen Gängen trainiert hatte. Ich hörte ihm zu und sagte nicht viel. Im Moment konnte ich ohnehin nichts tun, mir blieb nur abzuwarten. Das war ja mein Problem. Die Runde der Experten schlug mir vor, dass ich mit kleineren Gängen und geringerem Kraftaufwand trainieren und möglichst schnell mein Gewicht verringern sollte. Sie redeten mir ernsthaft ins Gewissen, weniger zu essen. Alle waren davon überzeugt, dass sich bei einem dosierten Trainingsaufbau mein Knie wieder beruhigen würde.

Nach den drei Wochen in der Reha wurde das Knie wieder gründlich untersucht. Es war entzündungs- und schmerzfrei. Die Ärzte machten mir Hoffnungen, dass ich bei einer allmählichen Steigerung der Belastung auch schmerzfrei bleiben würde. Endlich! Das war die Nachricht, auf die ich so lange gewartet hatte. Ich konnte wieder mit dem Training beginnen. Zunächst fuhr ich nur zwei Stunden täglich, ganz locker, keine Berge, um ja keinen Fehler zu machen.

Aus den zwei Stunden wurden nach und nach drei, vier und fünf Stunden am Tag, manchmal sogar sechs. Nichts, keine Beschwerden. Ich spürte, wie meine Kraft langsam zurückkehrte. Und je mehr ich trainieren konnte, desto besser wurde meine Laune. Dr. Schmid und Dr. Heinrich schienen Recht behalten zu haben.

Im April saß ich schon wieder jeden Tag auf dem Rad. Peter Becker war die ganze Zeit an meiner Seite und passte auf, dass ich es mit meinem Eifer nicht übertrieb. Wir hatten uns mittlerweile auf bis zu sieben Stunden Training pro Tag hochgearbeitet. Aber wir rollten bei weitem nicht nur auf der Straße. In die Garage neben unserem Haus hatte ich eine Höhenkammer installieren lassen. Der Techniker, der die Geräte überwachte, war ein alter Bekannter. Eyk Pokorny war früher Bahnsprinter gewesen und sogar einmal Weltmeister. Er erklärte mir bis ins Detail, wie solche Kammern funktionieren und welche Wirkung man damit erzielen kann. Es ist schon faszinierend: Es lassen sich Bedingungen simulieren, die denen in einer Höhe bis zu 4.000 Metern über dem Meeresspiegel entsprechen. Dort oben ist die Luft erheblich dünner, sie enthält weniger Sauerstoff. Der Organismus von uns Flachländern ist darauf normalerweise nicht eingestellt, und wir fangen daher in den Bergen schon bei geringer Belastung an, nach Luft zu schnappen. Ist man diesen Bedingungen jedoch länger ausgesetzt, beginnt der Körper sich anzupassen und bildet mehr rote Blutkörperchen. Mehr Blut bedeutet eine vermehrte Sauerstoffaufnahme, mehr Sauerstoff bedeutet eine schnellere Erholung. Und genau das ist der Effekt, der erreicht werden soll. Jeden Morgen trainierte ich jetzt zwei bis drei Stunden in der Höhenkammer.

Für einen Radrennfahrer zählt jeder gefahrene Kilometer. Das oft monotone Abspulen von schier endlosen Trainingseinheiten ist einfach notwendig, um die Kondition aufzubauen, ohne die man ein so kräftezehrendes Rennen wie die Tour de France niemals durchstehen könnte. Mir fehlten immer noch mehr als 6.000 Kilometer, ungefähr die Hälfte dessen, was wir ursprünglich geplant hatten. Aber wenn ich ab jetzt gesund blieb, dann konnte ich es schaffen. Es waren noch etwas mehr als zwei Monate bis zum Start der Tour.

*

Mit jedem Trainingstag fühlte ich mich besser. Das Tempo erhöhte sich, ich spürte die Kraft in den Beinen wachsen, ich verlor an Gewicht. Dennoch blieb ich nervös. »Ich muss noch härter trainieren«, sagte ich zu Peter Becker, »sonst schaffen wir den Zeitplan nie.« Seit der Katar-Rundfahrt Ende Januar hatte ich keinen Wettkampf mehr bestritten. Das war drei Monate her, jetzt hatten wir den 29. April. Es wurde höchste Zeit für richtig schnelle Radrennen. Ich wollte bei der Tour ja nicht nur dabei sein, ich wollte sie gewinnen. Aber Peter Becker blieb streng: »Du trainierst ganz normal weiter wie bisher. Mach ja keine Dummheiten, Junge.« Dann verschwand er für einen Tag nach Berlin, um seiner Frau zum Geburtstag zu gratulieren.

An diesem Morgen ging ich zunächst für drei Stunden in die Höhenkammer und trainierte auf der Rolle. Danach holte mich Andreas Klöden ab. Da er ganz in der Nähe wohnte, trainierten wir oft gemeinsam. Wir fuhren ins Münstertal. In weiten Bögen windet sich die Straße hinauf Richtung Wiedener Eck. Sie ist nicht besonders steil, nur vier bis acht Prozent. Leider fing es ziemlich stark zu regnen an. »Lass uns rüber zum Kaiserstuhl fahren!«, rief ich Klödi zu. »Vielleicht ist es da trocken!« Manchmal genügte es, einfach auf die andere Seite eines Berges zu fahren, und schon hatte man komplett anderes Wetter. Doch am Kaiserstuhl war es auch nicht besser. Eigentlich kann ich Regen nicht leiden, aber an diesem Tag machte er mir überhaupt nichts aus. Im Gegenteil – ich legte ein Tempo vor, dass Klödi kaum mithalten konnte. Er hatte gerade erst eine Knieverletzung überstanden. Willkommen im Klub, mein Lieber, dachte ich, und fühlte mich richtig gut. Endlich konnte ich wieder kräftig in die Pedale treten.

Doch auf dem Heimweg, die Berge lagen längst hinter uns, passierte es. Nach all den Wochen, in denen ich mich langsam und vernünftig wieder halbwegs in Form gebracht hatte, spürte ich plötzlich wieder dieses Stechen im Knie, wenn auch nicht besonders stark. Ich war mir so sicher gewesen, wieder gesund zu sein – was, wenn jetzt alles von vorn losging? Das durfte einfach nicht sein!

Am Nachmittag kam Dr. Heinrich aus Freiburg herüber. Das tat er öfter, um die Daten aus meinem Radcomputer auf seinen Laptop zu überspielen. Ich beschloss, den Vorfall mit meinem Knie erst einmal für mich zu behalten. »Wie siehst du denn aus?«, fragte er voller Sorge. Allerdings meinte er nicht mich, sondern Andreas Klöden, der etwas blass in der Ecke saß.

Klödi zeigte mit gespielter Verzweiflung in meine Richtung: »Er hat mich kaputtgefahren.«

Ich lachte. »Es läuft prima, Lothar, alles okay.«

Dr. Heinrich schaute sich die Daten an: »Ist das Gerät kaputt oder was? Die Belastung ist doppelt so hoch wie abgesprochen.«

Ich beruhigte ihn: »Ich habe ein super Gefühl, mach dir keine Sorgen. Am Knie spüre ich gar nichts.« Das war gelogen. Aber ich hoffte einfach, dass die Schmerzen über Nacht verschwinden würden, sich irgendwie in Luft auflösten.

Als ich mich am nächsten Morgen aufs Rad setzte, wusste ich eigentlich schon, was kommen würde. Wir waren noch keine zwanzig Kilometer unterwegs, da war der Schmerz wieder da, diesmal scharf und stechend. Was in diesem Moment mit mir passierte, kann wohl nur jemand verstehen, der schon einmal in einer ähnlichen Situation gewesen ist. Ich spürte, wie eine unglaubliche Wut in mir hochstieg. Die Geduld, die Vernunft, dieses ganze »Ja, Doktor«, »Geht klar, Trainer« und »Mach ich, Teamchef« – wofür das alles? Hatte es irgendetwas gebracht? Ich konnte keinen klaren Gedanken mehr fassen, und das wollte ich auch gar nicht. Ich wollte nur wissen, was zum Teufel da los war in diesem verdammten Knie. »Pass auf«, rief ich Klödi zu, »mir reicht's. Ich fahre jetzt zum Glottertal und knalle diesen Berg hoch, so schnell ich kann. Entweder hält das Knie, oder es fliegt ganz auseinander!«

Das war blanker Irrsinn. Ich raste los, sodass Klödi kaum hinterherkam. Peter Becker, der uns die ganze Zeit im Auto gefolgt war, überholte mich und schrie: »Kannst du mir mal sagen, was das soll? Bist du jetzt völlig verrückt geworden?« Ich trat verbissen weiter und sagte kein Wort. Klödi erzählte dem Trainer, was passiert war. Becker wurde hochrot im Gesicht und brüllte mich an: »Du hörst sofort auf mit dem Blödsinn, schwingst deinen Hintern ins Auto und fährst mit mir zum Arzt!« Wenn Peter Becker in dieser Verfassung war, dann tat man besser ganz schnell, was er wollte. Wütend stieg ich vom Rad und ließ mich nach Freiburg bringen.

So saß ich wieder einmal im Behandlungszimmer von Dr. Schmid. Auf den neuen Bildern von der Computertomografie war ein riesiger Entzündungsherd zu erkennen. Dr. Schmid hatte die Daten meines Radcomputers von den letzten beiden Trainingstagen ausgewertet. Strecke, Geschwindigkeit, Kraftaufwand, Puls – ich war quasi ein offenes Buch. Aber der Arzt sah nicht so aus, als würde ihm gefallen, was er da las. »Was habt ihr denn da gemacht?«, fragte er mich besorgt.

»Na ja, wir sind halt mal ein bisschen schneller gefahren«, sagte ich betont lässig.

»Schau dir mal die Zahlen an, Jan. Das ist eine Tour-Etappe.« Dr. Schmid konnte es nicht fassen.

Ich versuchte, die Sache herunterzuspielen: »So schlimm ist es nun auch wieder nicht.«

Schmid schüttelte den Kopf: »Das war eindeutig zu viel, Jan.«

»Aber irgendwann muss ich doch mal anfangen!« Mir platzte der Kragen: »Ihr sagt immer, ruhig bleiben, ruhig bleiben. Vom Ruhigbleiben kann ich aber keine Tour gewinnen!«

»Ich versteh dich ja«, sagte Schmid. »Aber wenn du noch eine Woche gewartet hättest, dann hätten wir den Schlamassel jetzt nicht.«

Vielleicht. Die Ärzte waren der Meinung, dass der Heilungsprozess im Knie fast abgeschlossen gewesen war. Aber genau wussten sie das natürlich auch nicht.

Nun fing alles wieder von vorne an. Ich bekam zwei Wochen absolute Ruhe verordnet. Den Giro d'Italia konnte ich abschreiben. Keiner war in der Lage zu sagen, wie es weitergehen würde. Ich bat Dr. Schmid, mir für den nächsten Vormittag einen Termin bei Dr. Güßbacher zu besorgen, einem weiteren Kniespezalisten, der in Fürth praktizierte und bereits eine Reihe von Radsportlern behandelt hatte. Auch meinem Bruder Stefan hatte er geholfen. Bisher hatten sechs Ärzte dieselbe Meinung vertreten: Die Reizung der Sehne wurde durch eine Überlastung ausgelöst. Aber ich wollte das nicht wahrhaben und unbedingt noch eine weitere Meinung hören.

Es war schon dunkel, als ich endlich zurück nach Hause fuhr. Etwa auf halben Weg zwischen Freiburg und Merdingen klingelte mein Handy. Es war Eyk Pokorny, mein freundlicher Höhenkammer-Techniker. »Fahr wieder nach Hause«, sagte ich niedergeschlagen. »Das Training kann ich in den nächsten Wochen sowieso vergessen. Mein Knie ist völlig hinüber.« Er versuchte mich zu trösten: »He, das wird schon wieder. Weißt du was? Ich bin gerade in Freiburg. Wir gehen jetzt erst mal was essen, und dann erzählst du mir alles.« Warum eigentlich nicht, ich hatte seit heute morgen nichts gegessen. Ich wendete und fuhr nach Freiburg zurück. Es war halb zehn. Unterwegs sagte ich Gaby Bescheid: »Ich esse nur schnell was, dann komme ich nach Hause.« Begeistert war sie nicht. Ich versprach ihr, mich zu beeilen.

Eigentlich hatte ich mir fest genommen, keinen Alkohol zu trinken. Wie immer in einer harten Trainingsphase hatte ich das seit Wochen nicht getan. Obwohl ich sonst immer für ein Glas Rotwein zu haben bin, fällt es mir vor einem Rennen nicht schwer, abstinent zu sein. Aber als Eyk sich Wein bestellte, dachte ich: Weshalb halte ich mich eigentlich zurück? In den nächsten Wochen kann ich sowieso nicht trainieren. Da saßen wir nun und redeten über diesen völlig verkorksten Tag. Der ganze Frust kam in mir hoch. Als wir später zahlten, standen drei Flaschen Rotwein auf der Rechnung. Getrunken hatte ich sie fast allein.

Noch immer verspürte ich keine Lust, nach Hause zu fahren. Wir beschlossen, in einen Freiburger Klub zu gehen. Ich hatte ein T-Shirt, Jeans und Turnschuhe an. Wäre ich nicht Jan Ullrich gewesen, hätten sie mich in diese Nobeldiskothek gar nicht hineingelassen. Ich schrieb Gaby eine SMS: »Sind jetzt im Kagan. Dauert noch ein bisschen.« Sie machte sich Sorgen. »Trink bitte nicht so viel«, schrieb sie zurück. »Und fahr nicht mehr mit dem Auto, am 1. Mai ist so viel Polizei unterwegs.«

In der Disko trafen wir ein paar Leute, die ich kannte. Eyk und ich hatten zuvor ausgemacht, das Thema Knie heute Abend nicht mehr zu erwähnen. Also hingen wir einfach mit den anderen rum, redeten über angenehmere Dinge als kaputte Knie und geplatzte Träume und tranken noch mehr Wein. Es war genau das, was ich jetzt brauchte – zumindest dachte ich das. Es wurde ein langer Abend. Als Eyk und ich gegen halb vier aufbrachen, sprachen uns zwei Mädchen an. Wir mussten etwas länger auf den Lift warten und kamen mit ihnen ins Gespräch. Schließlich fragten sie uns, ob wir sie bis zu ihren Autos mitnehmen könnten, die sie in der Nähe geparkt hatten. Wir markierten die coolen Typen. »Na, klar. Kein Problem, Mädels.« Unsere Autos standen direkt vor der Tür. Ich stieg mit einem der Mädchen in meinen Porsche, Eyk fuhr hinter mir her. Nach etwa fünfzig Metern musste ich wenden und ließ dabei die Reifen quietschen wie im Film. Ich war wirklich ein Angeber, und ein schlechter noch dazu, denn ich kriegte die Kurve nicht. Das Auto scherte aus und knallte gegen mehrere Fahrräder, die vor dem Bahnhof abgestellt waren. Zu allem Übel passierte der Unfall auch noch genau vor der Disko, wo viele Leute gerade auf Taxis warteten. Ich dachte nur: »Oh Gott, ist das peinlich! Bloß weg hier!«

Ich fuhr in die nächste Seitenstraße, stieg aus und sah mir das Ergebnis meiner Fahrkünste an. Der Porsche war vorne zerbeult, ein Reifen geplatzt und die Stoßstange abgerissen. Auf dem Parkplatz erwartete uns schon die Polizei, die von den Leuten vor der Diskothek alarmiert worden war. Da hatte ich uns ja etwas eingebrockt. Eyk bot mir an, die Schuld auf sich zu nehmen und der Polizei zu erklären, dass er den Porsche gefahren habe. Doch ich lehnte ab. »Ich fürchte, es bringt nichts, wenn wir die Wahrheit verschweigen.« Wir mussten alle vier mit aufs Revier. Eyk und die Mädchen hatten nicht viel getrunken, aber ich hatte kräftig zugelangt: Der Alkoholtest ergab 1,5 Promille.

An Gaby schickte ich noch schnell eine SMS: »Hatte einen kleinen Unfall. Mach dir keine Sorgen.« Sehr beruhigend war das nicht. Gaby versuchte später vergeblich, mich anzurufen, aber ich saß ja mittlerweile auf der Polizeiwache. In ihrer Verzweiflung rief sie Peter Becker an, der sich zu dieser frühen Stunde auf dem Weg zu uns nach Merdingen befand. Wir hatten eigentlich um 6.30 Uhr zu dem Arzttermin nach Fürth fahren wollen. Gaby weinte am Telefon: »Peter, ich weiß nicht, was ich machen soll. Jan hatte einen Unfall.«

Becker war schockiert. »Ist er verletzt?«, brüllte er ins Telefon.

»Ich weiß es nicht, ich kann ihn nicht erreichen.« Gaby war völlig aufgelöst.

»Warte, Mädel, ich bin in 15 Minuten da«, sagte Peter Becker und gab Gas.

So empfingen mich meine Freundin und mein Trainer, als mich die Polizei in einem Streifenwagen um sechs Uhr morgens nach Hause brachte. Ich fühlte mich elend, ich war todmüde, mein Kopf war schwer – mir war zum Heulen zumute. Peter Becker nahm mich kurz in den Arm und drückte mich: »Kopf hoch, Junge. Es geht weiter.« Gaby hatte weniger Verständnis. Sie war außer sich vor Wut und Enttäuschung. Ich kam gar nicht dazu, ihr genau zu erzählen, was passiert war. Kaum waren die Polizisten verschwunden, schimpfte sie los: »Siehst du, jetzt ist es endlich passiert. Ich habe dir immer gesagt, dass es mal so enden wird.«

Es war nicht das erste Mal gewesen, dass ich ohne meine Freundin ausgegangen war. Anfangs war sie mitgekommen, aber mit der Zeit ärgerte sich Gaby immer mehr über die Leute, mit denen ich unterwegs war und die wie ein Rattenschwanz an mir hingen, wenn wir irgendwo aufkreuzten. »Merkst du nicht, dass die nur auf deine Kosten feiern?«, fragte sie mich mehr als einmal. Aber ich zuckte nur die Achseln und zog alleine los. Ich merkte nicht, dass ich damit meine Beziehung zu Gaby immer mehr aufs Spiel setzte. In diesem Frühjahr war ich viel zu sehr mit mir selbst beschäftigt, um zu spüren, wie ich meine Freundin verletzte. Ich hätte mir ganz sicher einiges erspart, wenn ich etwas aufmerksamer gewesen wäre. Gaby hatte viel schneller und klarer erkannt, dass in meinem Leben etwas schief lief. Langsam dämmerte es mir zwar, dass es so nicht weitergehen konnte. Aber ich war noch immer nicht am Ende dieses seltsamen Trips angelangt.

Den Porsche habe ich übrigens nie wieder gesehen. Schon als junger Kerl hatte ich davon geträumt, so einen Sportwagen zu fahren. Kaum war dann nach meinem Tour-Sieg das Geld beisammen, wollte ich mir meinen Traum erfüllen. Aber Wolfgang Strohband war dagegen: »Das macht keinen guten Eindruck, wenn du dir jetzt als Erstes so eine Kiste kaufst.« Er befürchtete, dass ich abheben würde. Ich ließ mich überreden und wartete noch. Wahrscheinlich hätte ich es ganz sein lassen sollen. Ein Jahr vor dem Unfall war mir auf der Autobahn bei 270 Stundenkilometern ein Reifen geplatzt. Ich hatte großes Glück gehabt, dass ich den Wagen auf der Fahrbahn halten konnte. Jetzt jedenfalls ließ ich den Porsche von der Werkstatt abholen, reparieren und sofort verkaufen.

Den Führerschein sollte ich für ein Jahr abgeben. Doch ich konnte die Strafe auf ein Dreivierteljahr reduzieren, wenn ich mich noch einmal schulen ließe. Glücklicherweise durfte ich Einzelstunden nehmen, denn Gruppenunterricht wäre für die Zeitungen gewiss ein gefundenes Fressen gewesen. »Deutschlands dümmster Porsche-Fahrer – fällt er durch die Nachprüfung?« Auf solche Schlagzeilen hatte ich nun wirklich keine Lust. Für den Unfall und die Fahrerflucht musste ich allerdings siebzig Tagessätze bezahlen. Bei meinem Einkommen war das keine Kleinigkeit.

Die Probleme mit dem Auto und dem Führerschein waren

zwar lästig, aber lösbar. Doch das Problem mit dem Knie? Es gab nur in einem Punkt Klarheit: Mein großes Saisonziel, die Tour de France 2002, musste ich absagen. Es gab keine Chance mehr, noch rechtzeitig in Form zu kommen.

Zwei Wochen lang lag ich sinnlos zu Hause herum und sah stundenlang fern. Ich durfte mich ja nicht bewegen. Aus Frust futterte ich Schokolade. Auf die Waage schaute ich längst nicht mehr. Schon bald fiel mir die Decke auf den Kopf. Um mich ein wenig abzulenken, beschloss ich, meine Mutter in Rostock zu überraschen. Ich flog mit Gaby am Pfingstsonntag nach Hamburg, von dort fuhren wir mit dem Auto weiter. Wir hatten nur meinen Bruder Thomas eingeweiht, damit er dafür sorgen konnte, dass meine Mutter auch zu Hause war. Als wir plötzlich vor ihrer Tür standen, war sie sprachlos, und das kommt nicht oft vor.

Natürlich war sie nach der Irrfahrt in Freiburg sehr enttäuscht von mir gewesen. Und natürlich fühlte sie sich dadurch auch an meinen Vater erinnert. Sie erwartete von mir, dass ich kämpfen würde und mich nicht einfach hängen ließ. Sie nahm mich beiseite: »Weißt du, wenn einem etwas schief geht im Leben, dann darf man daran nicht verzweifeln. Dann sucht man sich gefälligst etwas, woran man sich aufrichten kann.« Meine Mutter hat selbst auch schon einiges durchgemacht. Aber ihre Lebensfreude und ihren Optimismus hat sie nie verloren. Ich bewundere sie sehr dafür.

Wir fuhren mit Gaby nach Papendorf. Es war wie ein Ausflug in ein vergangenes Leben. Eine Stunde lang liefen wir durch das Dorf und zeigten Gaby die Spielplätze meiner Kindheit. Vieles war noch genauso wie in meiner Erinnerung, als wären seither nicht zwanzig Jahre vergangen. Die alte Eisenschaukel hinter unserem Haus stand immer noch, und ich zeigte Gaby meine berühmten Mutsprünge. Am See baumelte nach wie vor die Affenschaukel. Und obwohl ich seit damals ein bisschen schwerer geworden war, hielt sie mich noch aus. Es war der schönste Nachmittag des Jahres.

Am Ende des Tages kamen wir am Bornbark vorbei, einem Hügel am Ortsrand von Papendorf. Hier wurden neue Häuser gebaut. »Sieh dir das an«, schwärmte meine Mutter, »es muss schön sein, hier zu wohnen.« Abends saßen wir im kleinen Garten meiner Mutter. Ich war still und grübelte vor mich hin. »Was hast du denn?«, fragte sie mich mehrmals.

»Mom, komm mal her«, sagte ich schließlich. »Was hältst du davon, wenn wir für dich in Papendorf ein Haus bauen?«

Meine Mutter schaute ungläubig zu Gaby. »Hat er das ernst gemeint?«, fragte sie.

»Wenn er es sagt, dann meint er es auch so«, antwortete Gaby.

Meine Mutter hatte Recht. Ich durfte mich nicht hängen lassen. So sehr ich auch überlegte, ich konnte mich nicht erinnern, sie jemals verzweifelt gesehen zu haben. Probleme waren da, um sie zu lösen, das ist immer ihre Devise gewesen. Vielleicht war ja jetzt der richtige Moment, ihr für ihre Stärke und ihren Mut, mit denen sie mich stets begleitet hat, zu danken.

Es tat so gut, ihr Staunen und ihre Freude zu sehen, als sie merkte, das ich es ernst meinte mit dem Haus. Und es war ein Riesenspaß, als wir alle zusammen unverzüglich begannen, Pläne zu schmieden. Thomas erhielt den Auftrag, mit dem Bürgermeister nach einem Bauplatz zu suchen. Ich rief noch am selben Abend Wolfgang Strohband an, damit er sich um die Finanzen kümmerte. Meine Mutter sah sich bereits wenige Tage später ein Musterhaus an, ein knappes halbes Jahr danach begannen die Bauarbeiten. Anfang März 2003 zogen meine Mutter und mein kleiner Bruder Felix in ihr erstes eigenes Haus in Papendorf.

*

Wir fuhren zurück nach Hamburg, und die Realität holte uns ein. Das verflixte Knie musste endlich gesund werden. Wolfgang Strohband stellte mir Professor Bernd Kabelka vor, einen

Hamburger Kniespezialisten. Ich hatte nichts dagegen, dass auch er mich noch einmal untersuchte. Er war mittlerweile sicher der siebte oder achte Arzt, aber auf einen mehr oder weniger kam es jetzt wohl nicht mehr an. Er besah sich mein Knie sehr gründlich und fand eine verdächtige Schleimhautfalte. »Wenn diese Falte entzündet ist, dann wird sie noch größer werden und weitere Schmerzen verursachen«, sagte er. »Aber die kann raus.« Er erklärte mir das so überzeugend, dass ich ihm sofort glaubte. Endlich einmal vertrat ein Arzt eine Meinung, die meiner eigenen Hoffnung nahe kam, dass durch einen operativen Eingriff meine Probleme gelöst werden könnten. Ehrlich gesagt war es fast zweitrangig für mich, ob er nun das Allheilmittel gefunden hatte oder nicht. Hauptsache, es passierte endlich etwas. Ich war einverstanden mit einer Operation.

Die Team-Ärzte in Freiburg waren nicht begeistert von dieser Idee, weil sie die Situation anders einschätzten. Abgesehen davon empfanden sie es als Vertrauensbruch, dass ich hinter ihrem Rücken einen OP-Termin ausgemacht hatte. Wieder rieten sie mir zu Ruhe und einer längeren Pause. Eine Operation sei immer eine heikle Sache, mit Risiken wie Infektionen, Blutungen oder anderen Störungen im Heilungsverlauf. Aber ich hatte keine Geduld mehr. Ich hoffte, dass wir mehr Klarheit haben würden, wenn das Knie einmal aufgemacht wurde, und blieb bei meiner Meinung.

Auch wenn Dr. Schmid und Dr. Heinrich anders darüber dachten, konnten sie verstehen, dass mich die vielen Ärzte, Untersuchungen und Diagnosen allmählich verrückt machten. Da waren ja nicht nur die seriösen Spezialisten, die mich behandelt hatten – es meldeten sich auch alle möglichen anderen Mediziner, Therapeuten und sogar dubiose Wunderheiler. Jeder erzählte mir etwas anderes. Der eine wollte den Muskel neu aufbauen, der andere riet mir, langsam Rad zu fahren, der Dritte wollte absolute Ruhe, der Vierte wollte die Hand auflegen, und der Fünfte wollte operieren. Wie sollte ich da noch den Überblick behalten?

Trotz aller Vorbehalte begleitete mich Dr. Heinrich zur OP nach Hamburg. Ich war der Schützling der Freiburger Ärzte, also wollte er auch für mich da sein. Nach dem Eingriff zeigte sich Professor Kabelka zufrieden: »Die Schleimhautfalte ist entfernt. Die Probleme sind beseitigt.« Die anderen Ärzte, die mein Knie vorher behandelt hatten, blieben weiterhin skeptisch. »Sollten wir da wirklich alle etwas übersehen haben?«, fragten sie sich. Ich aber wollte an die gute Nachricht glauben. Es war eine Hoffnung, an der ich mich verzweifelt festklammerte.

Wieder musste ich in eine Reha-Klinik. Da ich nicht Auto fahren durfte und Gaby jeden Tag zur Arbeit ging, ließ ich mich stationär behandeln. Ich hatte mir die Klinik »Medical-Park St. Hubertus« in Bad Wiessee am Tegernsee ausgesucht. Sie gehört einem guten Freund, den ich vor einigen Jahren im Urlaub in New York kennen gelernt hatte. Ernst Freiberger und sein »Medical-Park« genießen einen ausgezeichneten Ruf unter Sportlern. Viele Skiläufer und Fußballer lassen sich dort fit machen. Ich ging noch an Krücken, als ich am Tegernsee ankam, und konnte zunächst nur ganz leichte Übungen wie lockeres Ergometer-Training und Wassergymnastik machen. Ausserdem erhielt ich Massagen und Reizstrom. In Anspielung auf das Aqua-Jogging hatte inzwischen fast jede deutsche Zeitung die Schlagzeile »Ullrich tritt auf der Stelle« gebracht. Es hatte mich noch nie groß interessiert, was über mich in der Zeitung stand, aber aufbauend war das auch nicht gerade. Eigentlich hätte ich jetzt, nach der Operation, erleichtert sein müssen, aber mein alter Optimismus wollte sich nicht einstellen. Manchmal fragte ich mich sogar, ob das vielleicht das Ende meiner Karriere als Radsportler war.

Ich versuchte mich abzulenken. Mittags ging ich oft an den See, der verlockend in der Sonne glitzerte, aber eiskalt war. Keiner außer mir traute sich da rein. Vom Steg aus sprang ich in das klare Wasser. Nach einigen Tagen rief ich Otto Wiedemann an, meinen guten Freund, der bei Adidas für die Betreuung und Ausrüstung der Top-Athleten zuständig ist. Früher war er leidenschaftlicher Alpinist gewesen, einmal scheiterte er mit Reinhold Messner in 7.000 Metern Höhe dramatisch an der Dhaulagiri-Südwand. Otto ist ein drahtiger, durchtrainierter Mann von Mitte fünfzig, ein herzensguter Mensch mit bayrischer Fröhlichkeit. Genau der Richtige, um mich aufzumuntern. »Hast du Lust auf eine Bergwanderung?«, fragte ich ihn. Schon einen Tag später war er da. Wir liefen von Rottach-Egern über den Blankenstein und den Rißerkogel zum Wallberg, ein ordentlicher Fünf-Stunden-Marsch. Um das Knie nicht zu überanstrengen, fuhr ich mit der Wallberg-Bahn hinunter ins Tal. Ich habe mich nicht allzu oft wohl gefühlt in jener Zeit, aber diesen Tag genoss ich in vollen Zügen.

Ich machte täglich meine Übungen, die mir schon längst zum Hals raushingen. Doch trotz der geringen Belastung tat das Knie immer noch weh. Auch nach drei Wochen war kein wesentlicher Fortschritt zu erkennen. Meine Ärztin in Bad Wiessee fand es merkwürdig, dass es nicht voranging. Sie sagte: »Mit ganz konsequentem Reha-Training kann man den Muskel eigentlich völlig neu aufbauen und damit das Knie entlasten. Aber vielleicht muss auch noch einmal operiert werden.« Noch eine Operation? Ich telefonierte mit Dr. Heinrich. »Ja, es stimmt«, bestätigte er mir, »die Ursache deiner Schmerzen ist bei der Operation in Hamburg nicht beseitigt worden.« Eine schlechtere Nachricht hätte es nicht geben können.

Den ganzen Tag hockte ich in dieser Klinik und wusste nicht wohin mit meiner Energie. Ich war es gewohnt, hart zu arbeiten und an meine Grenzen zu gehen. Und wann konnte ich das hier? Beim Wasserballett? Ich wollte nicht um neun ins Bett gehen und so tun, als wäre der Tag gut gelaufen. Also rief ich abends Freunde an, ganz gleich, wie spät es war. Ich wollte raus, unter Leuten sein. Wir zogen um die Häuser am Tegernsee oder fuhren nachts noch nach München. Oft kam ich erst gegen zwei Uhr in die Klinik zurück. Vorbildliche Patienten sehen wohl anders aus. Wenn Gaby mich an den Wochenenden besuchte, war ich müde und erschöpft. »Deine Reha ist aber anstrengend«, sagte sie mit gespieltem Erstaunen. Sie wusste genau, warum ich so kaputt war. »Übertreib es nur nicht«, warnte sich mich. »Ja, ja«, winkte ich ab und hörte gar nicht hin. Sonst hätte ich bestimmt gemerkt, dass das mehr war als ein wohlmeinender Rat. Aber ich war zu sehr mit mir und meinen Problemen beschäftigt, als dass ich wahrgenommen hätte, was die Menschen um mich herum bewegte.

Meine Partynächte blieben natürlich nicht geheim. Jürgen Kindervater, meinem Boss und Geldgeber von der Telekom, war zu Ohren gekommen, dass ich öfter in München unterwegs war. Er kam nach Bad Wiessee und versuchte, mir ins Gewissen zu reden: »Du musst dich zusammenreißen, Jan. So geht das nicht.«

»So wild ist das doch alles nicht. Ehrlich«, versuchte ich ihn zu beruhigen.

Doch so leicht ließ Kindervater sich nicht beirren. »Ich verstehe gar nicht, woher du die Kraft für deine nächtlichen Touren nimmst. Die Fußballer des FC Bayern sind abends, nach sechs Stunden in der Reha-Klinik, völlig fertig.«

Das war genau das Beispiel, auf das ich gewartet hatte. »Ja klar, bei denen weiß man aber auch, was sie haben. Für die gibt es ein straffes Programm. Und ich sitze hier rum und mache Gymnastik.«

»Trotzdem, denk mal darüber nach.« Er machte sich ernsthafte Sorgen um mich. »Und trink nicht so viel, hörst du? Das geht schief.« Ich sagte nichts. Zum Schluss versuchte er, mich bei meiner Ehre zu packen. »Erinnere dich mal an 1999. Damals hast du die Tour de France auch abgesagt und dann noch die Spanien-Rundfahrt und die Weltmeisterschaft gewonnen. Gib dir einen Ruck, okay?«

Das sagte sich so einfach: Gib dir einen Ruck und dann wird alles gut. Aber immer wenn ich »ruckte«, tat mein Knie weh. Das Jahr konnte ich völlig abschreiben. Ich hatte die Tour endlich wieder gewinnen wollen, und jetzt war ich nicht einmal am Start. Wofür sich also anstrengen? Mit halben Sachen kann ich wenig anfangen.

*

Am Abend des 21. Juni wollte ich es mal wieder richtig krachen lassen. Mit ein paar Freunden fuhr ich nach München in den Kunstpark Ost mit seinen Bars, Restaurants, Diskotheken, und Bühnen. Wir zogen von einem Klub zum nächsten, ich wollte einfach nur ein bisschen Spaß haben. Aber schnell merkte ich, dass meine Laune auch durch laute Musik, tanzende Mädchen und Drinks nicht besser wurde. Ich war lustlos und apathisch, saß einfach da und trank Wein. Das blieb einem meiner Freunde nicht verborgen. Wir hatten uns vor längerer Zeit auf einer Party kennen gelernt, und ich mochte ihn, weil er immer gut drauf war. Er sah mir an, wie schlecht es mir ging. »Mann, du hängst aber durch. Was ist denn los?«, fragte er mich.

»Alles Mist«, seufzte ich. »Ich hocke da in der Reha-Klinik rum wie ein Rentner und keiner sagt mir, wie es weitergeht.«

»Lass dich nicht so gehen, Alter, davon wird es auch nicht besser. Du musst dich ein bisschen ablenken.«

Ich winkte ab. »Weiß auch nicht, ich komme heute irgendwie nicht in Stimmung.«

Er schaute sich kurz um, dann hielt er mir seine Hand hin, in der zwei kleine Pillen lagen. »Hier, nimm mal zwei von diesen Dingern. Du wirst dich gleich super fühlen, glaub mir.«

»Wo hast du die denn her?«, fragte ich.

»Hat mir der Arzt verschrieben. Ehrlich. Du weißt doch, weil's mir auch nicht so gut ging. Antidepressiva. Die tragen ihren Namen wirklich zu Recht. Versuch's mal.«

Ich wusste, dass mein Kumpel vor Jahren Opfer eines Unfalls gewesen war. Das hatte ihn damals so mitgenommen, dass er massive psychische Probleme bekam und seine Depressionen mit Medikamenten behandelt werden mussten. Ich nahm die beiden Pillen in die Hand. Mein Freund nickte mir aufmunternd zu. »Ist wirklich nichts dabei. Und allemal besser, als jeden Abend eine Flasche Rotwein zu trinken.« Das klang überzeugend. Ohne weiter zu überlegen, schluckte ich die Dinger. Dann wartete ich. Aber es passierte gar nichts. Kein Hochgefühl, keine Euphorie, die Pillen blieben absolut wirkungslos. Vielleicht waren es zu wenige, oder ich war zu betrunken. Das Ganze war jedenfalls eine sinnlose Aktion, die ich schnell wieder vergaß. Zumindest erst einmal.

Von Ecstasy-Pillen wusste ich, dass sie Amphetamine enthielten und auf der Doping-Liste standen. Von den Tabletten, die mein Kumpel mir gegeben hatte, wusste ich gar nichts. Aber während ich sonst immer peinlich genau darauf achtete, dass ich ja nichts Falsches zu mir nahm, ganz gleich, ob bei Medikamenten oder bei Lebensmitteln, hatte ich an jenem Abend offenbar mein Gehirn komplett ausgeschaltet. Mein Freund war kein Sportler, und es kümmerte ihn nicht, was auf Doping-Listen stand. Als die Folgen meiner Unachtsamkeit später publik wurden, behielt ich seinen Namen für mich. Was hätte es gebracht, zu sagen: Der war's? Ich bin erwachsen und allein verantwortlich für das, was ich tue. Es war mein Fehler und meine Dummheit – und damit meine Schuld.

Doch daran dachte ich noch nicht, als ich in der Morgendämmerung die Tür zu meinem Zimmer in Bad Wiessee aufschloss, meine Klamotten in die Ecke warf und todmüde ins Bett fiel. Ich schlief tief und fest, als es gegen zwölf Uhr an meine Tür klopfte. »Ja?«, rief ich noch ganz verschlafen.

»Nationale Doping-Agentur, Herr Ullrich, eine Doping-Kontrolle.«

Ich öffnete. »Was wollen Sie? Ich bin in der Reha.« Das musste ein Missverständnis sein. Aber gut, ich hatte nichts zu verbergen. »Kommen Sie rein.«

In Freiburg war es immer derselbe Kontrolleur gewesen, der den Sportlern im badischen Raum Überraschungsbesuche abgestattet hatte. Diesen Mann hier kannte ich nicht. »Auch in der Reha gibt es Doping-Kontrollen«, erklärte er mir, »Sie sind doch noch Sportler, oder?«

»Ja schon, aber ich bin erst vor drei Wochen operiert worden. Müssen Sie wissen, welche Medikamente ich seitdem bekommen habe?«, fragte ich ihn.

»Nein, geben Sie nur die Medikamente an, die Sie in den letzten sieben Tagen eingenommen haben.« Nachdem er sich alles notiert hatte, musste ich unter seiner Beobachtung noch eine Urinprobe abgeben. Nach zwanzig Minuten war alles vorbei. Bevor der Kontrolleur wieder ging, fragte er mich noch nach einem Autogramm. »Hier haben Sie eines mit Widmung«, sagte ich gut gelaunt und gab ihm eine Karte. Ich hatte ein vollkommen reines Gewissen. Nicht einen Augenblick dachte ich an die Pillen der vorigen Nacht.

Sieben Tage später bekam ich eine beunruhigende SMS: »Jan, es ist sehr wichtig. Bitte melde dich.« Absender: Dr. Lothar Heinrich, Universitätsklinik Freiburg. Ich rief ihn sofort an. »Was ist denn los, Lothar?«, fragte ich ahnungslos. »Komm so schnell wie möglich nach Freiburg.« Dr. Heinrich war ungewöhnlich kurz angebunden. »Wir müssen etwas besprechen.« Dann legte er auf. Ich spürte sofort, dass etwas nicht stimmte. Das war nicht die Art, in der wir normalerweise miteinander sprachen. Aber Dr. Heinrich wollte mir nicht sagen, worum es ging. Ich versuchte noch einmal, ihn anzurufen. Ich sprach ihm mehrmals auf die Mailbox. Ich schrieb ihm eine SMS: »Bitte sag mir, was los ist. Wir sind doch Freunde, du kannst offen zu mir sein.« Nichts. Er reagierte gar nicht.

Gaby kam noch am selben Abend nach Bad Wiessee, um mich abzuholen. Wir grübelten gemeinsam, was der Grund für diesen merkwürdigen Ton sein könnte, der keinen Widerspruch zu dulden schien. Ich war nervös. Hatte ich eine schlimme Krankheit? Gab es Probleme wegen der Operation? Würde mein Knie vielleicht überhaupt nicht mehr heilen? Immer wieder ging ich alle Möglichkeiten durch, die mir einfielen. Es musste etwas sehr Unangenehmes sein, so viel stand fest.

Am nächsten Morgen fuhren wir nach Freiburg in die Klinik. Gaby musste draußen warten, als ich das Zimmer der beiden Ärzte betrat. »Setz dich erst mal«, begann Dr. Heinrich, »wir haben schlechte Nachrichten. Es gibt eine positive Doping-Probe von dir. Man hat in deinem Urin Amphetamine gefunden.« Es herrschte absolute Stille im Raum. In meinem Kopf schossen die Gedanken durcheinander. Hatte ich das eben richtig verstanden? Ich sollte gedopt haben? Das war doch wohl ein Witz! Mit allem hatte ich gerechnet, ich hatte mich sogar schon mit einer weiteren Operation abgefunden, aber das? Mein Herz schlug zum Zerspringen. Wie war das möglich? Die Ärzte meinten, dass der Name des Präparates aus der Analyse nicht erkannt werden kann, aber es stünde fest, dass die gefundene Substanz nichts mit der Operation zu tun hatte. Dann holten sie Gaby. Sie sah mich wie ein Häuflein Elend dasitzen und schaute Dr. Heinrich fragend an. »Jan ist positiv getestet worden«, erklärte dieser.

»Nein!« Gaby reagierte genauso fassungslos wie ich.

»Doch«, sagte Dr. Schmid. »Passt auf. Ihr setzt euch jetzt ins Auto und fahrt nach Hause. Jan, denk nach! Ihr müsst Tag für Tag durchgehen und in Ruhe überlegen, ob du von irgendjemandem ein Medikament angenommen hast. Finde raus, was da gelaufen ist, wir sehen uns morgen früh wieder.«

Gaby setzte sich wortlos hinters Steuer, und wir fuhren zurück nach Merdingen. Ich wusste, dass sie tausend Fragen hatte, aber ich konnte ihr jetzt nichts erklären. Ich konnte mir ja selbst nichts erklären. Aber eines wusste ich: Diese positive Probe durfte auf gar keinen Fall öffentlich bekannt werden! Ich musste verhindern, in eine Reihe mit den Doping-Sündern der letzten Jahre gestellt zu werden. Ich sah die Schlagzeilen schon vor mir. Aber ich war kein Betrüger! »Wenn es nicht anders geht, dann höre ich eben auf«, murmelte ich vor mich hin.

»Was?!«, rief Gaby entgeistert. »Spinnst du jetzt vollkommen?«

»Wieso? Wenn ich dadurch verhindern kann, dass die Sache

rauskommt, dann mache ich Schluss mit dem Radsport. Ich sage einfach, mein Knie macht nicht mehr mit, und fertig.«

Gaby wurde ungeduldig. »Das ist doch Blödsinn. Erstens kommt so was immer raus. Und zweitens ist das doch ein Missverständnis. Oder?«

Ich schwieg.

»Hast du nun was genommen oder nicht?«, schrie Gaby.

»Nein!«, schrie ich zurück. »Ich weiß es nicht!«

»Jan«, Gaby wurde wieder ruhiger, »du musst doch wissen, ob du irgendwelches Zeug genommen hast.«

Inzwischen waren wir in Merdingen angekommen. Und plötzlich fiel es mir ein: Natürlich, die Pillen in München! Ich griff zum Telefon und rief meinen Freund an. »Was waren das eigentlich für Tabletten, die du mir neulich gegeben hast?«, fragte ich ihn.

»Wieso, willst du Nachschub?«, fragte er zurück.

»Hör auf, Mann, sag mir bitte den Namen.«

Er nannte mir das Medikament, und ich schrieb den Namen auf einen Zettel. »Ist dir doch etwas eingefallen?«, fragte Gaby. Jetzt blieb mir nichts anderes übrig, als ihr die ganze Geschichte zu erzählen. Meine Freundin hatte tausend Fragen: Wo warst du? Mit wem? Was habt ihr gemacht? Was sind das für Pillen? Hast du das Zeug schon oft genommen? »Du bist ein Idiot«, sagte Gaby, als ich fertig war. »Ein riesengroßer Idiot. Aber wenn das wirklich so war, wie du sagst, dann ist das für mich kein Doping. Du hast niemandem geschadet außer dir selbst.« Gaby sah mich traurig an. »Und uns«, fügte sie leise hinzu und stand auf. Sie hatte Recht. Ich war ein Idiot. Was hatte ich mir bei all dem bloß gedacht? Aber was sie gesagt hatte, gab mir auch ein wenig Hoffnung. Wenn die Pillen tatsächlich die Ursache für die positive Probe waren, dann war es ja vielleicht doch kein Doping.

Am nächsten Tag brachte mich Gaby wieder nach Freiburg in die Klinik. Ich erzählte Lothar Heinrich und Andreas Schmid von meiner Vermutung und nannte ihnen den Namen des Medikaments. Nüchtern und distanziert hörten sie zu, keine Spur mehr von der üblichen Lockerheit. Den Ärzten war klar, wie verärgert unser Sponsor Telekom auf diese positive Probe reagieren würde. Steht ein Fahrer unter Verdacht, färbt das sofort auf die gesamte Mannschaft ab. Der Schaden, den ich angerichtet hatte, ging weit über meine eigene Person hinaus. Zumal natürlich nicht nur Fahrer und Team verdächtigt werden, sondern auch die Ärzte des Teams. Ich konnte Lothar und Andreas gut verstehen, wenn sie zutiefst enttäuscht von mir waren. Ich hatte ihr Vertrauen missbraucht.

Natürlich wusste ist, dass es unmöglich war, die positive Probe geheim zu halten. Der Kontrolleur kannte sie, das untersuchende Labor in Köln, einige Funktionäre im Bund Deutscher Radfahrer ebenfalls. Es war nur eine Frage der Zeit, wann die ersten Journalisten anrufen und fragen würden, zu welchem Fahrer die Probe gehörte. Ich traf mich heimlich mit Sylvia Schenk, der Präsidentin des Bundes Deutscher Radfahrer, und mit Ron Sommer, dem Chef der Telekom. Von einem Ende meiner Karriere war in diesen Gesprächen zwar keine Rede, aber ich hatte auch keinen Plan, wie es weitergehen sollte.

Doch dann rief Jürgen Kindervater an. »Setz dich so schnell wie möglich ins Auto und verschwinde aus Merdingen.« Er wollte sich später wieder melden und mir mitteilen, wohin ich fahren sollte. Die dpa, die Deutsche Presseagentur, hatte Wind von der Sache bekommen. Uns blieb ein Tag Zeit, die positive Doping-Probe zu erklären, dann würden sie eine Meldung herausgeben. Und dann würde ein durch nichts aufzuhaltender Sturm losbrechen.

Ich hatte in den vergangenen Jahren schon einige Male erlebt, wie es war, wenn Kamerateams und Reporter unser Haus in Merdingen belagerten. Wir hatten uns seit längerem ein Versteck bei Gabys Schwester am Ortsrand eingerichtet, das bisher von niemandem entdeckt worden war. Aber der nun einsetzende Medienrummel würde alles Bisherige in den Schatten stellen. Um die nächsten Schritte in Ruhe planen zu können, musste ich verschwinden. Gaby kam sofort von der Arbeit nach Hause und packte unsere Sachen. »Wohin fahren wir?«, fragte sie. »Ich habe keine Ahnung«, sagte ich wahrheitsgemäß. Es war wirklich unglaublich, was ich ihr in diesen Tagen zumutete. Und es war bewundernswert, wie sie das alles ertrug. Wir setzten uns in den Wagen und fuhren auf die Autobahn die in Richtung Karlsruhe. Ich wartete auf die nächsten Anweisungen. Kindervater meldete sich wie verabredet: »Ihr fahrt jetzt nach Kufstein in Österreich.«

»Was sollen wir denn da?«, fragte ich.

»Dort wartet Otto Wiedemann, der sagt euch auch, wie es weitergeht. Viel Glück.«

Über Stuttgart und München fuhren wir nach Kufstein. Ich war wie ferngesteuert. Gaby schaltete das Radio ein. »Der Radprofi Jan Ullrich vom Team Telekom ist vermutlich gedopt«, sagte der Sprecher mit teilnahmsloser Stimme. Nun war es also raus.

Mein Freund Otto Wiedemann lotste uns per SMS zum Treffpunkt an einer Tankstelle. Von dort aus fuhren wir hinter ihm her, ins Gebirge hinein. Wir fanden Unterschlupf im Hinterduxer Hof, einem Bergbauernhof mit einfachen, geschmackvoll eingerichteten Zimmern. Otto, Gaby und ich stellten unsere Sachen ab und schalteten den Fernseher ein. Es mag wie eine Szene aus einem dieser Filme klingen, bei denen man immer schon vorher weiß, was gleich passiert, aber es war tatsächlich so: Genau in diesem Augenblick lief eine Zuschauerumfrage. »Wie beurteilen Sie Jan Ullrichs Verhalten? Ist das kriminell?«

Ich starrte auf den Bildschirm. Die ganze Last der letzten Tage, das schlechte Gewissen, die Verzweiflung und die Wut auf mich selbst – alles entlud sich in diesem Augenblick. Ich warf mich aufs Bett und weinte hemmungslos. Gaby und Otto ließen mich in Ruhe. Ich glaube, sie waren sogar erleichtert, dass ich endlich einmal alles rausließ. Nach einer Weile richtete ich mich auf. »Ich weiß nicht, wie es jetzt weitergeht. Und es tut mir so Leid, dass ich euch da hineingezogen habe. Aber ich verspreche euch, ich mache meine Fehler wieder gut.« Wir hatten alle drei Tränen in den Augen.

Zehnte Etappe:

Die Wende

Ich verkroch mich in meinem Versteck. Die Leute vom Bauernhof waren von Otto Wiedemann eingewiesen worden. Sie wussten natürlich, wer ich war, aber die Doping-Vorwürfe interessierten sie nicht. Am Tag blieb ich ohnehin im Zimmer, weil ständig Wanderer an der Hütte vorbeikamen, von denen ich nicht gesehen werden wollte. Erst abends, kurz bevor es dämmerte, ging ich mit Gaby ein Stück den Hang hinauf. Es ging ihr nicht gut, sie war erkältet und hatte Fieber. Gaby litt sehr unter der miserablen Lage, in die ich uns gebracht hatte. Wir saßen hier in der Falle und warteten auf – worauf eigentlich? Ich telefonierte stundenlang mit Jürgen Kindervater und mit meinen Anwälten, um die nächsten Schritte zu besprechen. Und obwohl Gaby und ich Tag und Nacht zusammen verbrachten, fanden wir kaum Zeit, wirklich miteinander zu reden.

Eine Ausnahme waren unsere kurzen Abendspaziergänge. Oberhalb der Hütte stand eine kleine, weiß getünchte Kapelle mit einem Schieferdach. Das war unser Lieblingsplatz. Bei klarem Wetter hatte man von dort einen weiten Blick über die Berge des Kaisergebirges. Hier konnten wir beide für ein paar Minuten allein sein. Gaby sah oft traurig aus. Hatte ich sie schon verloren?

Das Leben an der Seite von Radrennfahrern ist schwierig.

Manchmal sind wir wochenlang fort, irgendwo in der Welt unterwegs, während unsere Frauen oder Freundinnen zu Hause ihr eigenes Leben führen. Mit ihrer Arbeit, ihren Freunden, ihren Familien. Gerade wenn man oft getrennt ist, ist es besonders wichtig, einander zu vertrauen. Was treibt der andere die ganze Zeit, wenn ich nicht dabei bin? Kann ich mich auf ihn verlassen, oder sollte ich misstrauisch sein? Eine Beziehung mit ständigen Zweifeln und permanenter Eifersucht kann nicht lange gut gehen. Eben deshalb ist es so wichtig, mit dem Vertrauen sehr sorgsam umzugehen. Das heißt nicht, dass man nicht seinen Spaß haben kann, aber es gibt Grenzen, die gemeinsam gezogen werden müssen. Diese Grenzen hatte ich eindeutig überschritten. Ich war in verschiedener Hinsicht zu weit gegangen, und nun vertraute Gaby mir nicht mehr. In einer Situation wie dieser würde sie mich zwar niemals im Stich lassen, sie würde diese Flucht und die zwangsläufig bevorstehende Pressekonferenz gemeinsam mit mir durchstehen, das wusste ich. Doch was würde danach sein? Ich hatte furchtbare Angst, dass Gaby mich nicht mehr wollte. Aber mir war auch klar: Ich würde um sie kämpfen.

*

Wenn es darum geht, die Unterstützung anderer anzunehmen, tue ich mich schwer. Ich habe schon immer versucht, selbst Lösungen für meine Probleme zu finden. Bislang war ich so auch ganz gut klargekommen. Was ich mir eingebrockt habe, das muss ich auch auslöffeln. Aber die Krise, in die ich jetzt geraten war, überstieg meine Kräfte. Da würde ich alleine nie und nimmer herauskommen. Ich brauchte dringend Hilfe.

Ich erhielt sie von einem wahren Meister des Krisenmanagements. Jürgen Kindervater, der Kommunikationschef der Deutschen Telekom, lotste mich mit klaren Entscheidungen und Übersicht durch diese stürmische Zeit. Ich legte mein Schicksal völlig in Kindervaters Hände, ich wusste, dass ich ihm vertrauen konnte. Und als er beschloss, Gaby und mich aus der Schusslinie der Presse zu nehmen, und unsere »Flucht« vorbereitete, war ich ihm besonders dankbar. Ich sehnte mich nach nichts mehr als nach Ruhe. Immerhin musste ich nichts weniger als mein Leben neu sortieren. Und ich wollte mir dringend Zeit für Gaby nehmen.

Doch erst einmal lag eine Prüfung vor mir, die ich besonders fürchtete, und an der kein Weg vorbeiführte. Der Bund Deutscher Radfahrer hatte für den 6. Juli in Frankfurt am Main eine Pressekonferenz anberaumt. Ich würde mich dort den Fragen der Journalisten stellen müssen. Bei der Vorstellung, als Sünder am Pranger zu stehen, und das vor den lauernden Augen der Öffentlichkeit, bekam ich regelrechte Panikattacken, und wenn sie vorbei waren, fiel ich in eine tiefe Lethargie. Keine Ahnung, wie ich die Tage bis zur Pressekonferenz überstand.

Um mich herum herrschte rege Betriebsamkeit. In Bonn wurde ein Büro eingerichtet, das die Medienarbeit steuern sollte, wenn der Ansturm losging. Die Leute um Matthias Schumann und Olaf Ludwig waren rund um die Uhr bereit, Erklärungen zum »Fall Ullrich« abzugeben.

*

Wir verließen unser Exil in den Bergen und flogen nach Frankfurt. Ich stellte mich auf die Begegnung mit den Journalisten ein wie auf eine entscheidende Bergetappe bei der Tour de France: Mein Feind waren nicht die anderen, mein größter Gegner war ich selbst. Durch den Hintereingang hatte ich fast unbemerkt den Schulungsraum des Landessportbundes Hessen betreten. Ich nahm Platz zwischen Sylvia Schenk, der Präsidentin des Bundes Deutscher Radfahrer, Olaf Ludwig, dem Sprecher unseres Teams, und Professor Hörterer, dem Oberarzt der Klinik in Bad Wiessee. Sie alle gaben kurze Erklärungen ab, doch die Journalisten waren natürlich meinetwegen gekommen. Sie wollten hören, was ich zu sagen hatte. Viele kannte ich, viele hatten mich im Lauf meiner Karriere als Radsportler interviewt und über mich berichtet. Aber diesmal interessierte sie nicht, was für ein großartiger Kerl ich war, und nicht einmal, warum ich wieder nur den zweiten Platz bei der Tour belegt hatte oder warum ich zu viel wog – sie waren hier, weil ich ihnen einen handfesten Skandal lieferte.

»Hallo. Wir wissen ja alle, worum es geht«, begann ich, »und ich will auch gar nicht lange drum herum reden.«

Ich erklärte, dass ich die positive Doping-Probe vom 12. Juni 2002 akzeptieren und auf die übliche B-Probe verzichten würde. Damit war auch klar, dass ich mit einer Sperre des Sportgerichts zu rechnen hatte. Der Anfang war gemacht, mit unsicherer Stimme zwar, aber immerhin. Ich begann zu beschreiben, wie ich an die Pillen gekommen war, deren Inhaltsstoffe – Amphetamine – dann später in meinem Urin nachgewiesen wurden. Die Hitze im Saal war unerträglich. Das kam sicher von den Scheinwerfern der Fernsehteams, die unerbittlich auf mich gerichtet waren. Ich sah mich verstohlen um. Niemand außer mir war so in Schweiß gebadet. Es muss ein erbärmlicher Anblick gewesen sein. »Es war eine Riesendummheit, die unverzeihlich ist«, fuhr ich fort, »aber es war kein Doping, um jemanden zu betrügen.« Das hier vor allen zu sagen, war mir wichtig. Ich war davon überzeugt, dass ich nicht im üblichen Sinne gedopt war. Doping ist für mich, wenn man vorsätzlich versucht, seine Leistungen zu manipulieren, um sich einen Vorteil gegenüber dem sportlichen Gegner zu verschaffen. Als ich die Pillen nahm, ging es bei mir gar nicht um Leistungen. Aufputschmittel wie Amphetamine in einer Ruhephase einzunehmen, ist in sportlicher Hinsicht völlig nutzlos. Normalerweise achte ich im Training und bei den Rennen peinlich genau auf jede Kleinigkeit. Bei der Tour de France trinke ich nicht einen einzigen Tropfen aus einer fremden Wasserflasche. Aber in jenen Wochen, als ich von Arzt zu Arzt zog, war ich völlig sorglos gewesen. Nun hatte ich die Quittung dafür erhalten. Ich wollte nie in meiner Karriere mit Doping in Verbindung gebracht werden. Nie! Und jetzt war es auf so unglaublich dumme Weise doch passiert.

Als ich meine Erklärung beendet hatte, fühlte ich mich seltsam leer. »Sie dürfen jetzt Ihre Fragen stellen«, forderte Olaf Ludwig die Journalisten auf. Natürlich war mir klar, dass mich niemand schonen würde. Auf das, was jetzt kam, war ich vorbereitet: »Stecken Sie in einer Lebenskrise?«, »Haben Sie ein Alkoholproblem?«, »Haben Sie die falschen Freunde?«, »Was sagt Ihre Freundin dazu?« Ich antwortete, so gut ich konnte, und hoffte, dass es bald vorbei sein würde. »Eine letzte Frage noch«, hörte ich Olaf sagen. Sie kam prompt. »Wollen Sie ein Comeback?« Ich starrte in den Saal. Wollte ich ein Comeback? Ich wusste es nicht. Mein Leben war gerade völlig aus den Fugen geraten. Demnächst würde ich für Rennen gesperrt werden, ich hatte keine Ahnung, ob mein Knie wieder gesund werden würde, ich war mir nicht einmal sicher, ob meine Freundin bei mir bleiben wollte. Was um alles in der Welt sollte ich auf diese Frage antworten? Aber ich konnte den Saal auch nicht als totaler Verlierer verlassen. Wenn es schon bei dieser Veranstaltung kein Happy-End gab, dann doch wenigstens einen tröstlichen Ausblick. »Das kann ich nicht auf mir sitzen lassen«, hörte ich mich selber sagen. »Ich bin jetzt ganz unten und will wieder nach ganz oben. So kann ich meine Karriere nicht beenden.«

*

Ursprünglich hatte es sieben oder acht Vorschläge für mein Versteck im Ausland gegeben. In Frage kamen Orte, wo die Wahrscheinlichkeit, auf deutsche Touristen zu treffen, verhältnismäßig gering war: an der amerikanischen Küste, in den kanadischen Wäldern oder auf karibischen Inseln. Wir entschieden uns für ein kleines Camp in den Whistler Mountains. Das ist ein großer Naturpark im Staat British Columbia in Westkanada. Die höchsten Berge sind über 2.000 Meter hoch und auch im Sommer mit Schnee bedeckt. Im Jahr 2010 werden in diesem Skigebiet die Olympischen Winterspiele stattfinden.

Zu unserer kleinen Reisegruppe gehörten neben Gaby und mir drei weitere Personen: Matthias Schumann hatte den Trip dorthin organisiert, musste allerdings schon nach vier Tagen wieder abreisen, denn er hatte ja noch seinen Job als Pressesprecher vom Team Telekom zu erledigen. Otto Wiedemann, mein Freund von Adidas, stieß dafür später zu uns. Er war unser Abenteuer-Beauftragter, der als Scout die Strecken für Mountainbike-Touren und Bergwanderungen aussuchte. Und Professor Möbius aus Bonn, ein Freund von Jürgen Kindervater, war unser Medizinmann, der sich um mein Knie und meine Psyche kümmern sollte.

Wir wohnten in den Whistler Mountains in einfachen Holzhütten. Durch die Fenster sah man bei Sonnenschein ein prächtiges Farbenspiel: das satte Grün der Wälder, darüber das klare Weiß der schneebedeckten Berge und das kräftige Blau des Himmels. In dieser Idylle fand ich endlich die Ruhe, die ich gesucht hatte. Wir waren so weit entfernt von allen Problemen. Zwar wurden mir die Presseberichte aus Deutschland zugeschickt, aber ich las keinen einzigen davon. Ich telefonierte so gut wie gar nicht. Nur manchmal, wenn mich Familienmitglieder grüßen und aufmuntern wollten, reichte Gaby das Handy weiter. Wenn mich wirklich einmal ein Kanadier erkannte, dann hatte er keine Ahnung davon, was in Deutschland schief gegangen war. Das war genau die richtige Umgebung, um abzuschalten und Kraft für einen neuen Anfang zu tanken.

Einmal machten wir mit unseren Mountainbikes einen Ausflug in die Wälder, und wir mussten über eine kleine Brücke mit einem Holzgeländer, um einen Fluss zu überqueren. Otto und Gaby waren schon auf der anderen Seite angelangt und warteten auf mich. »Nun komm endlich«, riefen sie. Ich riss mein Rad in die Höhe und fuhr über das zehn Zentimeter schmale Brückengeländer, dreißig Meter unter mir der reißende Fluss. Die beiden wussten nicht, ob sie begeistert sein sollten oder ob ich jetzt völlig verrückt geworden war. Als Otto wenig später eine Panne hatte, konnte ich außerdem meine Mechanikerqualitäten unter Beweis stellen. In Rekordzeit wechselte ich ihm seinen platten Reifen. Otto staunte nicht schlecht. »Das haben wir in der DDR gelernt«, erklärte ich ihm lachend. »Was meinst du, wie oft wir da gewechselt haben, bei den miesen Straßen.« Wir besuchten ein Indianerreservat in der Nähe, machten einen Gletscherflug über die höchsten Gipfel der umliegenden Berge und hatten viel Spaß bei Touren mit dem Tandem. Bei einer unserer Wanderungen sahen wir auf einer Lichtung einen Bären. Während Gaby und Otto voller Respekt nach einem Fluchtweg Ausschau hielten, rannte ich dem Bären hinterher, um ihn aus der Nähe zu betrachten. Leider ist er mir entwischt. Es gab Tage, die ich völlig unbeschwert genießen konnte, aber immer wieder holten mich meine ungelösten Probleme ein.

Das ging schon beim Frühstück los. Jeden Morgen um sieben Uhr begann im amerikanischen Fernsehen die Live-Übertragung von der Tour de France. Radrennsport ist in Amerika längst nicht so präsent wie andere Sportarten, aber seit Lance Armstrong gibt es auf verschiedenen Kanälen Tageszusammenfassungen von der Tour. Und es fand sich sogar ein kleiner Sender, der das Rennen live ausstrahlte. Bei »Outdoor Live Network« waren die Etappen liebevoll eingebettet zwischen stundenlangen Übertragungen vom Hochseeangeln und von Holzhackwettbewerben. Da saß ich also in den kanadischen Wäldern und starrte auf den Fernsehbildschirm. Wie damals, als wir an der Sportschule heimlich Westfernsehen geguckt hatten. Aber inzwischen war das *mein* Rennen geworden! Und ich war nicht dabei.

Es lief gerade eine Bergetappe in den Pyrenäen. Lance Armstrong und die beiden Spanier Heras und Beloki bildeten die Spitzengruppe. Der Amerikaner fuhr schon wieder in Gelb. Den letzten Anstieg hinauf nach Plateau de Beille kannte ich noch ganz genau. 1998 hatte ich dort meine Probleme mit Pantani gehabt. Eine Weile schaute ich schweigend zu und stellte mir vor, an welcher Stelle ich angreifen würde. Ich versuchte, die Taktik der Fahrer zu durchschauen, genau wie im Rennen. Dann sagte ich leise: »Mensch, Otto, da könnte ich jetzt dabei sein.« Otto sah mich sehr ernst an: »Da *musst* du wieder dabei sein, das hast du uns versprochen.«

Mein Hals war plötzlich wie zugeschnürt. Noch bevor die Etappe zu Ende war, schnappte ich mir ein Rad und fuhr alleine in die Berge. Es war so verdammt schwer, nicht dazuzugehören. Gerade für diese Tour de France hatte ich alles geben wollen. Ich war bereit gewesen, mich zu ändern, doch dann war alles so furchtbar schief gelaufen. Aber ich wusste auch, dass ich das irgendwann einmal abhaken und nach vorne blicken musste. Ich versuchte, wieder der alte Optimist zu sein, der fest an seine Rückkehr glaubte.

Zunächst aber wollte ich jetzt und hier etwas in Ordnung bringen. Auch wenn Gaby und ich sehr liebevoll und aufmerksam miteinander umgingen, auch wenn wir gemeinsam mit unseren Freunden viel Spaß hatten und die Zweisamkeit in unserer Holzhütte genießen konnten – meine Freundin gab mir unmissverständlich zu verstehen: »Wir haben noch einiges zu bereden, mein Lieber.« Mein Bild von Gaby veränderte sich. Wir kannten uns nun schon so lange, fast acht Jahre, aber in einigen Punkten hatte ich sie falsch eingeschätzt. Früher hatte ich manchmal befürchtet, dass unsere Liebe eine größere Krise nicht überstehen würde. Wir brachten es im Alltag fertig, uns über absolute Nichtigkeiten in die Haare zu kriegen. Warum kommst du so spät? Weshalb hast du mir den Anruf nicht ausgerichtet? Ich habe dir doch gesagt, dass ... Eine Mischung aus Unaufmerksamkeiten und Überreaktionen, meist keine großen Sachen. Doch wenn wir in einer vergleichsweise entspannten Situation – es ging uns gut, wir hatten keine materiellen Sorgen und wir waren gesund – schon Schwierigkeiten hatten, was sollte dann erst werden, wenn wir wirklich einmal in eine Krise gerieten? Doch ich hatte mich gründlich geirrt: Je größer das Problem, desto stärker war Gaby.

Als ich die dümmsten Fehler machte, stellte sie sich ohne zu zögern an meine Seite.

Auf einem Spaziergang sagte ich Gaby, wie sehr ich sie dafür bewunderte. »Wie konntest du nur daran zweifeln, dass ich zu dir halte?«, fragte sie erstaunt. »Ich liebe dich. Das ist ja das Schlimme.«

»Was ist denn daran schlimm?« Ich versuchte ein vorsichtiges Grinsen: »Das ist doch toll.«

Gaby musste lachen. »Ja, das habe ich auch mal gedacht.« Sie wurde wieder ernst. »Hast du eigentlich eine Vorstellung davon, wie ich mich gefühlt habe, als du jeden Abend losgezogen bist, ohne auch nur ein bisschen an mich zu denken? Ich war dir völlig egal, du hast gelebt wie ein Single. Weißt du, wie oft ich zu mir selber gesagt habe: Warum lässt du dir das nur gefallen?«

»Das hatte wirklich nichts mit dir zu tun«, versuchte ich mich zu verteidigen. »Ich wollte mich einfach nur ablenken, die Sache mit dem Knie hat mich völlig fertig gemacht. Das hast du doch gemerkt.«

»Natürlich habe ich das gemerkt, du hast es ja alle spüren lassen.« Gaby blieb stehen und nahm meine Hand. »Aber gerade deshalb hatte es natürlich auch mit mir zu tun. Entweder man ist zusammen und steht so was gemeinsam durch, oder man lässt es bleiben.« Sie drehte sich um und ging weiter. Eine Weile liefen wir schweigend nebeneinander her. »Und, willst du mich noch?«, fragte ich sie, scheinbar ganz nebenbei.

»Hm.« Gaby überlegte. »Vielleicht.«

»Vielleicht?«

»Vielleicht.«

Ich nahm sie in den Arm und küsste sie. »Denk ja nicht, dass du mich so leicht rumkriegst!«, protestierte Gaby, aber ich wollte ganz fest glauben, dass sie mir verzeihen würde. Vielleicht noch nicht heute oder morgen, aber doch irgendwann.

Wir liefen durch die herrliche kanadische Wildnis und fühlten uns einander so nah wie schon sehr lange nicht mehr.

Manchmal blieben wir stehen und blinzelten in die tief stehende Sonne. Aber Gaby war nicht der Typ, der jetzt verliebt mit mir in den Sonnenuntergang geschlendert wäre. So weit waren wir noch nicht. »Du weißt, dass du ein paar entscheidende Dinge ändern musst«, sagte Gaby bestimmt. »Mit dem Alkohol muss Schluss sein, davon habe ich wirklich die Nase voll. Jan, du bist Profisportler! Ist dir das nicht peinlich?«

Da hatte sie wirklich Recht. Aber damit würde ich überhaupt kein Problem haben, da war ich mir sicher. »Du wirst sehen, dass ich mich ändere«, versprach ich ihr.

»Hast du dir denn schon mal überlegt, wie dein neues Leben aussehen soll?« Gaby sah mich herausfordernd an. »Na los, ich bin neugierig.«

»Also«, sagte ich und meinte jedes Wort genau so, wie ich es sagte: »Ich will mit dir leben, ich möchte mit dir die ganze Welt entdecken, ich will der allerbeste Radfahrer sein und eine riesengroße Familie haben.«

»Na, wenn's weiter nichts ist«, lachte Gaby und gab mir einen Kuss. »Aber wie wär's denn, wenn wir erst einmal mit einer kleinen Familie anfangen?« Das wäre einfach wundervoll, dachte ich.

*

Am 23. Juli erhielt ich Post vom Bund Deutscher Radfahrer: Ich bekam eine Startsperre von sechs Monaten, die unter Berücksichtigung der wettkampffreien Monate November und Dezember am 23. März 2003 enden sollte. Meine kleine Hoffnung, vielleicht doch nicht gesperrt zu werden, hatte sich damit nicht erfüllt. Aber wenn eine verbotene Substanz im Körper eines Sportlers entdeckt wird, dann muss er dafür auch bestraft werden, ganz gleich, wie und warum diese Substanz da hineingekommen war. Die Sperre fand ich daher schon in Ordnung. Zumal es in Punkt 4a des Urteils hieß: »Da Jan Ullrich glaubhaft ausgeführt hat, dass er die Tabletten aufgrund seiner psychisch angespannten Lage eingenommen hat, hat er kein Doping im engeren Sinne begangen.« Diese Interpretation war mir überaus wichtig. Dadurch erhielt ich einerseits nur die Mindeststrafe von sechs Monaten, und andererseits behielt ich mein Startrecht für die Olympischen Spiele in Athen, an denen grundsätzlich keine Sportler teilnehmen dürfen, die vorher des Dopings überführt worden waren.

Aus München platzte eine weitere Nachricht in die Idylle der Whistler Mountains. Der für meinen Fall zuständige Staatsanwalt machte Druck. Es gab zwar das Gutachten eines Gerichtsmediziners über das Medikament, das ich genommen hatte, aber die Staatsanwaltschaft ermittelte trotzdem weiter gegen mich wegen Ecstasy-Missbrauchs. Sie suchte fieberhaft nach den Leuten, die mir die Pillen gegeben hatten. Alle Münchner Klubs, in denen ich gewesen war, wurden von der Polizei durchsucht, jeder Türsteher, der in dieser Nacht Dienst gehabt hatte, wurde verhört. Selbst gegen die Klinik in Bad Wiessee wurde ermittelt, weil meinem Freund Ernst Freiberger unterstellt wurde, dass er als Klinikbesitzer mir die Pillen besorgt hätte. Wieder musste ich mir einen Anwalt nehmen, diesmal einen Spezialisten für Strafverteidigung aus München. Er kam nach Kanada und erläuterte mir die Lage.

»Ich habe mich mit dem Staatsanwalt getroffen«, sagte er. »Das hört sich nicht besonders freundlich an. Er droht Ihnen, das Ermittlungsverfahren bis zu zwei Jahre zu verschleppen, wenn Sie nicht beweisen können, dass Sie diese Pillen nur einmal eingenommen haben.«

»Wie soll ich das denn beweisen?«, fragte ich ihn.

Der Mann zuckte die Achseln. »Das geht gar nicht. Selbst eine Haarprobe würde Ihnen vermutlich nicht entscheidend weiterhelfen.«

»Und was hat der Staatsanwalt gegen mich in der Hand?«

»Nichts, nur die positive Probe.«

Ich verstand seine Aufregung nicht. »Was kann er dann gegen mich unternehmen?«

»Nun«, erklärte mein Anwalt, »leider ziemlich viel. Wenn Sie mit Freunden auf Ihrer Terrasse sitzen und ein Bier trinken, dann kann er jederzeit Ermittler vorbeischicken und Haarproben von Ihnen nehmen lassen. Es könnten ja wieder Drogen im Spiel sein.«

Ich konnte es nicht fassen. »Das ist doch absurd«, schimpfte ich. »Und was ist mit meiner Lizenz als Radprofi?«

»Das hat nicht direkt damit zu tun. Aber welches Team würde Sie schon verpflichten, solange Sie ein Verfahren am Hals haben?«

Da hatte er Recht. Wohl eher keines. »Was können wir machen?«, fragte ich weiter.

»Der Staatsanwalt in München bietet uns an, gegen Zahlung einer höheren Summe die Akte zu schließen. Damit wäre der Fall erledigt.«

Mein Anwalt nannte mir die Höhe der Summe. Ich musste erst einmal tief durchatmen. Das war kein Pappenstiel. Aber bevor ich nach Deutschland zurückkehrte, wollte ich die Sache unbedingt vom Tisch haben und endlich einen Schlussstrich ziehen. Ich war wütend, weil diese Zahlung wie ein Schuldeingeständnis aussah, und ich fühlte mich nicht schuldig. Trotzdem schickte ich meinen Anwalt mit dem Auftrag nach Deutschland zurück, die Strafsumme zu bezahlen.

Das waren nicht die einzigen finanziellen Verluste in diesem Sommer. Bei meinem Manager meldete sich der Adidas-Marketingchef. Man wollte den Sponsorvertrag mit mir kündigen und berief sich auf die Selbstverpflichtung, dass Adidas mit keinem gedopten Sportler zusammenarbeiten würde. Juristisch gesehen war dagegen schwer etwas einzuwenden, auch wenn das Sportgericht inzwischen eindeutig bestätigt hatte, dass mir kein Doping zur Leistungssteigerung vorzuwerfen war. Adidas wollte wohl die Chance wahrnehmen, mich loszuwerden, weil man dort von meiner sportlichen Zukunft nicht mehr überzeugt war. Immerhin hatte die Firma 1998 einen mit mehr als 300.000 Euro im Jahr dotierten Zehn-Jahres-Vertrag mit mir abgeschlossen, da konnte man also einen

Haufen Geld sparen. Ich war enttäuscht über die Trennung, weil Adidas der Sponsor war, zu dem ich die größte emotionale Bindung hatte. Seit dem Mauerfall, also seit ich westdeutsche Artikel kaufen konnte, hatte ich immer nur diese eine Marke getragen. Ich war unglaublich stolz gewesen, als ich 1994 meinen ersten kleinen Vertrag erhielt, der meine Leistungen zu Anfang mit einem Taschengeld und dann mit immer höheren Beträgen vergütete. Nun hatte mich Adidas so schnell es nur irgend ging fallen gelassen. Das tat weh.

Diesem Beispiel folgten bald auch andere Sponsoren. Nur zwei blieben mir treu: die Brillenfirma »Rudy Project« und mein Fernsehpartner ARD. Sie ließen die Verträge während meiner Sperre ruhen, und natürlich zahlten sie mir nichts. Das war völlig in Ordnung. Anwaltskosten, Bußgelder, Tagessätze, Gehaltskürzungen, Rennsperre, Auflösungen von Sponsorenverträgen – auf diese Weise verlor ich 2002 so viel Geld, dass man mit Fug und Recht sagen kann: Ich habe mein Lehrgeld gezahlt.

*

Dennoch erreichten mich aus Deutschland nicht nur Hiobsbotschaften. Eines Tages erhielt ich eine SMS, die mein sportliches Leben radikal umkrempeln sollte. Sie war ganz kurz und harmlos: »Wie sieht es aus im nächsten Jahr? Ich hätte da eine Idee.« Absender: Tobias Steinhauser. Wir hatten uns 1993 in der Amateur-Nationalmannschaft kennen gelernt. Steini war ein kräftiger, groß gewachsener Junge aus dem Allgäu. Anfangs waren wir einfach nur Kollegen, aber bald wurden wir Freunde. Wir fuhren zwar nie im selben Team, trafen uns aber hin und wieder privat. Zweimal feierten wir sogar mit unseren Frauen zusammen Silvester, und 1999 waren wir gemeinsam in Kitzbühel im Skiurlaub. Steini fuhr für das Team Gerolsteiner, deshalb dachte ich im ersten Augenblick, er würde im Auftrag seines Sportlichen Leiters Hans Holzer anrufen, um mir ein Angebot zu machen. Neugierig rief ich sofort zurück. Ich erreichte Tobias in einer Pizzeria. »Hier ist Ulle. Ich interessiere mich für Ihre Idee, mein Herr.«

»Jan! Das ging aber schnell«, Steini war überrascht. »Wo steckst du denn?«

»In Kanada, soll aber keiner wissen.« Ich hatte keinen Zweifel, dass ich Tobias vertrauen konnte.

»Willst du überhaupt noch Rad fahren?«, fragte er.

»Ja, doch, eigentlich schon.«

»Ich mach dir einen Vorschlag: Lass uns im Winter zusammen nach Italien zum Training gehen. Das wird dir gut tun.«

»Ja, vielleicht hast du Recht. Aber erst einmal muss mein Knie in Ordnung sein.«

»Irgendwann wird dein Knie schon wieder gesund werden, Ulle. Dann musst du sehen, dass du die richtigen Leute an deiner Seite hast, wenn du wieder anfängst.«

»Ich denke drüber nach.« Aber ich hatte den Köder schon geschluckt. In den nächsten Tagen rief ich ihn noch zweimal von Kanada aus an. Es war ein lustiger Zufall, dass ich Steini jedes Mal in einer Pizzeria erwischte. Meinen Ernährungsplan sollte ich wohl nicht von ihm aufstellen lassen.

Mir gefiel an Tobias Steinhauser vor allem seine Unabhängigkeit. Er ist immer den Weg gegangen, den er für richtig hielt, und nicht den, der am leichtesten war. Steini fuhr für Teams in Italien und Spanien, er lernte die Sprachen dieser Länder und fand dadurch schnell neue Freunde. Seine zweite Heimat war die Toscana, wo er mit seiner Familie die Wintermonate verlebte. Er hatte es zu einigen beachtlichen Erfolgen gebracht: Dritter der Deutschland-Tour, Sieger im Zeitfahren bei der Tour de Suisse, Fünfter der Straßen-Weltmeisterschaft.

Ich wollte mir anhören, was er vorzuschlagen hatte. Nach meiner Rückkehr besuchte ich ihn zu Hause in Scheidegg, einem idyllischen Ort in der Nähe des Bodensees. Zwei Tage und Nächte redeten wir, dann stand fest: Ich wollte mit ihm neue Wege ausprobieren. Dabei dachten wir noch gar nicht an ein gemeinsames Team. Dieser Gedanke entstand erst einen Monat später, als Steini beim Team Gerolsteiner keinen neuen Vertrag mehr erhielt. Von diesem Moment an verknüpften wir unsere sportlichen Schicksale miteinander.

Meine Tage in Kanada neigten sich dem Ende zu. Zum Schluss wurde es tatsächlich noch ein richtiger Urlaub. Wir riefen Gabys Schwester Renate an und fragten, ob sie und ihr Freund uns nicht besuchen wollten. So waren wir eine kleine Truppe, die sehr viel Spaß miteinander hatte. Ich konnte diese Tage ausgiebig genießen und mich erholen. Ich war wieder verliebt in Gaby, und ich glaube, sie auch in mich. Die ersten Schritte hatte ich getan. Aber je näher der Tag unserer Rückreise kam, desto deutlicher wurde mir bewusst: Die wirklich schwierigen Schritte musste ich erst noch gehen.

*

Fünf Wochen lang war ich wie vom Erdboden verschluckt gewesen, nun kehrte ich nach Deutschland zurück. Ich war sehr gespannt, ob sich der Medienrummel mittlerweile beruhigt hatte. Erst jetzt erfuhr ich, wie fantasievoll in den ersten Tagen nach meinem Verschwinden über mich spekuliert worden war. Von Drogenentzug war die Rede gewesen, von einem Unterschlupf in Florida, von der Trennung von Gaby – es ist schon erstaunlich, was man so schreiben kann, ohne auch nur das Geringste zu wissen. Richtig ärgerlich wurde ich allerdings, als meine Mutter mir erzählte, wie ihre Wohnung tagelang regelrecht belagert worden war. Aber Jürgen Kindervaters Plan schien immerhin aufgegangen zu sein. Jetzt, fünf Wochen nach dem großen Skandal, wurde ich in Ruhe gelassen.

Nun hatte ich drei Probleme zu lösen: mein Knie, mein Umfeld, mein Team. Ich begann mit dem Knie. Noch in Kanada war mir Dr. Ernst-Otto Münch empfohlen worden, ein Tipp, der sich als Volltreffer erweisen sollte. Dr. Münch war Verbandsarzt der deutschen Ski-Nationalmannschaft. Er hatte ausgiebige Erfahrungen sammeln dürfen beim Zusammenflicken von Skirennfahrern. Ich flog Ende August zu ihm nach

München. Vom ersten Augenblick an erschien mir Dr. Münch als ein sehr angenehmer Mensch und kompetenter Arzt. Er hatte eine wohltuend unaufgeregte Art, mir die Komplikationen mit meinem Knie zu erklären, die mich noch Wochen zuvor zur Verzweiflung getrieben hatten. »Hier ist eine kleine Knochenwulst außerhalb des Gelenks.« Er zeigte auf die Röntgenfotos. »Die drückt auf die Gelenkkapsel und das Innenband. Das hat wahrscheinlich die Schmerzen verursacht.«

»Und was machen Sie jetzt?«, wollte ich wissen.

»Dieser Knochenvorsprung wird einfach weggemeißelt«, sagte er, als wäre das die selbstverständlichste Sache der Welt. »Stellen Sie sich das ruhig vor wie an einer Werkbank, mit Hammer und Meißel.«

Das Gespräch fand an einem Freitag statt, am darauf folgenden Montag wurde ich schon operiert. Ich rief noch schnell meinen Teamarzt Dr. Lothar Heinrich an, der mich zur Operation begleiten sollte. Auch er hatte einen guten Eindruck von Dr. Münch. Münch war niemand, der sich noch profilieren oder jemandem etwas beweisen musste; er war einfach ein erfahrener Arzt, der mir helfen wollte. Auch fielen seine Prognosen viel zurückhaltender aus als bei seinen zahlreichen Vorgängern: »Die Operation *könnte* ein Erfolg gewesen sein«, sagte er vorsichtig nach dem Eingriff. Ich bekam einen Verband und Krücken und durfte nach Hause humpeln.

Wieder einmal hoffte ich, dass die lange Leidensgeschichte mit meinem rechten Knie nun ein Ende hätte. In der Rehabilitation war ich diesmal die Ruhe selbst. Geduldig und ausdauernd machte ich die gleiche Gymnastik, die mir beim letzten Mal noch den Nerv geraubt hatte. Das war die positive Seite der sechs Monate Sperre: Ich hatte viel, viel Zeit.

Ich nutzte sie auch, um mich wieder in der Öffentlichkeit zu zeigen. Ich war noch unsicher, wie mir die Fans begegnen würden. Jürgen Kindervater nahm mich mit auf das Trainingsgelände des FC Bayern in München, um die Reaktion der Fans auf mich zu testen. Als sie mich erkannten, waren sie völlig aus dem Häuschen. Es war ein schönes und beruhigendes Gefühl für mich, ihre Wiedersehensfreude zu spüren.

In Merdingen erschien ich als Überraschungsgast zum Abschiedsrennen meiner Freunde Dirk und Mike Baldinger, die das ganze Dorf eingeladen hatten. Mehr als zwei Monate war ich nicht hier gewesen. Auf meine Krücken gestützt, feuerte ich den Startschuss ab. Ich war sehr erleichtert über den herzlichen Empfang der Menschen. Hier war in den letzten sieben Jahren mein Zuhause gewesen, hier hatte ich eine Heimat gefunden. Trotzdem stand mein Entschluss fest: Ich musste hier weg.

Und damit ging ich die zweite Herausforderung an: mein Umfeld. Gaby bekam einen großen Schreck, als sie merkte, wie ernst ich es meinte. Sie war alles andere als begeistert, als ich ihr von meinen Umzugsplänen erzählte. Merdingen war ihr Heimatdorf, hier hatten wir anderthalb Jahre zuvor unser Traumhaus gebaut. Aber wenn ich mich erst einmal für etwas entschieden hatte, dann konnte mich nichts und niemand mehr davon abbringen. »Du hast doch selbst gesagt, dass ich mich verändern muss«, sagte ich zu meiner Freundin. »Dir ging es doch auch auf die Nerven, dass unser Haus ständig voller Leute war und wir nie unsere Ruhe hatten.«

»Aber wo willst du denn hin?«, fragte sie.

»Das wirst du schon sehen«, sagte ich, aber es klang wenig überzeugend. Ich wusste es selbst noch nicht. Mehr Ruhe wollte ich, einen Ort, an dem ich meine Gedanken sammeln und mehr nach meinen eigenen Vorstellungen leben konnte. Vor allem wollte ich diesen Rattenschwanz von falschen Freunden loswerden. Richtige Freundschaften hatte ich fünf oder sechs, daran würde auch ein Umzug nichts ändern. Manchmal sah ich meine guten Freunde nur drei- oder viermal im Jahr, trotzdem blieben wir uns vertraut. Coole Kumpels und flüchtige Bekannte hingegen, davon hatte ich eindeutig zu viele. Wenn ich abends wegging, passierte meistens das Gleiche: Kann ich ein Autogramm bekommen, kann ich ein Foto machen, kann ich ein Glas mit dir trinken, kann ich mich zu euch setzen? So hefteten sich Leute an meine Fersen, die ich gar nicht kannte. Und mit Sicherheit waren auch Typen darunter, die mir überhaupt nicht gut getan haben. Ich war viel zu leicht beeinflussbar. Davon hatte ich endgültig genug.

Ich suchte für uns ein Haus am Schweizer Ufer des Bodensees. Diese Gegend schien mir ein ideales Trainingsrevier zu sein. Ich konnte auf den flachen Strecken am See trainieren, aber die ersten Berge der Alpen waren auch nur vierzig Kilometer entfernt. Wir blätterten unzählige Prospekte durch und sahen uns fünf viel versprechende Immobilien an, bevor ich in Scherzingen das Haus fand, das mir auf Anhieb gefiel: etwas höher gelegen, mit weitem Blick über Apfelplantagen und den Bodensee. Das Haus hatte zwei Etagen mit großen, hellen Räumen, einen Kamin und einen Wintergarten, im Keller großzügige Trainingsräume und eine Sauna. Hinter dem Haus gab es eine weitläufige Terrasse und einen kleinen Garten, perfekt für eine Familie. Und meine Freunde waren auch nicht weit: Mit Steinhauser, Klöden, Kessler und Wesemann wohnten gleich vier Radrennfahrer in der näheren Umgebung.

Mein drittes Problem war schwieriger zu lösen, als ich dachte. Für die Zeit der Sperre ruhte mein Vertrag mit dem Team Telekom. Ich ging zunächst davon aus, dass ich nach diesen sechs Monaten in meine alte Mannschaft zurückkehren würde. Jürgen Kindervater hatte mich in der Krise großzügig unterstützt, vor allem ihm gegenüber fühlte ich mich zur Dankbarkeit verpflichtet. Zu Walter Godefroot, meinem Sportlichen Leiter, hatte ich während der ganzen Zeit keinen Kontakt gehabt. Umso erstaunter war ich, als mir von einer Mannschaftssitzung des Teams Telekom berichtet wurde.

Kindervater und Godefroot hatten meinen überraschten Kollegen verkündet: »Wir müssen jetzt auch ohne Jan Ullrich planen. Es ist völlig offen, ob er irgendwann wieder mit euch fährt.« Davon wusste ich noch gar nichts. Gleichzeitig liefen

Verhandlungen mit dem Italiener Paolo Savoldelli, der in diesem Jahr den Giro gewonnen hatte, und mit Cadel Evans aus Australien, der als eines der größten Talente in den Bergen galt. Ich wurde nicht gefragt.

Ich war verärgert und schrieb Rudy Pevenage eine SMS: »Was ist da los? Wenn die mich nicht mehr wollen, dann gehe ich eben weg. Ich hoffe aber, dass wir beide zusammenbleiben.« Und wieder einmal wartete ich ab. Ich konnte das Ganze noch nicht so recht glauben, bis am 1. August Post von meinem Arbeitgeber eintraf: »Hiermit kündigen wir form- und fristgerecht die Fahrervereinbarung vom 12.10.2001 außerordentlich und mit sofortiger Wirkung. Die Gründe dafür sind bekannt.« Man berief sich auf den Paragraphen unserer Verträge, der Konsequenzen bei Doping-Vergehen regelte.

Bei unserem Hauptsponsor ging es drunter und drüber. Jürgen Kindervater wurde vorgeworfen, dass er sich als Kommunikationschef mehr um mich als um seinen Ex-Chef Ron Sommer gekümmert hätte. Inzwischen gab es einen neuen Vorstandsvorsitzenden, der das Sponsoring des Rad-Teams gründlich auf den Prüfstand stellen wollte. Kindervater wurde intern vorgehalten, den Vertrag mit Walter Godefroot und dem Team auf eigene Faust verlängert zu haben. Gleichzeitig stieg die Telekom beim FC Bayern München als Sponsor ein, was die Diskussionen um die Zukunft der Rad-Mannschaft neu entfachte. Der Ton wurde schärfer, aus Bonn kamen klare Ansagen. Mein Manager Wolfgang Strohband erhielt den nächsten Brief: »Wir bitten Sie, uns bis Ende nächster Woche ein Rahmenangebot für einen Vertrag mit Jan Ullrich vorzulegen, aus dem auch hervorgeht, welche sportlichen und kommunikativen Konzepte Jan Ullrich in der kommenden Saison verfolgen wird.« Das war im Prinzip ein Ultimatum. Sie wollten mich zwar wiederhaben, aber zu günstigen Preisen und zu ihren Konditionen. Diesmal wartete ich nicht mehr ab, was passieren würde. Ich spielte einfach nicht mehr mit.

Es war wie die Trennung einer Ehe, die sich nach fast acht

Jahren überlebt hatte. Ich wollte neue Wege gehen, Dinge ausprobieren, selber entscheiden. Mein Partner, die Telekom, traute mir den Wandel aber nicht zu. Wenn es so weit gekommen ist, muss man sich entscheiden zwischen Kompromiss und Abschied. Es wurde eine Scheidung ohne große Aufregung. Jürgen Kindervater meinte später zwar, ich hätte in dieser Frage auf die falschen Berater gehört. Ich aber weiß, dass es nicht so war. Endlich hatte ich einmal etwas selbst entschieden. Die Trennung vom Team Telekom war eine Sache von Sekunden. Seit 1995 war ich nie für eine andere Mannschaft gefahren. Meine großen Erfolge hatte ich mit dem Team Telekom errungen. Jetzt ging dieser Abschnitt meiner Karriere zu Ende – mit einem Telefongespräch. Es dauerte eine halbe Minute.

*

Damit begann die Arbeit für meinen Manager. Wolfgang Strohband bekam den Auftrag, ein neues Team für mich zu suchen. Bjarne Riis als Sportlicher Leiter der dänischen Mannschaft CSC war unsere erste Adresse. Es war ein verlockender Gedanke, für meinen Freund Bjarne zu arbeiten. Er brachte die Erfahrung von neun Teilnahmen an der Tour de France mit und hatte inzwischen einen ausgezeichneten Ruf als Teamchef. Sein Kapitän Laurent Jalabert war noch einmal Bergkönig der Tour geworden. Der Hauptsponsor CSC war eine englisch-dänische Computerfirma. Man suchte einen weiteren Partner, der mich finanzieren sollte. Deshalb wurde im August der Kontakt zur Deutschen Post hergestellt. Der für uns entscheidende Mann dort hieß Gerd Schukies. Wolfgang reiste fünfmal zu ihm nach Bonn, Bjarne dreimal. Wir hatten gemeinsam ein schlüssiges Konzept ausgearbeitet, das Schukies vorgestellt wurde und das ihn überzeugte.

Die Post stieg eigens aus dem Formel-1-Sponsoring beim Team Jordan aus. Schnell gab es Design-Entwürfe für ein Trikot, ein komplettes Team und sogar eine Gästeliste für die VIP-

Events. Man fertigte ein siebzig Meter langes Transparent an, das im 25. Stock des Post-Towers in Bonn zur Team-Präsentation angebracht werden sollte, nicht ganz zufällig im Blickfeld der Konzernzentrale der Deutschen Telekom. Darauf stand: »Herzlich willkommen, Jan Ullrich!« Auch die Mannschaft hatte bereits einen Namen: DHL-CSC; DHL ist der Paketdienst der Deutschen Post. Es war also eigentlich alles geregelt, alle Beteiligten waren euphorisch. Dann aber klingelte Ende Oktober Wolfgang Strohbands Telefon. Es war Schukies: »Es gibt Probleme, die Post muss 7.000 kleine Poststellen schließen und 40.000 Mitarbeiter entlassen.«

»Und was bedeutet das für uns?«, wollte Wolfgang wissen.

»Nun, wir haben zwar das Geld, aber wir können es nicht ausgeben«, sagte Schukies. »Es lässt sich nach außen einfach nicht vermitteln, dass wir eine Menge Leute auf die Straße setzen und gleichzeitig in Sie investieren. Es tut uns Leid.«

Schluss. Aus. Wir waren völlig ratlos und standen mit leeren Händen da.

Also fingen wir mit der Suche wieder von vorne an. Interessenten meldeten sich viele: das belgische Team Quick Step mit Richard Virenque, Phonak aus meiner neuen Heimat Schweiz, das spanische Team Kelme mit guten Kletterern wie Oscar Sevilla, sogar Marco Pantani wollte mit mir in einer Mannschaft fahren. Aber die Angebote waren alle irgendwie unbefriedigend. Mal fehlte das Geld, mal die sportliche Qualität der Fahrer, mal die Perspektive des Teams.

Deshalb blieb auch nach der Absage der Post Bjarne Riis mit seinem Team unsere erste Wahl. Ich verschob mehrmals den Termin der Entscheidung nach hinten. Aber Bjarne bekam das Geld einfach nicht zusammen. Schweren Herzens würden wir ihm absagen müssen. Als Bjarne davon erfuhr, erhöhte er sein Angebot. Plötzlich schien er Geld aufgetrieben zu haben. Ich sagte am Telefon zu Wolfgang: »Was Bjarne jetzt macht, ist nicht in Ordnung. Entweder er hatte das Geld schon vorher und wollte es uns nicht geben, oder er hat es jetzt auch nicht.« Ich bedauerte das sehr, denn ich hatte mich schon auf die Zusammenarbeit mit Bjarne gefreut. Wir sagten ab. Und wieder war unklar, wie es weitergehen sollte.

Da meldete sich das Team Coast. Günther Dahms war ein radsportbegeisterter Textilfabrikant und -händler aus Essen, der seit mehreren Jahren ein Team unterstützte. Jetzt hatte er sich den großen Coup vorgenommen: Der kleine David Dahms wollte dem Goliath Telekom Paroli bieten. Dahms legte uns ein konkretes Angebot vor.

Ende 2002 hatte ich also ein gesundes Knie, ein neues Haus, ein neues Team, ein neues Ziel – und eine neue, alte Liebe mit Gaby. Ich musste mich zwar noch gedulden mit dem Trainingsstart, aber an meinem Geburtstag hielt ich es nicht mehr aus: Ich ging in die Garage, schnappte mir mein Fahrrad und fuhr eine Runde um unser Dorf. Ganz alleine war ich eine Stunde unterwegs. Am 2. Dezember saß ich endlich wieder dort, wo ich hingehörte und mich wohl fühlte: im Rennsattel.

Elfte Etappe:

Der Neustart

Der Abschied von Merdingen fiel uns sehr schwer. Für mich war es etwas leichter, aber Gaby hatte nie woanders gelebt, hier waren ihre Familie und ihre Freunde. Außerdem schmerzte uns der Auszug aus unserem Traumhaus, in dem wir noch nicht einmal zwei Jahre wohnten. Vor allem Gaby hatte sich monatelang um die Planung, die behördlichen Genehmigungen, die Bauarbeiten und den Umzug gekümmert, denn ich war ja ständig unterwegs. Gaby hing an diesem Haus, und ich konnte ihren Kummer verstehen.

Doch ich empfand diesen Umzug in die Schweiz als Teil meines Comebacks, deshalb hatte ich mich ganz bewusst für einen neuen Anfang in einer fremden Umgebung entschieden. Immer wenn in der Vergangenheit ein neuer Lebensabschnitt für mich begonnen hatte, hatte ich auch den Wohnort gewechselt: zur Sportschule war ich nach Berlin gegangen, als ich Amateur wurde, zog ich nach Hamburg, als Radprofi kam ich nach Merdingen. Natürlich war Merdingen eine ganz besondere Station gewesen. Hier hatte ich meine Freundin Gaby und ihre Familie gefunden, und hier war ich, entweder allein oder mit meinen Freunden wie Dirk und Mike Baldinger, unzählige Trainingskilometer gefahren. Dennoch: Scherzingen am Bodensee wurde unser neues Zuhause.

Als nächstes kümmerte ich mich um meine berufliche Zukunft. Die Idee, zum Team Coast zu gehen, gefiel mir immer besser. Die Mannschaft war stark besetzt und die Sportliche Leitung schien professionell zu sein, allerdings fehlte noch ein Teamchef. Mitte Dezember rief ich Rudy Pevenage an. »Wenn ich wirklich zu Coast gehe, dann hätte ich dich gern dabei. Was hältst du davon?«, fragte ich ihn. Aber Rudy hatte Bedenken, weil er bei der Telekom unter Vertrag stand und die gesamte Saisonplanung für das nächste Jahr schon abgeschlossen war. »Ich bin mir nicht sicher, ob das so klug ist«, meinte er. »Ich habe hier mein Wort gegeben.« Aber ich war entschlossen, mein neues Umfeld mit Leuten zu besetzen, denen ich hundertprozentig vertraute. Nach etlichen Gesprächen und nach langem Überlegen sagte Rudy zu.

Er informierte seinen Chef Walter Godefroot, meinen langjährigen Sportlichen Leiter, darüber, dass er mich bei meinem Neustart begleiten wollte. Leider trennten sich die beiden Männer im Streit. Walter fühlte sich hintergangen und war bitter enttäuscht. Viele waren über die Heftigkeit der Auseinandersetzung erstaunt, aber das Vertrauen zwischen den beiden Machern des Teams Telekom war restlos zerstört. Auch die Erinnerungen an Siege bei der Tour de France, bei Olympischen Spielen und Weltmeisterschaften sind nicht stark genug, das alte Erfolgsteam wieder auferstehen zu lassen.

Um die Verhandlungen mit Coast zu einem endgültigen Abschluss zu bringen, kamen Wolfgang Strohband, Rudy Pevenage, Tobias Steinhauser, Günther Dahms und ich kurz vor Weihnachten 2002 in Hamburg zusammen. Dahms, der Hauptsponsor des Coast-Teams, hatte die Verträge mitgebracht. Einige Fragen mussten noch geklärt werden. Günther Dahms beruhigte uns. »Macht euch keine Gedanken. Wir kriegen das hin. Alles wird gut«, waren seine Standardsätze, die er fast beschwörend wiederholte. Dahms bot uns Verträge mit einer Laufzeit von drei Jahren an. Aber er ließ offen, welche Partner das Coast-Team mitfinanzieren würden, und Co-Sponsoren brauchte er, denn mit seinen Jeans verdiente er nicht genug, um sich nebenbei ein ganzes Team leisten zu können. In Vorgesprächen hatte Dahms potenzielle Co-Sponsoren angekündigt. Wolfgang Strohband erkundigte sich daraufhin bei diesen Firmen, ob wirklich genügend Geld für eine Radsport-Mannschaft vorgesehen war. Er fand heraus, dass es tatsächlich Absichtserklärungen von RWE, Vodafone und Coca Cola gab, im Falle meiner Vertragsunterschrift in das Sponsoring des Teams einzusteigen. »Wir haben aber keine Verträge gesehen«, gab Wolfgang zu bedenken. »Die Firmen haben mir zwar bestätigt, dass sie einsteigen wollen, aber schwarz auf weiß habe ich nichts.«

Sein Geld machte Dahms mit Textilien, und er gab es für Radrennfahrer wieder aus, so radsportverrückt war er. Er hatte eine zupackende und herzliche Art, war immer optimistisch und gut gelaunt. Aber konnen wir Günther Dahms auch vertrauen?

Ich wollte unbedingt in dieser Nacht eine Entscheidung treffen. Wir diskutierten hin und her, und es war schon gegen drei Uhr morgens, als wir endlich unterzeichneten. Ich war erleichtert, das war also geschafft.

Drei Wochen später präsentierte Günther Dahms in Essen seine neue Mannschaft. Zu meinem neuen Team gehörten gestandene Fahrer wie Alex Zülle, der schon vordere Plätze bei der Tour de France belegt hatte, David Plaza, der einmal die Deutschland-Tour gewonnen hatte, und Angel Casero, der Sieger der Spanien-Rundfahrt gewesen war. Besonders freute ich mich, dass ich auch André Korff, meinen Freund seit Rostocker Kindertagen, wiedertraf, der bereits seit einiger Zeit für Coast fuhr.

Eine wichtige Bedingung für meinen Wechsel zu Coast war Dahms' Zusage gewesen, dass ich die Leute mitbringen durfte, die ich bei meinem Neustart unbedingt dabeihaben wollte. Dazu gehörten Rudy Pevenage und mein engster Trainingspartner Tobias Steinhauser. Als Physiotherapeutin gewann ich Birgit Krohme, die ich in Südafrika kennengelernt hatte. Birgit war inzwischen Ausbilderin an der Militärakademie von Kairo geworden, und es bedurfte einiger Überredungskünste, sie zum Umzug nach Deutschland zu bewegen. Schließlich stieß mein Bruder Stefan als Mechaniker zu unserem Team. Wir waren beide glücklich, dass wir endlich zusammenarbeiten konnten. Diese Menschen würden alles tun, um mir ein ungestörtes und konzentriertes Arbeiten zu ermöglichen. Es konnte losgehen.

*

Zum ersten Mal schlug ich mein Winter-Trainingscamp in der Toskana auf. Wir wohnten in einer Fattoria, einer kleinen Pension mit Wein- und Olivenanbau in der Nähe von Lucca. Unsere Familien hatten wir mitgenommen. Ich genoss die herzliche Atmosphäre bei den Wirtsleuten, die jeden Abend die leckersten Nudelgerichte auf den Tisch zauberten.

Anfangs musste ich mich noch zur Ruhe zwingen, denn manchmal schwoll mein Knie noch an. Aber von Tag zu Tag fühlte ich mich besser. Ich hatte wieder riesigen Spaß am Radfahren, genoss die wunderschöne Hügellandschaft, die Gemeinschaft mit meinen Freunden und das harte Training. Und es war ein neues, überaus angenehmes Erlebnis, ohne Gewichtsprobleme durch ein Frühjahr zu kommen.

Gemeinsam mit Rudy Pevenage und Tobias Steinhauser entwickelte ich ein neues Trainingsprogramm. Bisher hatte ich im Drei-Tage-Rhythmus trainiert: drei aufeinander folgende Tage Training mit zunehmenden Distanzen, ein Tag Pause und dann wieder von vorne. Jetzt variierte ich stärker, trainierte kürzer, aber intensiver, fuhr hinter dem Motorrad her und kletterte schon früh durch die toskanischen Berge.

In diese Trainingsphase hinein platzten immer wieder beunruhigende Nachrichten. Das Team Coast zahle die Gehälter unregelmäßig, hieß es, einige Fahrer warteten immer noch auf Geld vom vorigen Jahr. Die Gerüchte über ernsthafte finanzielle Probleme unseres Hauptsponsors schwirrten wie ein

Bienenschwarm bis in die Abgeschiedenheit der Toskana. Nun drohte der Radsport-Weltverband UCI auch noch, meinem neuen Rennstall die Lizenz zu entziehen.

War die Entscheidung doch falsch gewesen? Ich machte mir Sorgen, auch wenn ich nach außen hin Gelassenheit zu demonstrieren versuchte. Konsequent spulte ich mein Trainingsprogramm ab, immer Seite an Seite mit Steini. Aber es ist nicht einfach zu trainieren, wenn man jeden Tag damit rechnen muss, dass das Team, von dem man abhängig ist und mit dem man erfolgreich sein will, aufgelöst wird. Unsere Stimmung war ziemlich schlecht.

Eines Tages waren wir gerade zwanzig Kilometer unterwegs, als Steini beschloss umzudrehen: »Mir reicht es, ich fahre nach Hause«, schimpfte er. Er wollte nicht mehr. »Ich bin doch nicht blöd und rackere mich ab, wenn ich gar nicht weiß, ob ich überhaupt weiter starten darf.« »Komm, wenn wir schon hier sind, dann können wir auch trainieren«, versuchte ich ihn zum Bleiben zu überreden. Ohne es zu merken, benutzte ich die gleiche Floskel wie Dahms bei unseren Vertragsverhandlungen: »Das wird schon alles, glaub mir.« Schließlich trainierten Steini und ich doch noch sechs Stunden. Eigentlich hatte mich mein Freund mit seiner Trainingsdisziplin ja mitreißen sollen, aber nun war es manchmal umgekehrt. Ich konnte die Unsicherheit, in der wir uns befanden, einfach besser verdrängen als er. So richteten wir uns gegenseitig auf.

*

Im April war es endlich so weit, nach 14 Monaten Pause wollte ich wieder ein Radrennen bestreiten. Meine Sperre war abgelaufen, ich hatte wochenlang trainiert, nun war es Zeit für meinen ersten Wettkampf. Als wir uns auf den Weg zur Sarthre-Rundfahrt in Westfrankreich machten, war allerdings immer noch völlig unklar, ob unser Team überhaupt noch eine Lizenz zum Fahren hatte. Es fehlten Bankbürgschaften und Garantien für die Gehälter der Rennfahrer. Vom Flughafen in Zürich aus rief ich meinen Manager an: »Wenn das nicht geregelt ist, steige ich gar nicht erst ins Flugzeug.«

»Wir haben nur noch ein paar Details zu klären«, versicherte Wolfgang. »Macht euch bitte auf den Weg.«

»Gut, aber nur bis Paris. Wenn dann nicht alles in Ordnung ist, kehren wir wieder um.« Tobias Steinhauser und ich gingen an Bord, flogen nach Paris und bestiegen den Bus, der uns zum nächsten Flugzeug bringen sollte. Wie wir es befürchtet hatten, gab es immer noch Probleme. Steini und ich überlegten, was zu tun sei. »Wir dürfen uns nicht alles gefallen lassen«, meinte Tobias, der die Ungewissheit satt hatte. »Wir müssen unsere Drohung auch einmal wahr machen und wirklich aussteigen.« Ich überlegte. »Okay, wir drehen um.« Genau in diesem Augenblick schlossen sich die Türen des Busses. Nun gab es kein Zurück mehr, wir flogen nach Nantes, wollten aber auf keinen Fall den Flughafen verlassen. Wir hatten uns bereits einen Rückflug gebucht, vier Stunden später ging der nächste Flieger nach Paris. Nach drei Stunden kam der erlösende Anruf von Wolfgang: »Alles klar, wir können starten.« Rudy Pevenage hatte in letzter Minute die erforderliche Bankbürgschaft über unseren Co-Sponsor, den italienischen Fahrradhersteller Bianchi, besorgt. Gerade noch rechtzeitig.

Am nächsten Morgen stand ich endlich wieder am Start eines Rennens. Lance Armstrong begrüßte mich: »Nice to see you, guy!« Und er gratulierte mir zur bevorstehenden Vaterschaft. Auf dieser Rundfahrt fühlte ich mich ein wenig an mein Profi-Debüt erinnert, damals, 1995, in Katalonien. Ich beobachtete meine Kollegen und freute mich, wieder dazuzugehören. Ich wurde 22. und war zufrieden.

Am Morgen des Ostermontags rief ich meinen Freund Otto Wiedemann an. Mit ihm hatte ich mich in den kanadischen Bergen versteckt, als die Wellen um meinen Medikamentenmissbrauch über mir zusammenschlugen. Nun stand ich nach anderthalb Jahren erstmals wieder in Deutschland am Start.

»Ich hatte dir doch versprochen, meinen Fehler wieder gutzumachen«, sagte ich zu Otto. »Ich bin gerade dabei.«

»Wenn du wüsstest, wo ich gerade bin.« Otto hatte eine seltsam belegte Stimme.

»Wo sollst du schon sein, auf einem Berg wahrscheinlich.«

»Richtig«, sagte er. »Aber auf welchem, das errätst du nicht. Ich bin genau an der kleinen Kapelle oberhalb der Berghütte, in der du dich voriges Jahr verstecken musstest.« Wie immer, wenn er dort oben vorbeikam, hatte Otto auch diesmal ein paar Münzen in die Sammelbüchse gelegt und ein Vaterunser gebetet, als ihn mein Anruf erreichte. Ich verstand, warum mein Freund so ergriffen war. Sollte das wirklich nur ein Zufall sein? Fünf Stunden später gewann ich zum ersten Mal seit langer Zeit wieder ein Radrennen.

Es gibt Rennen, die schwerer und auch wichtiger sind, aber »Rund um Köln« ist ein deutscher Klassiker. Über 202 Kilometer geht es durch das Bergische Land. Dem Veranstalter Artur Tabat gelingt es jedes Jahr wieder, ein beachtliches Feld an den Start zu bringen. Besonders aufmerksam beobachtete ich meine ehemaligen Kollegen vom Team Telekom. Sie hatten mit dem Amerikaner Bobby Julich, dem schnellen Sprinter Danilo Hondo und dem Nachwuchstalent Torsten Hiekmann mehrere gute Fahrer in der Mannschaft. Wie bei jedem Rennen in Deutschland wollte Telekom gewinnen, erst recht vor der Haustür der Konzernzentrale in Bonn.

Aber ich spürte früh, dass ich gut drauf war, zumal die Fans an der Straße mir das Gefühl gaben, dass sie sich über das Wiedersehen mit mir freuten. Immer wieder hörte ich meinen Namen, und das spornte mich zusätzlich an. »Rudy, pass gut auf, ich werde gleich mal etwas probieren«, kündigte ich über Funk meinem Sportlichen Leiter an.

»Was soll das werden?«, fragte Rudy skeptisch. »Das ist doch viel zu früh.«

»Ich greife an«, rief ich ihm zu.

Der Weg war wirklich noch weit bis nach Köln, aber ich

konnte mich nicht mehr zurückhalten. Nach meinem ersten Antritt fuhren wir noch zu fünft, doch schon nach dem zweiten war ich allein. Vor mir lagen 53 Kilometer bis ins Ziel am Rhein. Ich griff den Lenker tief und legte los. Es kam gar nicht in Frage, dass ich mich jetzt blamierte und nach ein paar Kilometern wieder eingefangen wurde. Ich versuchte, meinen Vorsprung zu vergrößern, denn noch spürte ich den Atem der Jungs von Telekom im Nacken.

Bei Rudy Pevenage klingelte das Telefon. Tobias Steinhauser, der das Rennen zu Hause in Scheidegg live im Fernsehen verfolgte, war dran. Völlig aus dem Häuschen rief er: »Rudy, das wird ein Comeback, wie es der deutsche Radsport noch nicht gesehen hat!« Mein Bruder Stefan saß hinten bei Rudy im Auto, hatte Tränen in den Augen und beobachtete glücklich die Solofahrt seines kleinen Bruders. Birgit Krohme wartete im Ziel und glaubte nicht, was sie auf der Videowand sah. Es war ein großer Tag für unser kleines Team.

»Schon zwei Minuten!«, meldete Rudy über Funk. Meine alten Kollegen vom Team Telekom waren mir auf den Fersen, und trotzdem hatte ich diesen großen Vorsprung herausgefahren. Auf den letzten fünfzig Kilometern gelang mir endlich wieder eine Weltklasseleistung. In Köln standen die Menschen so dicht gedrängt an der Straße, als würde die Tour de France zu Ende gehen. Die Atmosphäre war fantastisch, und wie bei meinem ersten Meistertitel und meinem Olympiasieg, als ich auch allein dem Ziel zustrebte, konnte ich die letzten Meter besonders genießen. Ich richtete mich auf, streckte meinen linken Arm zur Seite, fuhr an den Straßenrand und klatschte die Leute ab. Dann wechselte ich auf die andere Seite und wiederholte das Ganze. Ich gehörte wieder dazu. Ich konnte wieder gewinnen.

*

Wie um das Glück perfekt zu machen, wurde Gabys Bauch immer runder. Da drin wuchs unser Kind, wir konnten es kaum erwarten, bald zu dritt zu sein. Ein Jahr war erst vergangen, seit meiner Liebeserklärung in Kanada: »Ich möchte eine riesengroße Familie haben.« Gaby hatte gelacht und erwidert: »Wie wär's denn, wenn wir erst einmal mit einer kleinen Familie anfangen?« Manche Wünsche gehen eher in Erfüllung, als man denkt, und an einem Tag im Oktober war Gaby plötzlich übel geworden. »Irgendwie ist mir komisch«, hatte sie gesagt und mich bedeutungsvoll angesehen. Sollte es etwa so schnell geklappt haben? Wir wollten es genau wissen, und Gaby verschwand sofort im Bad, um einen Schwangerschaftstest zu machen. Ich wartete im Wohnzimmer und platzte beinah vor Aufregung. Nach einer kleinen Ewigkeit stand Gaby in der Tür. Sie sah mich stumm an, dann lächelte sie und sagte feierlich: »Jan, ich bin schwanger.« Ich ging zu ihr und nahm sie in den Arm. Ganz lange und ganz fest. Was war ich nur für ein Glückspilz! Seitdem hatte es keinen einzigen Tag gegeben, an dem ich mir nicht voller Freude und Neugier vorstellte, wie es sein würde, Vater zu werden.

Das Timing war sensationell. Eigentlich fiel der Geburtstermin genau in die Zeit der Tour de France. Zwei Wochen vor dem angekündigten Termin sagte ich meine Teilnahme an der Deutschen Meisterschaft ab, um noch ein paar Tage bei Gaby sein zu können. Meine stille Hoffnung war, dass der kleine Mensch in Gabys Bauch ein Spätstarter sein und erst nach der Tour de France zur Welt kommen würde. Aber dann ging alles sehr schnell. Gaby musste ständig zu Ultraschall-Untersuchungen, weil unser Kind so klein war. Es hatte einfach keine rechte Lust zu wachsen. Am Morgen des 1. Juli, vier Tage vor Tour-Beginn, bereitete sich meine Freundin wieder auf einen Arztbesuch vor, als plötzlich die Fruchtblase platzte. Wir packten schnell ein paar Sachen zusammen und fuhren in die Klinik. Dort ergab die Untersuchung, dass die Wehen zwar immer stärker, die Herztöne des Kindes aber immer schwächer wurden. Die Ärzte entschieden, unser Baby mit einem Kaiserschnitt zu holen. Gaby erhielt eine Teilnarkose, weil sie die Geburt ganz bewusst miterleben wollte. Ich saß neben ihr und drückte ihre Hand. Wir waren beide furchtbar aufgeregt. Gleich würde unser Kind auf die Welt kommen.

Kurz nach drei Uhr nachmittags war es dann so weit. »Es ist ein Mädchen«, sagte die Ärztin und hielt ein kleines strampelndes Bündel in die Höhe. Eine Tochter! Was für winzige Hände sie hatte und was für lange dünne Beinchen! Sie war einfach wunderschön, wir konnten uns gar nicht satt sehen. Nie zuvor war ich so ergriffen gewesen wie in diesem Moment. Gaby und ich sahen uns glücklich an, beide hatten wir Tränen in den Augen. »Kommen Sie mal mit, junger Mann«, sagte die Ärztin und ging mit mir und dem Baby ins Nebenzimmer. »Hier«, sie hielt mir eine Schere hin, »dann nabeln Sie die Kleine mal ab.« Ganz vorsichtig schnitt ich die Nabelschnur durch. Wenig später hielt ich meine Tochter im Arm. Ganz zart war sie, gerade einmal 45 Zentimeter groß und 2.500 Gramm schwer. Sie weinte ein bisschen, aber leise, als wollte sie die feierliche Stimmung nicht stören. Ich wiegte sie sacht hin und her und sagte: »Wenn du jetzt ganz artig bist, bekommst du zu deinem 18. Geburtstag ein Cabrio.« Augenblicklich verstummte die Kleine. Ich war verblüfft über meinen ersten Erfolg als Vater. »Das hast du wohl verstanden, was?«, fragte ich. Sie blinzelte mich an und gähnte. Dieses kleine Wesen würde alles in meinem Leben verändern, das spürte ich.

Es traf sich übrigens sehr gut, dass Gaby eine Tochter zur Welt brachte, so blieb uns ein ernsthaftes Problem erspart, das nicht wenige werdende Eltern an den Rand der Verzweiflung bringt. Auf einen Jungennamen hatten wir uns nämlich nicht einigen können. Für ein Mädchen hingegen fanden wir eine wunderbare Lösung. Mein Lieblingsname war Sarah, und Gaby fand Maria am schönsten. So heißt unsere Tochter nun Sarah Maria. Ihr Familienname stand ohnehin fest. Ich wünschte mir, dass sie Ullrich heißen soll, und ich liebe Gaby sehr dafür, dass sie einverstanden war.

In der ersten Nacht blieb ich bei meinen Frauen in der Klinik, dann fuhr ich schnell nach Hause, griff meine bereits gepackten Sachen und fuhr zur Arbeit nach Paris. Dort sollte die Jubiläumsausgabe der Tour de France beginnen. Meine Tochter war auf den Tag genau hundert Jahre nach dem Start der ersten Tour geboren worden.

*

Ich ging mit dem Team Bianchi an den Start. So hieß meine Mannschaft inzwischen, das Team Coast gab es nicht mehr. Günther Dahms hatte sich finanziell übernommen, zahlte keine Gehälter mehr, ließ Co-Sponsoren abblitzen und verlor schließlich die Lizenz zum Weiterfahren. Wir konnten uns wirklich glücklich schätzen, dass Rudy Pevenage mit seinen exzellenten Kontakten die Existenz unserer Mannschaft gesichert hatte, sonst wäre sie wohl ganz aufgelöst worden. Das berühmte Fahrradunternehmen nahm unser Team zunächst für ein Jahr unter Vertrag.

Mit einem Bianchi-Fahrrad hatte schon der legendäre Fausto Coppi in den 50er Jahren die Tour gewonnen. Bianchi ist außerdem die Marke meines ersten Rennrads nach der Wende gewesen, als »Fahrrad-Niemczewski Charlottenburg« unserer völlig abgebrannten Radgruppe vom SC Dynamo Berlin drei nagelneue Räder spendiert und ich eins davon abbekommen hatte. Nun startete ich mit einem Bianchi-Rennrad bei der Tour de France. Ich hatte mir zum Ziel gesetzt, wenigstens eine Etappe zu gewinnen. Und wenn ich am Ende zu den ersten zehn gehörte, dann würde ich voll und ganz zufrieden sein.

Großer Favorit war erneut Lance Armstrong, der die Tour zum fünften Mal hintereinander gewinnen wollte. Seine größten Konkurrenten hießen Joseba Beloki, der Zweite des Vorjahres, Gilberto Simoni, der gerade den Giro d'Italia gewonnen hatte, Richard Virenque, der famose Kletterer, und Tyler Hamilton, ein alter Freund Armstrongs, der jetzt für Bjarne Riis' dänische Mannschaft CSC fuhr. Das Team Telekom hatte mit Botero, Winokurow und Klöden gleich drei Kapitäne dabei. Wie sollten wir in diesem harten Rennen bestehen? Die Spanier Plaza, Garcia-Casas und Garmendia sowie der Italiener Guidi waren zwar erfahrene Profis, aber von Angel Casero wusste ich nicht so recht, ob ich mich im Ernstfall auf ihn verlassen konnte. Thomas Liese und Daniel Becke schließlich hatten noch nie eine Tour bestritten. Blieb Tobias Steinhauser, mein Freund und Edel-Domestike, der immer an meiner Seite bleiben sollte.

Auch an meiner Seite, zumindest in Gedanken, war meine süße kleine Tochter. Ich war traurig, dass ich nicht bei ihr sein konnte, und deshalb freute ich mich jedes Mal unendlich, wenn Gaby mir übers Handy ein neues Foto von ihr schickte. Es ist schon erstaunlich, wie so ein winziges Wesen einen motivieren kann. Bislang gehörte ich nicht zu den Rennfahrern, die sich durch besonders schöne Gedanken von der Schinderei eines Rennens ablenken konnten. Das funktionierte bei mir nicht. Aber bei dieser Tour war das anders. Es gab mir Kraft, an meine beiden wunderbaren Frauen zu Hause zu denken.

Besonders halfen mir die beiden in den kritischen Stunden, die ich gleich zu Beginn der Tour durchleben sollte. Am Abend des fünften Tages, nach dem Mannschaftszeitfahren, hatten wir noch in fröhlicher Runde beim Essen gesessen und unseren sensationellen dritten Platz gefeiert. Nur 43 Sekunden Rückstand auf das Super-Team von Armstrong und 45 Sekunden Vorsprung auf das Team Telekom – so ein fantastisches Ergebnis war von niemandem erwartet worden. Ich bedankte mich bei jedem einzelnen Fahrer, diese Leistung machte mir wirklich Mut für die nächsten Tage. Vielleicht waren wir als Team besser, als viele glaubten.

Aber die folgende Nacht stellte alles wieder in Frage. Kurz nach Mitternacht klingelte erst bei Birgit Krohme und dann bei Rudy Pevenage das Telefon: »Könnt ihr bitte schnell vorbeikommen«, sagte ich mit leiser Stimme. »Ich friere und bin völlig kaputt.« Zwei Minuten später standen die beiden in meinem Zimmer und sahen mich erschrocken an. Ich lag zusammengekauert in meinem Bett, hatte Schüttelfrost und vierzig Grad Fieber. »Was hast du gegessen?«, war Birgits erste Frage. Aber die gesamte Mannschaft aß jeden Abend gemeinsam vom Büffet, daran konnte es nicht liegen. Die Ärzte wurden gerufen und sie vermuteten, dass ich offenbar allergisch auf eine Infusion reagierte, die ich am Abend nach dem schweren Mannschaftszeitfahren erhalten hatte. Bei langen Rundfahrten ist es üblich, nach besonders harten Etappen Infusionen aus Vitaminen, Mineralien, Zucker und Aminosäuren verabreicht zu bekommen.

Birgit rieb mir Zitronensaft ins Haar, legte Wadenwickel an und gab mir ein Fieber senkendes Mittel. Die halbe Nacht lang lag ich wach und war am Morgen mit 38 Grad immer noch fiebrig. Eigentlich gingen wir davon aus, dass wir meine Koffer packen konnten. Aber so schnell wollte ich mich nicht geschlagen geben. Ich musste wenigstens versuchen dabeizubleiben. Auf dem Weg zum Start schluckte ich noch eine Fiebertablette. »Ich fahre los, und wir sehen, was passiert«, sagte ich zu Rudy. Auf jeden Fall wollten wir die Geschichte geheim halten. Niemand außer den Ärzten, Birgit, Rudy und Steini wusste davon.

Die Etappe nach Nevers war 196 Kilometer lang, es war brütend heiß. Birgit hatte mir tiefgefrorene Schokolade mitgegeben, denn die Powergels und Elektrolyt-Drinks hätten meine Magenschleimhaut zu sehr gereizt. Steini fuhr immer direkt neben mir. »So von außen betrachtet, siehst du richtig gut aus«, versuchte er mich aufzumuntern. Aber drei Stunden später war ich am Ende meiner Kräfte. Ich wurde im Feld nach hinten durchgereicht. Wenn jetzt jemand angegriffen hätte, wäre ich erledigt gewesen. »Ich kann nicht mehr«, sagte ich leise. »Ich falle gleich vom Rad.« Ich war so schwach, dass ich kaum noch den Lenker festhalten konnte. »Rudy, mir geht es sehr schlecht«, rief ich über Funk den Mannschaftswagen unseres Teams. »Mir wird schwindlig.« Rudy Pevenage, unser belgisches Sprachgenie, kannte das deutsche Wort »schwindlig« nicht. Ich musste ihm beschreiben, wie sich alles in meinem Kopf zu drehen begann. »Jan, es ist deine Entscheidung«, hörte ich ihn über meinen Knopf im Ohr. »Denke daran, dass du jetzt eine Familie hast. Wenn es nicht mehr geht, dann musst du aufhören.« Er informierte Birgit Krohme, die an der Verpflegungsstelle auf uns wartete, dass ich wohl aufgeben würde.

Steini ließ sich zum Tour-Arzt ans Ende des Feldes zurückfallen und zwei Paracetamol-Tabletten geben. Unauffällig steckte er sie mir zu, denn niemand sollte bemerken, in welchen Schwierigkeiten ich war. Es ging mir jetzt etwas besser, und ich quälte mich mehr schlecht als recht über die letzten hundert Kilometer.

Es wird mir immer wieder vorgeworfen, dass ich im Winter und im Frühling nicht hart genug gegen mich selbst wäre. Es ist sicher richtig, dass ich in dieser Zeit nicht immer hundertprozentig bei der Sache bin. Aber wenn es darauf ankommt, wie im Training unmittelbar vor der Tour oder im Rennen selbst, dann kann ich mich quälen wie kaum ein anderer. Die Ärzte, mein Sportlicher Leiter und Steini bestätigten mir später, dass nicht viele Rennfahrer diesen Tag bei der Tour de France überstanden hätten. Zwei Dinge haben mich vermutlich gerettet: die Tabletten des Rennarztes, die mir Steini zusteckte, und die Gedanken an Sarah. So erreichte ich wundersamerweise ohne Zeitverlust das Ziel.

*

Ausgerechnet die schweren Etappen in den Alpen musste ich nun dazu nutzen, mich langsam wieder zu erholen. Es gelang mir besser, als ich befürchtet hatte, sogar beim Anstieg nach Alpe d'Huez verlor ich nur eine Minute und 24 Sekunden. Und das Wichtigste: Noch immer hatte niemand gemerkt, dass ich krank war.

Erst nach einer Woche war ich wieder im Vollbesitz meiner Kräfte, gerade rechtzeitig zum ersten Einzelzeitfahren. Rudy weckte mich am Morgen. »Komm, mein Freund, wir wollen die Strecke abfahren.« Obwohl ich viel lieber im Bett liegen geblieben wäre, sprang ich auf, frühstückte und machte mich mit Rudy auf den Weg. In der Weingegend um Gaillac stand an diesem Tag die Hitze. Über der Straße flimmerte die vierzig Grad heiße Luft. Bei der Besichtigung eines Zeitfahrkurses geht es darum, sich einen Eindruck vom Streckenprofil zu verschaffen, gefährliche Kurven zu erkennen und äußere Bedingungen wie Windverhältnisse und Straßenoberfläche zu studieren. Ich versuchte, mir so viel wie möglich davon einzuprägen, während ich die gesamte 47 Kilometer lange Strecke mit dem Rad inspizierte. Kleinigkeiten konnten später entscheidend sein, ein Schlagloch, das man übersah, oder ein kurzer Anstieg, bei dem man sich verschaltete.

Lance Armstrong ging im Gelben Trikot als Letzter ins Rennen. Dadurch kannte er natürlich meine Zwischenzeiten. Rudy gab mir die Zeiten durch, ansonsten genügten mir sparsame Informationen. Ich mag es nicht, wenn die Sportlichen Leiter über Funk oder Megafon die gesamte Distanz den Rennfahrer anbrüllen. Das macht mich wahnsinnig. Rudy wusste das, und er hielt sich zurück. Bei Kilometer 13 waren Armstrong und ich zeitgleich. Bei Kilometer 33 lag ich bereits vierzig Sekunden vor ihm. Ich witterte die Chance, eine Etappe der Tour de France zu gewinnen, was mir immerhin seit 1998 nicht mehr gelungen war. Noch einmal erhöhte ich mein Tempo. Lang gestreckt lag ich auf meinem Lenker, dabei spürte ich, wie der heiße Wind an meinem Körper vorbeiglitt und meine Beine kraftvoll die Pedale bewegten. Im Ziel war ich total erschöpft, aber überglücklich. Ich genoss jede Sekunde, bis Armstrong auftauchte. Er war mehr als eineinhalb Minuten langsamer als ich, in der Gesamtwertung lag ich nur noch 34 Sekunden hinter ihm. Jetzt konnte die Tour beginnen.

Wie nervös Armstrong nach seiner Niederlage war, sollte ich am nächsten Tag erfahren. Wir hatten die Pyrenäen erreicht. Der Port de Pailhères war über 2.000 Meter hoch und zum ersten Mal im Programm. Wir hatten es in den hektischen Wochen vor der Tour, als die Existenz unseres Teams auf der Kippe stand, nicht mehr geschafft, ihn vorher anzuschauen. Armstrong sorgte mit seinen beiden spanischen Helfern Heras und Beltran für ein Höllentempo. Meine Leute hatten den Anschluss verloren, und ich war, wie einige andere Kapitäne auch, allein. Bei der Abfahrt hinunter nach Ax-les-Thermes, einen alten Thermalort in den Pyrenäen, ließ ich mich zu unserem Auto zurückfallen, um zwei Trinkflaschen zu holen. Es gab einfach keinen mehr, den ich als Wasserträger hätte schicken können. Nur mit Mühe erreichte ich wieder die Spitze, bevor der letzte Anstieg begann. Mittlerweile war klar, dass unser Zweikampf in diesem Jahr so hart werden würde wie nie zuvor. Die Abstände waren einfach zu gering. Damit hatte vor der Tour kaum jemand gerechnet, am wenigsten ich selbst. Ich kam kurz vor Armstrong ins Ziel, nun führte er nur noch mit 15 Sekunden. Als einen Tag später mein Freund Alexander Winokurow angriff und einen Vorsprung herausfahren konnte, lagen die ersten drei lediglich 19 Sekunden auseinander. Wino und ich nahmen Armstrong in die Zange. Aus einem Zweikampf war ein Dreikampf geworden. Solche Dramatik hatte es seit Jahrzehnten nicht mehr gegeben.

*

Die letzte Bergetappe endete hinter den beiden Pyrenäen-Pässen Aspin und Tourmalet mit einer Bergankunft in Luz Ardiden. Am Morgen warnte Rudy: »Pass auf, heute wirst du den alten Lance Armstrong sehen.« An diesem Tag musste ich meinem Team noch einmal alles abverlangen. Es berührte mich, wie die Jungs sich für mich ins Zeug legten. Eine Ausnahme war Angel Casero, der zwar ab und zu eine Wasserflasche holte, sich aber sonst kaum in meiner Nähe aufhielt. Von einem ehemaligen Sieger der Spanien-Rundfahrt hatte ich mehr erwartet. Ansonsten funktionierte unser Team hervorragend, die Neulinge Becke und Liese kämpften bravourös. Steini war mein tapferster Helfer, bis ihn etwa zur Hälfte der Tour ein Virus erwischte und er das Rennen aufgeben musste. Seit dem Winter waren wir gemeinsam unterwegs gewesen, er hatte sein komplettes Rennprogramm nach meinen Wünschen ausgerichtet. Umso trauriger war ich, dass Steini und ich Paris nicht zusammen erreichen würden.

Am Tourmalet fühlte ich mich sehr gut. Zwanzig Kilometer lang schlängelt sich die Straße auf den Berg. Ich griff an, überraschend und spritzig, so wie es eigentlich Armstrongs Art ist. Ich wollte dem Amerikaner zeigen, dass er verwundbar war. Zweihundert Meter lag er bereits zurück, aber ich konnte das hohe Tempo nicht lange genug halten. Stück für Stück kämpfte er sich zurück, leider hatte ich nicht das Glück, einen schwachen Tag von Armstrong zu erwischen. Wenn er zusammengebrochen wäre, hätten vermutlich alle vom größten Angriff des Jan Ullrich gesprochen. So aber blieb es eine Attacke ohne Ergebnis.

»Bleib ruhig«, sprach mir Rudy aufs Ohr. »Der Weg ist noch weit.« Armstrong und ich rollten in der Spitzengruppe auf den letzten Berg zu, beide ohne Helfer, beide konzentriert auf den entscheidenden Anstieg. Seite an Seite nahmen wir die Serpentinen von Luz Ardiden in Angriff, als sich die Ereignisse überschlugen. Armstrong und der Spanier Iban Mayo, der Etappensieger von Alpe d'Huez, griffen an, ich folgte ihnen, und zu dritt fuhren wir an der Spitze. Ich befand mich direkt hinter den beiden, beobachtete ihre Trittfrequenzen und war mir sicher, Lance Armstrong an diesem Tag folgen zu können. Wenn wir gemeinsam oben ankämen, hätte ich nur 15 Sekunden Rückstand vor dem abschließenden Zeitfahren. Beim letzten Mal hatte ich Armstrong anderthalb Minuten abgenommen. Da sollten 15 Sekunden doch zu schaffen sein.

Wir arbeiteten uns den Berg hinauf. In einer Rechtskurve fuhr Lance sehr dicht am Spalier der Zuschauer entlang, und plötzlich verhakte sich die Tasche eines Zuschauers in seinem

Lenker. Armstrong stürzte und riss Mayo mit zu Boden. Im letzten Augenblick konnte ich ausweichen. Mein Herz schlug heftig. Was für ein Glück, dass ich nicht auch gestürzt bin, dachte ich erleichtert. Jetzt lag ich in Führung. Ich war Erster. Rudy meldete sich über Funk: »Wir sind hier bei der Tour de France, Jan, überlege dir genau, was du tust.« Innerhalb von Sekunden musste ich mich entscheiden: angreifen, den Sieg vor Augen, oder warten, bis der Gegner aufgestanden ist. Es war ein Instinkt, ich konnte nicht anders, ich wartete. Ich verringerte das Tempo, drehte mich um und sah nach einer Weile die Verfolgergruppe mit Winokurow und Hamilton, die kurz darauf zu mir aufschloss. Kurze Zeit später erreichten die beiden gestürzten Iban Mayo und Lance Armstrong unsere Gruppe. Aber Armstrong hatte nicht die Absicht, sich lange bei uns aufzuhalten. Er startete einen sehr imposanten Angriff, dem keiner von uns folgen konnte. Armstrong beschrieb später, dass der Sturz ihm einen ungeheuren Adrenalinstoß versetzt hätte. Er fuhr wie um Leben und Tod. Ich sah ihm nur noch hinterher, der Tempowechsel nach dem Angriff, dann das Warten und wieder der Angriff hatten mir im wahrsten Sinne des Wortes den Atem geraubt. Vierzig Sekunden nach Armstrong kam ich ins Ziel. Es war schon verrückt: Armstrong war gestürzt und hatte letztlich sogar davon profitiert. Ich hingegen wollte mich fair verhalten und war am Ende der Verlierer. Ohne den Sturz wären wir zu dritt oben angekommen, davon bin ich bis heute überzeugt.

Die Härte des Kampfes um das Gelbe Trikot hinterließ ihre Spuren. Ich verlor immer mehr Gewicht, auch Nahrungszusätze und Konzentrate konnten das spürbare Abmagern nicht aufhalten. Nach jeder Etappe stieg ich zu Birgit ins Auto und fuhr schnell mit ihr ins Hotel, dadurch sparte ich eine halbe Stunde Zeit gegenüber der Fahrt mit dem Mannschaftsbus. Birgit erkundigte sich nach besonderen Vorfällen, Schmerzen oder Muskelproblemen und massierte mich oft mehr als zwei Stunden lang. Abends hatte Birgit dann einen Spezialauftrag zu erfüllen. Ich brauchte »Hildegard«, so nannten wir eine leichte Hühnerbrühe, an die ich mich seit meiner Erkrankung zu Beginn der Tour gewöhnt hatte. In jedem Hotel fahndete Birgit nach Hühnerbrühe, von der ich dann zwischen einem und drei Litern trank. Derart gestärkt wollte ich meine letzte Chance packen, diese Tour doch noch zu gewinnen: das Zeitfahren in Nantes. Mein Rückstand betrug 65 Sekunden.

*

Als ich am entscheidenden Tag erwachte, prasselte der Regen an mein Fenster. Wir waren in Nantes an der Atlantikküste. Um neun Uhr wollten wir uns eigentlich die Strecke anschauen. Aber ich entschied, im Hotel zu bleiben, trainierte neunzig Minuten auf der Rolle und sah mir dabei ein Video von der Streckenbesichtigung an. Der Kurs war sehr einfach und übersichtlich: erst dreißig Kilometer schnurgeradeaus und dann einige Kreisverkehre vor der Einfahrt nach Nantes. Ich war hoch motiviert und wollte diese letzte kleine Gelegenheit beim Schopfe packen, noch eine Etappe und vielleicht sogar die Tour zu gewinnen. Aber ich wusste auch, dass meine Chancen bei Regenwetter geringer waren. Mein Körper ist bei solchen äußeren Bedingungen einfach nicht zu absoluten Höchstleistungen fähig. Lance Armstrong hingegen stört schlechtes Wetter nicht. Im Gegenteil. Ob bei der Weltmeisterschaft 1993 in Oslo, bei seinem ersten Tour-Sieg 1999 in Sestrières oder ein Jahr später in Lourdes-Hautacam: Immer goss es in Strömen und war bitterkalt, wenn Lance Armstrong zum großen Schlag ausholte. Ich musste mich also ordentlich ins Zeug legen, wenn ich an der Rangliste der Tour noch etwas ändern wollte.

So ging ich mit vollem Risiko auf den knapp fünfzig Kilometer langen und sehr flachen Kurs. Schon nach zwei Kilometern hatte ich sechs Sekunden Vorsprung. Es folgte eine Passage mit viel Rückenwind, aber für kraftvolle Fahrer wie mich ist das kein Vorteil. Im Gegenteil, für uns ist sogar Gegenwind besser, weil dann die Athletik entscheidender ist. Armstrong holte auf und war nun fast zeitgleich.

Aber dann kam ich immer besser in Schwung. Pro Kilometer machte ich zwischen zwei und drei Sekunden gegenüber Lance Armstrong gut. Zwischenzeitlich hatte ich bis zu 14 Sekunden Vorsprung auf ihn. Rudy freute sich: »Fahr weiter so! Das sieht richtig gut aus.« Es waren noch zwanzig Kilometer bis ins Ziel. Alle 400 Meter tauchte ein kleiner Kreisverkehr auf, wie er in Frankreich üblich ist. Normalerweise sagte mir Rudy über Funk an, ob ich das Rondell links oder rechts umfahren sollte. Wenn er nichts sagte, waren beide Seiten möglich. Vor der nächsten Kurve rief er: »Rechts!« Später würde ich erfahren, dass in dieser Kurve bereits zwanzig Fahrer gestürzt waren, allein vier davon aus meinem Team. Die gestürzten Fahrer meiner Mannschaft hatten natürlich bei Rudy angerufen, um mich zu warnen, konnten aber nur auf die Mailbox sprechen. In der Hektik kam Rudy dann nicht dazu, sie abzuhören, sonst wäre uns nicht entgangen, dass die Straße an dieser Stelle glitschig wie Schmierseife war. So feuerte ich mit vollem Risiko in die nächste Kurve.

Das Vorderrad rutschte unter mir weg, ich fiel auf Oberschenkel und Arm und schlitterte in die Strohballen am Straßenrand. Mühsam rappelte ich mich wieder auf und wäre beinahe noch einmal ausgerutscht. Hastig kletterte ich wieder auf meine Zeitfahrmaschine, mein Bruder Stefan war aus dem Teamauto gesprungen und versuchte, mir neuen Schwung zu geben. Ich beschleunigte, aber meine Beine waren schwer wie Blei. Die ganze Spannung der letzten Tage war auf dem Asphalt liegen geblieben.

In meinem Funkgerät blieb es still. »Was ist jetzt?«, fragte ich und wartete auf die nächsten Streckeninformationen. Aber Rudy konnte nicht sprechen. Mein Sportlicher Leiter und Freund wusste, dass wir in diesem Moment die Tour verloren hatten. Und ich wusste es auch.

Armstrong hörte über Funk von dem Sturz und drosselte sofort sein Tempo. Um die besagte Kurve schlich er beinahe. Ich denke, dass ich eine gute Chance gehabt hätte, zumindest diese Etappe zu gewinnen, mit etwas Glück sogar die Tour. Ich fuhr ins Ziel, ging sofort in unser Wohnmobil und ließ mich auf einen Platz in der Ecke fallen. Ich legte mein Gesicht in beide Hände und schluchzte hemmungslos. So ein Pech! Es dauerte eine ganze Weile, bis ich mich beruhigt hatte und allmählich begriff: Ich hatte meinen Stammplatz bei der Tour de France verteidigt. Ich war wieder Zweiter. Und das war weit mehr, als ich mir noch vor drei Wochen erträumt hatte.

»Ullrich ist reif für Poulidor«, schrieb die *L'Equipe*. Raymond Poulidor ist ein berühmter Radrennfahrer der 60er und 70er Jahre, der vierzehnmal die Tour de France von Anfang bis Ende fuhr, und davon nicht weniger als achtmal in Paris auf dem Podium stand. Aber nie konnte er eine Tour gewinnen, und nicht einen einzigen Tag trug er das Gelbe Trikot. Und gerade deshalb liebten ihn die Franzosen wie keinen anderen. Berühmt und beliebt wurde Poulidor nicht für seine Siege, sondern für die Rennen, die er *nicht* gewann. Wenn einer mit »Poupou« verglichen wird, dann macht man ihm damit ein Kompliment. Dennoch, ich kam nicht als Verlierer nach Paris, und ich fühlte mich auch nicht so. Lance Armstrong hatte sich den Sieg verdient, weil er sich in einem großen Kampf über Berge, Zeitfahrstrecken und Flachetappen am Ende als der Bessere erwiesen hatte. Ich war stolz, ihn so hart herausgefordert zu haben. Und ich war gewiss, dass dies noch nicht das letzte Kapitel unseres großen Duells gewesen war.

Ich hatte ein Ziel hinter dem Ziel, ein Wohnmobil, das in einer kleinen Seitenstraße abgestellt war. Als ich die Tür öffnete, stand Gaby auf, strahlte mich an und drückte mir wortlos unsere Tochter in den Arm. War es tatsächlich nur ein Jahr her, dass ich mich in den kanadischen Bergen versteckt gehalten, die Tour lediglich im Fernsehen gesehen und um meine große Liebe gekämpft hatte? Im Juli 2003 hatte ich diesen Kampf gewonnen. Ich umarmte meine Freundin und küsste mein süßes Baby – und war in den Kreis der besten Radfahrer der Welt zurückgekehrt.

*

Am Nachmittag des Tour-Finales lernte Wolfgang Strohband einen interessanten Mann kennen. Holger Obermann war als Vorstandsvorsitzender von T-Mobile der neue Chef vom Team Telekom geworden. »Können wir einmal über Jan reden?«, fragte er.

»Wir haben einen bestehenden Vertrag«, entgegnete mein Manager. »Bis zum 31. August erfahren wir, wie es für uns bei Bianchi weitergeht.«

»Dann reden wir eben am 1. September«, meinte Holger Obermann. Der Mann wusste anscheinend, was er wollte. Wusste ich es auch?

Eigentlich wollte ich die Zusammenarbeit mit Bianchi fortsetzen. Voraussetzung dafür war allerdings ein neuer Co-Sponsor für das Team. Jacques Hanegraaf, ehemaliger Radprofi und Manager bei Bianchi, vertröstete uns immer wieder. Dabei hätte es nach meinem zweiten Platz bei der Tour nicht so schwierig sein dürfen, Geld aufzutreiben. Doch die Zeit verrann und nichts geschah. Weder mir noch meiner Mannschaft bot man einen neuen Vertrag an. Ich war traurig, denn mit diesem Team hatte ich ein erfolgreiches Comeback hingelegt.

Ich drängte Wolfgang, ein anderes Team für die nächste Saison zu suchen. Die folgenden Wochen zeigten, dass wir uns richtig entschieden hatten. Hanegraaf verwickelte uns bald in einen nervenden monatelangen Rechtsstreit und blieb mir sehr viel Geld schuldig.

*

Mein Freund Alexander Winokurow konnte auf ein großartiges Jahr zurückblicken. Schon im Frühjahr hatte er Paris-Nizza und das Amstel Gold Race gewonnen, im Sommer hatte er zunächst den Sieg bei der Tour de Suisse und danach den dritten Platz bei der Tour de France feiern können. Nach jedem Erfolg gratulierte ich ihm, weil ich mich riesig für ihn freute. Wino und ich waren Freunde, seit ich mich gemeinsam mit ihm auf die Olympischen Spiele vorbereitet und er mich noch im gleichen Jahr in seine Heimat Kasachstan eingeladen hatte. Auch als wir später in unterschiedlichen Teams unterwegs waren, hatten wir nie den Kontakt verloren.

Als Wino wieder einmal zum medizinischen Check zu Dr. Heinrich in die Freiburger Klinik kam, schien er etwas auf dem Herzen zu haben. Er druckste eine Weile herum, doch dann bat er den Arzt: »Kannst du Jan nicht fragen, ob er zu unserem Team zurückkehren will?« Lothar hob erstaunt die Augenbrauen. »Da steht das Telefon.«

Wino rief mich an. »Na, hast du schon ein neues Team?«

»Nein, wir suchen noch«, sagte ich wahrheitsgemäß.

»Warum kommst du nicht zu uns zurück?«, fragte er scheinbar beiläufig.

Das überraschte mich. Wino war Dritter der Tour de France geworden und hatte das Zeug dazu, die Rundfahrt selbst zu gewinnen. Warum sollte er sich wünschen, dass ich ihn womöglich in der Teamhierarchie verdrängte? »Warum willst du, dass ich zurückkomme?«, wollte ich wissen. »Du bist doch der Kapitän.«

»Ich möchte, dass wir beide Kapitän sind«, sagte Wino. »Es macht mir einfach mehr Spaß mit dir. Und Armstrong können wir gemeinsam auch besser ärgern.«

Ich freute mich sehr über diesen Anruf. Alexander Winokurow gehört zu den Rennfahrern, die ich bewundere, weil sie es schaffen, über mehrere Monate auf höchstem Niveau zu fahren. Der Gedanke war verlockend, gemeinsam mit Wino als Doppelspitze in eine Tour de France zu gehen.»Das klingt gut, Wino. Ich denke darüber nach«, sagte ich ihm.

»Wenn du kommst, nehme ich dich auch mal wieder mit zu mir nach Kasachstan«, versprach Wino lachend. Er wusste genau, wie gut es mir dort gefallen hatte.

Wochen später lud ich Wino und Klödi zu einem gemütlichen Grillabend ein. Wir saßen auf unserer Terrasse mit dem herrlichen Blick auf den Bodensee und unterhielten uns darüber, was die Zukunft bringen würde. Ich erzählte, welchen Ärger es mit Bianchi wegen der fehlenden Sponsoren gab. »Du musst einfach zu uns zurückkommen«, redeten die beiden auf mich ein. »Gib dir einen Ruck, du gehörst doch zu Telekom.« Noch immer war ich nicht sicher, ob die Rückkehr zu meinem früheren Rennstall tatsächlich der richtige Weg sein würde. Immerhin hatte mir der Wechsel zu einem anderen Team offensichtlich gut getan. Andererseits war der Stress um Geld und Startberechtigungen, wie ich ihn erlebte hatte, ermüdend und zerrte an den Nerven.

Ich beschäftigte mich also ernsthaft mit dem Gedanken, in meine frühere Mannschaft, die nicht mehr Team Telekom, sondern T-Mobile-Team heißen würde, zurückzukehren. Dort fuhren meine Freunde Andreas Klöden, Matthias Kessler und Alexander Winokurow. Die Mannschaft war mit dem Zeitfahr-Weltmeister Santiago Botero, dem Giro-Sieger Paolo Savoldelli und dem australischen Kletterer Cadel Evans erheblich verstärkt worden. Wenn alle gesund blieben, war T-Mobile das beste Team der Welt. Warum also nicht? Zweiter war ich oft genug gewesen. In dieser Mannschaft hätte ich ein optimales Umfeld. Wenn ich mit diesen Jungs die Tour nicht noch einmal gewinnen würde, mit wem dann?

Für mich stand allerdings fest, dass ich nur einen Vertrag unterschreibe, wenn mich mein engstes Team des letzten Jahres begleiten dürfte. Ich fühlte mich verantwortlich für die Menschen, die mit mir ins Risiko gegangen waren. Die Fahrer Steinhauser und Korff, die Physiotherapeutin Krohme und der Mechaniker Stefan Ullrich gehörten zu mir. Und natürlich Rudy Pevenage.

Mittlerweile war ich mir zwar sicher, dass T-Mobile die richtige Mannschaft für mich sein würde. Aber ich zögerte trotzdem noch und rief meinen guten Freund Otto Wiedemann an.

»Ich brauche deinen väterlichen Rat«, sagte ich. »Vor mir liegt ein Vertrag von T-Mobile. Was soll ich machen?« Otto schwieg einen Moment. Dann sagte er ruhig: »Unterschreiben.« Im Oktober unterzeichnete ich einen Vertrag für drei Jahre. Ein Kreis schloss sich. In dieses Team kam ich als junger Rennfahrer in meinem ersten Profi-Jahr, und hier stieg ich auf zum ersten deutschen Tour-Sieger. Ich kehrte zurück in meine sportliche Familie. Nur meinen Freund Rudy Pevenage durfte ich nicht mitbringen. Der Mann, der das Team Telekom zusammen mit Walter Godefroot über viele Jahre zu großen Erfolgen geführt hatte, war zur unerwünschten Person geworden. Noch immer wurde ihm sein Weggang von Telekom, den er ja nur auf meine eindringliche Bitte hin gewagt hatte, nicht verziehen. Das war nicht zu ändern, aber auf meinen Freund Rudy wollte ich dennoch nicht verzichten. Ich gewann ihn als meinen persönlichen sportlichen Berater und Trainer, denn ich wollte mit ihm zusammen den letzten Teil meiner Karriere in Angriff nehmen.

*

Das Jahr endete mit vielen Ehrungen. »Sportler des Jahres«, »Fair Play-Preis«, »Bambi« – als Zweiter war ich offenkundig der Sieger der Saison. In Hamburg erhielt ich – wie der Schauspieler Michael Douglas, der Sänger Placido Domingo und der Designer Karl Lagerfeld – den »World Award« für meine faire Aktion gegenüber Lance Armstrong, als ich nach seinem Sturz auf ihn gewartet hatte. Den Preis überreichte mir ein Mann, den ich sehr verehrte: Michail Gorbatschow. Ich trat ans Rednerpult und sagte: »Herr Gorbatschow, wenn Sie nicht dafür gesorgt hätten, dass die Mauer fällt, dann hätte ich ganz bestimmt nie eine Tour de France fahren können. Dann wäre ich nicht der geworden, der ich heute bin. Ich danke Ihnen.«

Finale

Ich bin noch immer hungrig nach Erfolg. Ich will mich weiter mit meinen Konkurrenten messen, Rennen gewinnen und mit mir selbst zufrieden sein. Noch immer will ich meine Fans begeistern und Spaß am Radsport haben. Dabei weiß ich, dass es nicht leichter wird. Mein Körper ist ein Gegner, der es mir von Jahr zu Jahr schwerer macht, Höchstleistungen zu erreichen. Und doch werde ich jede Saison aufs Neue versuchen, meinen eigenen Ansprüchen zu genügen. Wer weiß, was noch alles möglich ist, wenn ich es endlich schaffe, das Frühjahr mehr zum Formaufbau und weniger zur Gewichtsreduzierung zu nutzen. Erst dann werde ich wohl in der Lage sein, meine wahren Grenzen auszutesten.

Ich bin im besten Rennfahreralter und fahre im stärksten Rad-Team der Welt, ich habe gute Freunde um mich herum und schöpfe Kraft aus der Geborgenheit meiner Familie. Alle Wünsche, die ich hatte, als ich am tiefsten Punkt meiner Krise angelangt war, sind in Erfüllung gegangen. Was bleibt, ist ein großer Traum: Ich will noch einmal die Tour de France gewinnen. Wenn mir das nicht gelingt, werde ich meinen Neustart als unvollständig empfinden.

Meine bisherige Karriere verlief spannend und erfolgreich. Ich siegte bei Olympischen Spielen und Weltmeisterschaften, gewann die Spanien-Rundfahrt und als erster Deutscher die

Tour de France. Aber es gibt noch einige Fragen zu beantworten. Die wichtigste: Bin ich in der Lage, so diszipliniert zu leben, so hart zu trainieren, mein Team so klug zu führen und mich selbst so zu quälen, dass ich die Tour wieder gewinnen kann? Es geht dabei nicht nur um das fantastische Gefühl, im Gelben Trikot nach Paris zu fahren, sondern auch darum, ob ich zu einer echten Persönlichkeit werde.

Viele Versuche habe ich nicht mehr, die Tour de France zu gewinnen, vielleicht zwei, eventuell auch drei. Mit dem Ausgang dieser Rennen wird sich wohl entscheiden, wie man mich in einigen Jahren in Erinnerung behalten wird. Als begnadetes Talent, das es sich oft selbst schwer machte, sich aber immer wieder zusammenriss und am Ende einzigartige Erfolge errang. Oder als schlampiges Genie, das es viel zu selten verstanden hat, seine außergewöhnliche Begabung in unvergessliche Siege zu verwandeln.

*

Ich bin nicht der kühl berechnende Superstar ohne Fehl und Tadel, der sein Leben Tag für Tag dem Streben nach Höchstleistungen unterwirft. Ich will nicht bereits im November mit einer Lebensmittelwaage auf meine Ernährung achten und im März bei Winterwetter die Alpenpässe bezwingen. Ich bin ein ganz normaler Mensch mit Stärken und Schwächen, der im Laufe der Jahre Höhen und Tiefen erlebte. Aber wenn es darauf ankommt, wenn ich mit dem Rücken zur Wand stehe und wenn viele an mir zweifeln, dann bin ich ein Kämpfer.

Ich habe Fehler gemacht und Erfahrungen gesammelt, ich habe mich weiterentwickelt und bin ein reiferer Mensch geworden. Es wird mir dennoch wohl immer wieder schwer fallen, meine Schwächen zu besiegen. Es wird mühsam für mich bleiben, meine Vorbereitung auf die Tour mit letzter Entschlossenheit und höchster Disziplin zu beginnen und dann durchzuziehen. Und es wird Jahr für Jahr spannend bleiben zu sehen, wann es mir gelingt, jenen Punkt zu erreichen, von dem aus es kein Zurück mehr gibt auf meinem Weg nach Paris. So bin ich nun einmal. Aber auf meine ganz eigene Art werde ich immer wieder mit aller Kraft versuchen, meine Leistungsgrenze zu erreichen. Das ist der Anspruch, den ich an mich selbst stelle, heute und in Zukunft.

*

Der höchste Gipfel, den man im Radsport erklimmen kann, ist ein Sieg bei der Tour de France. Ich war jung und unerfahren, als mir das gelang. Der Junge aus Papendorf eroberte das Gelbe Trikot und trug es bis Paris. Damals wurde spekuliert, ob ich dieses Rennen vier-, fünf-, sechsmal oder noch öfter gewinnen könnte. Alle Experten waren sich einig, dass sie einen solch talentierten Fahrer wie mich seit langem nicht gesehen hatten: stark im Zeitfahren, ausdauernd in den Bergen, schnell im Sprint. Wer sollte mich schlagen? Ich wurde fünfmal besiegt. Fünfmal verlor ich – das heißt, wenn der Zweite ein Verlierer ist. Aber ist er das wirklich? Ein zweiter Platz beim schwersten Rennen der Welt kann keine Niederlage sein. In hundert Jahren Tour de France hat außer mir nur ein einziger deutscher Radrennfahrer einmal einen zweiten Platz belegt. Allerdings – wenn man dem Sieg so häufig so nahe kommt wie ich, will man ihn auch erringen. Nur das Gelbe Trikot ist dann ein wirklicher Triumph.

Die Gewinner der Tour de France werden immer den herausragenden Platz in der Geschichte meiner Sportart einnehmen. Ich bin in den letzten Jahren gegen viele fantastische Fahrer angetreten, die großartige Siege errangen, die Zuschauer mit ihrem Fahrstil und ihrer Ausstrahlung begeisterten und dem Radsport zu großer Popularität verhalfen. Aber nur vier von ihnen konnten die Tour de France gewinnen. Sie zeigten und zeigen mir, wohin der Weg führen kann, wenn man beim schwersten und schönsten Radrennen der Welt triumphiert hat.

Ruhe und Geborgenheit wählte Miguel Indurain, dem ich 1996 bei meiner ersten Tour begegnete, als seine einzigartige

Karriere zu Ende ging. Wenn ich ihn heute treffe, spüre ich dieselbe souveräne Gelassenheit, die ihm die Kraft gab, fünfmal die Tour zu gewinnen. Er lebt heute zurückgezogen mit seiner Frau und seinen Kindern und genießt sein Leben. Er scheint unantastbar und ganz bei sich zu sein, wie einst im Rennen.

Verantwortung und Risiko suchte Bjarne Riis, dem ich bei seinem Sieg beistehen durfte und der mir ein Jahr später selbst der wichtigste Helfer war. Als Manager führt er heute ein internationales Top-Team. Von seinem Streben nach fehlerfreier Arbeit und von seinen kreativen Methoden, der ihn schon als Sportler ausgezeichnet haben, profitieren nun jüngere Rennfahrer.

In Depressionen und Verwirrung führte Marco Pantanis Weg. Gegen den Italiener verlor ich 1998 an nur einem Tag die Tour. Ich saß im Winter 2004 in der Toskana in einer kleinen Pizzeria, als mir der Wirt traurig von Pantanis Tod erzählte. Das verzweifelte Rennen des »Piraten« endete in einer Tragödie. Die schwersten Berge war er mit Leichtigkeit hinaufgeklettert, aber der Berg seines Lebens war zu hoch für ihn gewesen.

Nach Perfektion und Erfolg schließlich strebt Lance Armstrong, der durch seine Krankheit einen härteren Kampf gekämpft hat, als ihn die schwerste Tour de France je darstellen kann. Dreimal hat er die Tour bislang vor mir beendet, und ich werde mich weiterhin unerbittlich mit ihm duellieren.

Vier berühmte Rennfahrer, vier Lebenswege – ich möchte einen fünften hinzufügen. Den Weg eines Mannes, der mit seinen kleinen Schwächen genauso hart kämpfen muss wie mit seinen größten Gegnern. Eines Mannes, der leidenschaftlich gern Rad fährt, der das Leben mit all seinen wundervollen Verlockungen liebt und der es gelernt hat, Verantwortung für sich und die Menschen an seiner Seite zu übernehmen. Meinen Weg.

Ich bin noch nicht auf der Ehrenrunde, auch bis zur Schlussetappe ist es noch weit. Aber das Finale hat begonnen. Es geht um alles – ganz oder gar nicht.

Dank

Die Autoren bedanken sich bei allen, die bereit waren, sich an ihre Begegnungen und Erlebnisse mit Jan Ullrich zu erinnern:

Zuallererst danken wir Marianne Kaatz für ihre Offenheit und ihr fantastisches Gedächtnis – sie weiß alles über ihren Sohn.

Stefan und Thomas Ullrich bereicherten das Buch mit vielen schönen Geschichten über ihren Bruder.

Carola und Peter Sager sowie André Korff halfen mit ihren Rostocker Erinnerungen.

Peter Becker beschrieb für uns den Weg vom Jugendfahrer zum Tour-Sieger, den er als Trainer begleitet hat.

Wolfgang Strohband unterstützte von Anfang an die Idee zu diesem Buch. Danke für Hamburger Storys, Dokumente und Fotos.

Bei Jürgen Kindervater und Otto Wiedemann bedanken wir uns für ihre genauen Erinnerungen an eine schwierige Zeit, in der sie Jan ein große Hilfe waren.

Rudy Pevenage war ständig für uns erreichbar, versorgte uns mit Videos und eigenen Erinnerungen an Jans Radrennen.

Walter Godefroot, Olaf Ludwig und Dieter »Eule« Ruthenberg danken wir für ihre offenen Worte.

Andreas Klöden, Rolf Aldag und Erik Zabel sprachen mit uns über einen Freund und Kollegen.

Dr. Lothar Heinrich und Dr. Andreas Schmid – kaum jemand kennt Jan so gut wie sie. Vielen Dank für die Mitarbeit und Kritik.

Matthias Schumann und Tilman Falt beschrieben für uns die Arbeit mit Presse und Fernsehen.

Birgit Krohme und Tobias Steinhauser sorgten für Storys aus der wilden Coast-Bianchi-Zeit.

Herbert Watterott ist ein wandelndes Radsport-Lexikon. Wir konnten uns immer auf ihn verlassen. Danke!

Jens Schadendorf gilt unser Dank für sein engagiertes und anspruchsvolles Lektorat sowie seine zunehmende Begeisterung für den Radsport. Wir sehen uns alle in Paris.

Wir danken unseren Kindern! Sarah war das verständnisvollste Baby der Welt und ließ uns stundenlang in Ruhe reden. Pauline und Ole ertrugen geduldig, dass unsere Wohnung monatelang eine Schreibstube war.

Dieses Buch gäbe es nicht ohne zwei starke Frauen: Gaby Weis und Beate Boßdorf!

Gaby, vielen Dank für deine Geduld und deine Ehrlichkeit, für immer wieder aufmerksames Lesen und die Suche nach schönen Fotos.

Beate, deinem Sprachgeschick, deinen genauen Nachfragen und deinem kreativen Bearbeiten bis tief in die Nacht verdanken wir, dass dieses Buch so wurde, wie es ist.

Bildnachweis

Cover
Umschlaggestaltung Büro Klaus Meyer, München – Jan Riemer. Unter Verwendung eines Fotos von Amos Schliack

Bildteil
Seite 1: oben und unten © privat
Seite 2: © privat
Seite 3: oben und unten © privat
Seite 4: oben und unten © privat
Seite 5: oben und unten © Moenkebild
Seite 6: alle © privat
Seite 7: © SIPA Press
Seite 8: oben und unten © SIPA Press
Seite 9: © ullstein bild - Reuters
Seite 10: oben und unten © privat
Seite 11: oben © dpa-Sportreport; unten beide © privat
Seite 12: oben © dpa-Fotoreport; unten © privat
Seite 13: oben und unten © privat
Seite 14: oben © dpa-Sportreport; unten © dpa-Fotoreport
Seite 15: oben und unten © privat
Seite 16: © Amos Schliack

Personen- und Ortsregister

C

D